文库

丛书主编

郑毅

打牲乌拉志典全书

打牲乌拉地方乡土志

金恩晖 梁志忠 校释

伪永吉县署 编

王利英 整理

吉林文史出版社

图书在版编目（CIP）数据

打牲乌拉志典全书 打牲乌拉地方乡土志 / 金恩晖，梁志忠校释；伪永吉县署编. -- 长春：吉林文史出版社，2022.9

（长白文库）

ISBN 978-7-5472-8951-8

Ⅰ. ①打… Ⅱ. ①金… ②梁… ③伪… Ⅲ. ①吉林市—地方志—清代 Ⅳ. ①K293.43

中国版本图书馆CIP数据核字(2022)第178785号

打牲乌拉志典全书 打牲乌拉地方乡土志

DASHENGWULA ZHIDIAN QUANSHU DASHENGWULA DIFANG XIANGTU ZHI

出 品 人：张 强

校 释：金恩晖 梁志忠

编：伪永吉县署

整 理：王利英

丛书主编：郑 毅

副 主 编：李少鹏

责任编辑：姜沐雨 吕 莹

装帧设计：尤 蕾

封面设计：王 哲

出版发行：吉林文史出版社有限责任公司

电 话：0431-81629369

地 址：长春市福祉大路出版集团A座

邮 编：130117

网 址：www.jlws.com.cn

印 刷：吉林省优视印务有限公司

开 本：170mm×240mm 1/16

印 张：14.25

字 数：230千字

版 次：2022年9月第1版 2022年9月第1次印刷

书 号：ISBN 978-7-5472-8951-8

定 价：138.00元

"长白文库"编委会

（排名不分先后）

"长白文库"总序

中华优秀传统文化是中华民族的"根"和"魂",习近平总书记高度重视中华优秀传统文化,并将其作为治国理政的重要思想文化资源。"不忘本来才能开辟未来,善于继承才能更好创新。""优秀传统文化是一个国家、一个民族传承和发展的根本,如果丢掉了,就割断了精神命脉。"中华优秀传统文化具有多样性和地域性等特征,东北地域文化是多元一体的中华文化中的重要组成部分。吉林省地处东北地区中部,是中华民族世代生存融合的重要地区,素有"白山松水"之美誉,肃慎、扶余、东胡、高句丽、契丹、女真、汉族、满族、蒙古族等诸多族群自古繁衍生息于此,创造出多种极具地域特征的绚烂多姿的地方文化。为了"弘扬地方文化,开发乡邦文献",自 20 世纪 80 年代起,原吉林师范学院李澍田先生积极响应陈云同志倡导古籍整理的号召,应东北地区方志编修之急,服务于东北地方史研究的热潮,遍访国内百余家图书馆寻书求籍,审慎筛选具有代表性的著述文典 300 余种,编撰校订出版以"长白丛书"(以下简称"丛书")为名的大型东北地方文献丛书,迄今已近 40 载。历经李澍田先生、刁书仁和郑毅两位教授三任丛书主编,数十位古籍所前辈和同人青灯黄卷、兀兀穷年,诸多省内外专家学者的鼎力支持,"丛书"迄今已共计整理出版了 110 部 5000 余万字。"丛书"以"长白"为名,"在清代中叶以来,吉林省疆域迭有变迁,而长白山钟灵毓秀,巍然耸立,为吉林名山,从历史上看,不咸山于《山海经·大荒北经》中也有明确记录,把长白山当作吉林的象征,这是合情合理的。"("长白丛书"初版陈连庆先生序)

1983 年吉林师范学院古籍研究所(室)成立,作为吉林省古籍整理与研究协作组常设机构和丛书的编务机构,李澍田先生出任所长。全国高校古籍整理工作委员会、吉林省教委和省财政厅都给予了该项目一定的支持。李澍田先生是"丛书"的创始人,他的学术生涯就是"丛书"的创业史。"丛书"能够在国内外学界有如此大的影响力,与李澍田先生的敬业精神和艰辛努力是分不开的。"丛书"创办之始,李澍田先生"邀集吉、长各地的中青年同志,乃至吉林的一些老同志,群策群力,分工合作"(初版陈序),寻访底本,夙

1

兴夜寐逐字校勘，联络印刷单位、寻找合作方，因经常有生僻古字，先生不得不亲自到车间与排版工人拼字铸模；吉林文史出版社于永玉先生作为"丛书"的第一任责编，殚精竭虑地付出了很多努力，为"丛书"的完成出版作出了突出贡献；原古籍所衣兴国等诸位前辈同人在辅助李澍田先生编印"丛书"的过程中，一道解决了遇到的诸多问题、排除了诸多困难，是"丛书"草创时期的重要参与者。"丛书"自20世纪80年代出版发行以来，经历了铅字排版印刷、激光照排印刷、数字化出版等多个时期，"丛书"本身也称得上是改革开放以来中国印刷史的见证。由于"丛书"不同卷册在出版发行的不同历史时期，投入的人力、财力受当时的条件所限，每一种图书的质量都不同程度留有遗憾，且印数多则千册、少则数百册，历经数十年的流布与交换，有些图书可谓一册难求。

1994年，李澍田先生年逾花甲，功成身退，由刁书仁教授继任"丛书"主编。刁书仁教授"萧规曹随"，延续了"丛书"的出版生命，在经费拮据、古籍整理热潮消退、社会关注度降低的情况下，多方呼吁，破解困局，使得"丛书"得以继续出版，文化品牌得以保存，其功不可没。1999年原吉林师范学院、吉林医学院、吉林林学院和吉林电气化高等专科学校合并组建为北华大学，首任校长于庚蒲教授力主保留古籍所作为北华大学处级建制科研单位，使得"丛书"的学术研究成果得以延续保存。依托北华大学古籍所发展形成的专门史学科被学校确定为四个重点建设学科之一，在东北边疆史地研究、东北民族史研究方面形成了北华大学的特色与优势。

2002年，刁书仁教授调至扬州大学工作，笔者当时正担任北华大学图书馆馆长，在北华大学的委托和古籍所同人的希冀下，本人兼任古籍所所长、"丛书"主编。在北华大学的鼎力支持下，为了适应新时期形势的发展，出于拓展古籍研究所研究领域、繁荣学术文化、有利于学术交流以及人才培养工作的实际需要，原古籍研究所改建为东亚历史与文献研究中心，在保持原古籍整理与研究的学术专长的同时，中心将学术研究的视野和交流渠道拓展至东亚地域范围。同时，为努力保持"丛书"的出版规模，我们以出文献精品、重学术研究成果为工作方针，确保"丛书"学术研究成果的传承与延续。

在全方位、深层次挖掘和研究的基础上，整套"丛书"整理与研究成果斐然。"丛书"分为文献整理与东亚文化研究两大系列，内容包括史料、方志、档案、人物、诗词、满学、农学、边疆、民俗、金石、地理、专题论集12个子系列。"丛书"问世后得到学术界和出版界的好评，"丛书"初集中的《吉林通志》于1987年荣获全国古籍出版奖，三集中的《东三省政略》于1992

年获国家新闻出版总署全国古籍整理图书奖，是当年全国地方文献中唯一获奖的图书。同年，在吉林省第二届社会科学成果评奖中，全套丛书获优秀成果二等奖，并被国家新闻出版总署列为"八五"计划重点图书。1995年《中国东北通史》获吉林省第三届社会科学优秀成果二等奖。2005年，《同文汇考中朝史料》获北方十五省（市、区）哲学社会科学优秀图书奖。

  "丛书"的出版在社会各界引起很大反响，与当时广东出现的以岭南文献为主的《岭南丛书》并称国内两大地方文献丛书，有"北有长白，南有岭南"之誉。吉林大学金景芳教授认为"编辑'长白丛书'的贡献很大，从'辽海丛书'到'长白丛书'都证明东北并非没有文化"。著名明史学者、东北师范大学李洵教授认为："《长白丛书》把现在已经很难得的东西整理出来，说明东北文化有很高的水准，所以丛书的意义不只在于出了几本书，更在于开发了东北的文化，这是很有意义的，现在不能再说东北没有文化了。"美国学者杜赞奇认为"以往有关东北方面的材料，利用日文资料很多。而现在中文的'长白丛书'则很有利于提高中国东北史的研究"（在"长白丛书"出版十周年纪念会上的发言）。中国社会科学院边疆史地研究中心主任厉声研究员认为："'长白丛书'已经成为一个品牌，与西北研究同列全国之首。"（1999年12月在"长白丛书"工作规划会议上的发言）目前，"长白丛书"已被收藏于日本、俄罗斯、美国、德国、英国、加拿大、澳大利亚、韩国及东南亚各国多所学府和研究机构，并深受海内外史学研究者的关注。

  为了更好地传承和弘扬优秀地域文化，再现"丛书"在"面向吉林，服务桑梓"方面的传统与特色，2010年前后，我与时任吉林文史出版社社长的徐潜先生就曾多次动议启动出版《长白丛书精品集》，并做了相应的前期准备工作，后因出版资助经费落实有困难而一再拖延。2020年，以十年前的动议与前期工作为基础，在吉林省省级文化发展专项资金的资助下，北华大学东亚历史与文献研究中心与吉林文史出版社共同议定以《长白丛书》为文献基础，从"丛书"已出版的图书中优选数十种具有代表性的文献图书和研究著述合编为"长白文库"加以出版。

  "长白文库"是在新的历史发展时期对"长白丛书"的一种文化传承和创新，"长白丛书"仍将以推出地方文化精华和学术研究精品为目标，延续东北地域文化的文脉。

  "长白文库"以"长白丛书"刊印40年来广受社会各界关注的地方文化图书为入选标准，第一期选择约30部反映吉林地域传统文化精华的图书，充分展现白山松水孕育的地域传统文化之风貌，为当代传统文化传承提供丰厚的文化滋养，是一件功在当代、利在千秋的文化盛举。

盛世兴文，文以载道。保存和延续优秀传统文化的文脉，是人文社会科学研究者的社会责任和学术使命，"长白丛书"在创立之时，就得到省内外多所高校诸多学界前辈的关注和提携，"开发乡邦文献，弘扬地方文化"成为20世纪80年代一批志同道合的老一辈学者的共同奋斗目标，没有他们当初的默默耕耘和艰辛努力，就没有今天"长白丛书"这样一个存续40年的地方文化品牌的荣耀。"独行快，众行远"，这次在组建"长白文库"编委会的过程中，受邀的各位学者都表达了对这项工作的肯定和支持，慨然应允出任编委会委员，并对"长白文库"的编辑工作提出了诸多真知灼见，这是学界同道对"丛书"多年情感的流露，也是对即将问世的"长白文库"的期许。

感谢原吉林师范学院、现北华大学40年来对"丛书"的投入与支持，感谢吉林文史出版社历届领导的精诚合作，感谢学界同人对"丛书"的关心与帮助！

郑　毅

谨序于北华大学东亚历史与文献研究中心

2020 年 7 月 1 日

"长白丛书" 序

吉林师范学院李澍田同志，悉心钻研历史，关心乡邦文献，于教学之余，搜罗有关吉林的书刊，上自古代，下迄辛亥，编为"长白丛书"，征序于予，辞不获命。爰缀予所知者书于简端曰：

昔孔子有言："夏礼吾能言之，杞不足征也。殷礼，吾能言之，宋不足征也。文献不足故也，足，则吾能征之矣。"说者以为："文，典籍也。献，贤也。"这是因为文献对于历史研究相辅相成，缺乏必要的文献，历史研究便无从措手。古代文献，如十三经、二十四史之属，久已风行海内外，家传户诵，不虞其失坠，而近代文献往往不易保存。清代学者章学诚对此曾大声疾呼，唤起人们的注意，于其名著《文史通义》中曾详言之。然而，保存文献并不如想象那么容易。贵远贱近，习俗移人，不以为意，随手散弃者有之。保管不善，毁于水火，遭老鼠批判者有之。而最大损失仍与政治原因有关。自清朝末叶以来，吉林困厄极矣，强邻环伺，国土日蹙，先有日、俄帝国主义战争，继有军阀割据，九一八事变后，又有敌伪十四年统治，国土沦陷，生民憔悴。在政权更迭之际，人民或不免于屠刀，图书文物更随时有遭毁弃和掠夺的命运。时至今日，清代文书档案几如凤毛麟角，九一八事变以前书刊也极为罕见。大抵有关抨击时政者最先毁弃，有关时事者则几无孑遗。欲求民国以来一份完整无缺的地方报纸已不可能，遑论其他。

中华人民共和国成立以来，百废俱兴，文教事业空前发展。而中经十年内乱，公私图书蒙受极大损失，断简残篇难以拾缀。吉林市旧家藏书，"文革"期间遭到洗劫，损失尤重。粉碎"四人帮"后，祖国复兴，文运欣欣向荣，在拨乱反正的号召下，由陈云同志倡导，大张旗鼓，整理古籍，一反民族虚无主义积习，尊重祖国悠久文化传统，为振兴中华，提供历史借鉴。值此大好时机，李澍田同志以一片爱国爱乡的赤子之心，广泛搜求有关吉林文史图书，不辞劳苦，历访东北各图书馆，并远走京沪各地，仆仆风尘，调查访问，即书而求人，因人而求书，在短短几年内，得书逾千，经过仔细筛选，择其有代表性者三百种，编为"长白丛书"。盖清代中叶以来，吉林省疆域迭

1

有变迁，而长白山钟灵毓秀，巍然耸立，为吉林名山，从历史上看，不咸山于《山海经·大荒北经》中也有明确记录，把长白山当作吉林的象征，这是合情合理的。

"丛书"中所收著作，以清人作品为最多，范围极其广泛，自史书、方志、游记、档案、家谱以下，又有各家别集、总集之属。为网罗散佚，在宋、辽、金以迄明代的著作之外，又以文献征存、史志辑佚、金石碑传补其不足，取精用宏，包罗万象，可以说是吉林文献的总汇，对于保存文献，具有重大贡献。

回忆酝酿编纂之际，李澍田同志奔走呼号，独力支撑，在无人、无钱的条件下，邀集吉长各地的中青年同志，乃至吉林的一些老同志，群策群力，分工合作，众志成城，大业克举。在整理文献的过程中，摸索出一套先进经验，培养出一支坚强队伍。这也是有志者事竟成的一个范例。

我与李澍田同志相处有年，编订此书之际，澍田同志虚怀若谷，对于书刊的搜求，目录的选定等方面多次征求意见。今当是书即将问世之际，深喜乡邦文献可以不再失坠，故敢借此机会聊述所怀。殷切希望读此书者，要从祖国的悲惨往事中，体会爱国家、爱乡土的心情，激发斗志，为"四化"多作贡献。也殷切希望读此书者，能够体会到保存文献之不易，使焚琴煮鹤的蠢事不要重演。

当然，有关吉林的文献并不以汉文书刊为限，在清代一朝就有大量的满文、蒙文的档案和图书，此外又有俄、日、英、美各国的档案和专著，如能组织人力，有计划、有步骤地进行整理，提要钩玄勒成专著，先整理一部分，然后逐渐扩大，这也是不朽的盛业，李君其有意乎？

吉林　陈连庆　谨序

一九八六年五月一日

审订补记

    壬寅清秋，得知诗友李容艳问询松花江源流事，为校《打牲乌拉志典全书》，助其更头道松江河为头道松花江，扶余为前郭。稍后得吉林文史出版社寄来校样，见李容艳校："守"应为"宁"，"唧"应为"衔"，"艘"应为"艭"等，删衍字，补落字若干，均属必改。

    将此稿较之于吉林文史出版社1988年5月版，发现《卷三》（存目，稿佚），仅列"贡江　贡山　五官地喀萨哩　凉水泉"，但在本书《卷六》之后附：《〈打牲乌拉志典全书〉补佚》，系赵东升撰补，加页为146—1至146—4。又检金恩晖主编《打牲乌拉志典全书注释及其研究》，为吉林文史出版社2014年8月版，已将前佚之《卷三》补入并注。为求此版完璧，特与金恩晖先生商定，依后出之《卷三》文、注，将其补入此书中。

    特此补记。

张福有

2022年11月28日于长春养根斋

前　言

　　承蒙长白丛书主编、吉林师范学院李澍田教授的鼓励和吉林师范学院古籍研究所《长白学圃》编者郭殿忱同志的鞭策，将我和梁志忠同志校释的《打牲乌拉志典全书》及与其相关的《打牲乌拉地方乡土志》（又名《永吉县乡土志》）两书合为一册，作为长白丛书之一，由吉林文史出版社出版。李澍田等同志出于爱国家、爱乡土的至诚，对乡邦文献广为搜求，精心筛选，并择其要籍标点、校释出版，实为推动我省地方史志研究、造福于后人的盛事，对于他们这种保存地方文献的义举，我无限钦佩，更衷心感谢！此外，在这两本书的编辑、出版过程中，张凤桐、王华东同志，特别是张凤桐同志曾予大力协助，在此并致谢忱。

　　本书是在一九八一年十二月我和梁志忠同志编辑出版的《吉林省地方志考论、校释与汇辑》一书的基础上经取舍和修订而成的。现将该书的成书过程做一介绍。

　　二十世纪五十年代，我在北京大学读书时，因受到王重民教授的影响和启迪，对目录学和地方志产生了兴趣。记得，当有一次先生问及我的籍贯，我答以吉林人时，他微笑着说："我这个河北人，对你的家乡还有一层感情呢！"王先生指的是，他在北京师范大学毕业以后，曾受人委托，亲自参加过吉林省的《永吉县志》的编撰工作。这部《永吉县志》于一九三一年编定，是我省现存的一部很系统、很完整的县志，其规模、内容、字数仅次于《吉林通志》。由于王先生曾对东北及吉林省，特别是永吉县的地方史料进行过广泛的涉猎和系统的整理，因此，当我同他谈及我的家乡历史、风情时，他对举凡我省的历史、地理、政治、经济、军事、工业、农业、交通、文化、教育、科学技术等等方面的状况，皆如数家珍。仅仅这一点，就不能不使我这个土生土长的吉林人感到惊讶与敬佩，同时我下了决心，向王先生学习，也要搞好地方志的整理与研究工作，至少要搞好对自己家乡的地方志的整理与研究工作。

　　一九六一年，我到吉林省图书馆工作，有一段时间得以负责整理馆藏的全部地方志，并曾多次就地方志的版本、著录和目录编排等问题写信向王先生请教。先生无论教学多么繁忙，都拨冗回信，有的信竟长达二三千字，在地方志研究中，王先生认真地解答我的疑难，给我以多方面的开导与指教，这是我永远不能忘怀的。

一九六五年，我从馆藏未经整理的线装书中发现了《打牲乌拉志典全书》的稿本，这可以看作是现存最早的《永吉县志》，它的被发现，恰恰可以和王先生曾参与编撰的《永吉县志》相为补充，同时对整个吉林省地方志的整理和发掘，也具有重要的意义。

我从一九七七年到一九七九年完成了《清代打牲乌拉总管衙门史料校释》一书的初稿，于一九七九年十二月被吉林省图书馆学会推荐参加吉林省社会科学报告会，这部专著的初稿获得了这次科学报告会所颁发的荣誉证书。在此期间，我又写出了几篇研究论文。这些论文有的在中国图书馆学会科学讨论会上作了交流，有的在国内一些刊物上发表。其中《清代的打牲乌拉总管衙门——兼对日本学者有关研究史料的订正》一文，发表后得到了日本川久保悌郎教授的热情鼓励。我的文章本来是根据地方志中的史料，对川久保教授撰写的关于清代人参采捕制度的一篇论文的质疑。川久保教授襟怀坦荡，实事求是，及时来函诚恳地肯定了我对他的论文所作的一点儿小小的订正。一九八一年七月末，他作为日中人文社会科学交流协会访华团成员，曾专程来长春停留，与我晤面，交流有关中国地方志和清代东北史研究的问题。这位七十余高龄的日本著名学者学识渊博，虚怀若谷，热情地赠给我一批他写的关于清代东北史的研究成果，对东北地方史志的研究和《打牲乌拉志典全书》的发现、整理和研究予以充分的肯定，并且表示了对清代打牲乌拉总管衙门这一研究课题的高度重视。他于一九八三年七月在日本学术刊物《东方学》第六十六期上发表论文《新史料〈打牲乌拉志典全书〉的发现》，全面地介绍和肯定了我的这项研究成果。通过同川久保教授的交往，我感到就学术问题来讲，我对他的那篇论文所提出的一些订正意见固然可能对他或多或少有所补益，但就学风和品格来讲，这位老先生那种为追求真理而一丝不苟、为服从真理而谦虚认真的精神，更是值得我向他学习的。我们伟大的祖国，悠久的历史，古老的文化，其中包括丰富的地方志遗产，使各国学者产生了研究的兴趣，这是令人高兴的事。今后，应该加强这种国际友好的学术交流，使中国地方志遗产对推进人类文化的发展，做出应有的贡献。

讲到异国学者对我国东北地方史志的研究和利用问题，我还不得不提到今日苏联史学界的某些文章和著作。在苏联有一些自称"汉学家""史学家"

的人物，对于包括地方志在内的中国历史文献，特别是中国东北的历史文献，往往采取了断章取义的不严肃的态度。在他们所谓的中国历史"研究"中煞费苦心地妄图"证明"自古以来就一直属于中国的城镇、土地、山川、资源和世世代代劳动、生息在这里的中华各族人民，竟然不是属于中国的。

比如，我曾读到过苏联科学院东方研究所的格·瓦·麦利霍夫著的《满洲人在东北（十七世纪）》一书，该书于一九七四年由苏联科学出版社东方文献总编辑部出版。在这部著作中，作者大量地却又歪曲地引用了我国清代十七世纪以来编纂、刊行的正史、官书、地方志和私人著作，硬是要去证明一个莫须有的问题，即去证明所谓黑龙江流域不是中国的满族等民族的故乡，而是什么俄国人"直接发现"的。

众所周知，黑龙江流域自古以来就是中国的领土，中国历代的史书、地方志以及大量的考古发掘材料，都明白无疑地记载着和证据确凿地说明了：我国满族等民族的祖先肃慎、挹娄、勿吉、靺鞨、女真，世世代代就是我国东北山河大地的真正主人。白山黑水自古以来就是我伟大中华民族的故乡之一，东北地区的广大领土是中国领土不可分割的一部分。

《满洲人在东北（十七世纪）》一书的作者不仅将黑龙江流域排除在我国清代的领土之外，还将我国清代十七世纪包括吉林、打牲乌拉地方等地在内的大片松花江流域的领土，也说成在这里"满洲人没有任何基地""是完全未经开发，也未并入清帝国版图的中间领土""国内所实行的行政区划（划分府、县等）并没有涉及这些地方"，甚至"在 1687 年，不仅在阿穆尔沿岸地区，而且在松花江上都没有满洲人的居民点，或者哨卡和满洲驻防军"；还断言当时的吉林、打牲乌拉地方的居民根本不是"满洲人"，"吉林地区的当地居民对满洲人不怀好感"；他把清代正式任命的打牲乌拉总管及其辖下的八旗（上三旗、下五旗）常年执行清廷的采捕任务，说成只是在有一个年头，康熙皇帝玄烨曾"利用属于希特库管辖的吉林当地猎户来运输粮食"，说"东北各部落进'贡'"，只是为了"能够到盛京和北京进行广泛的互市"，而不是作为清朝所专设的采捕机构去履行自己的缴纳义务，等等。

吉林打牲乌拉地区及松花江流域，位于黑龙江以南、我国东北的中部，不仅在十七世纪而且自古以来就是统一的中国各王朝不可分割的一部分。即以清朝而言，据《打牲乌拉志典全书》记载，早在皇太极时代，"本署旗仆，系我朝太宗文皇帝御基由来本处，以围猎貂皮、刨挖人参，进宝纳贡"。皇太极亲自下过特旨："乌拉系发祥之胜地，理宜将所遗满、汉旗仆原属，一脉相关，就在乌拉设署、安官，即为一枝。捕贡兵丁，由都京总管内务府分司节制，不与驻防衙门干预。"《打牲乌拉志典全书》明白而详细地记载了：打牲乌拉地方有清以来即为中国的版图，而根本不是什么"未经开发，也未并入清帝国版图的中间领土"。清初，固然未在打牲乌拉地方划府设县，但早在顺治、康熙年间就已经设立了由总管内务府直接管辖的总管衙门，该衙门的居民主要是满族、汉族人民，担负着向清廷缴纳各种贡品的义务……总之，从吉林省地方志遗产中，字字句句都反映出有清以来吉林打牲乌拉地区乃至其以北的黑龙江流域一直同整个中国的版图血肉连成一体、不可分割的事实。这铁的事实，真切的记载，正是我国东北地区自从"辽、金崛起，遂为内地"的历史延续的见证。麦利霍夫的著作尽管洋洋数十万言，旁征博引我国包括地方志在内的历史文献数百种，但处处牵强附会，望文生义，捕风捉影，开了世界史学界歪曲史料的学风的先例。

我们于一九八一年出版的《吉林省地方志考论、校释与汇辑》一书是一部学术性的校释著作，无论是研究性的论文，还是所校释的地方志，所搜集、整理的地方史料，都是从中国地方志和我国东北地方史的研究目的出发的。那部著作出版以后，即受到国内外许多人士的肯定和鼓励。据有关同志回忆，原吉林省省长栗又文同志生前"特别欣赏《吉林省地方志考论、校释与汇辑》一书，称赞金恩晖同志的发现和整理《打牲乌拉志典全书》工作，是对东北及吉林省地方志研究所作出的贡献。栗又文同志曾长期将这本书置于案头，时时翻检，栗老曾向一些领导同志去推荐此书，并希望一些有关领导对像金恩晖同志这样有志为编史修志而艰苦工作的同志，要给予支持、关心"。（引文见高甫：《斯人永逝，深情长存——忆栗又文同志》，《吉林史志》1985年第1期）。吉林省地方志方面的这些研究成果，还受到了国际学术界的重视。我曾多次收到国际亚洲研究会的邀请信，邀请我参加一九八四年七月在香港地区召开的第六次国际亚洲学术讨论会。该研究会在给我的来函中说："您在一个特定学术领域里的研究成果，被我的同事们作出了具有独到之处的评价。"并指出："作为中国学者，以新史料论证满洲是中国不可分割的一部分，您的工作将会得到高度的评价，并且已经引起了学术界的关注。"介绍上述一些情况，无非是想说明，无论是老一辈革命者、关心地方文史的领导，还是国际学术界，对于《打牲乌拉志典全书》等吉林省地方志都是极为重视的，因而我们进行这项古籍整理工作是有现实意义的。

《打牲乌拉志典全书》系云生修、英喜光绪十年（1884）纂，吉林省图书馆藏稿本。原稿未有标点，我们作了标点和分段的工作。在整理时，力求忠实原文、原字，同时也纠正了一些明显的笔误，对于某些人名、地名、史实、类目，力所能及地作了注释，为将原书稿同所作的注释相区别，凡注释文一律用楷体字排印。

《打牲乌拉地方乡土志》（又名《永吉县乡土志》），系据辽宁省图书馆所藏光绪十七年（1891）的稿本排印，新加标点。《打牲乌拉志典全书》卷三亡佚，但据该书目录可知，卷三的内容应为"贡江、贡山、五官地、喀萨哩、凉水泉"，而这部分内容恰恰在《打牲乌拉地方乡土志》中记载颇详，似可补《志典》一书的空白。

《打牲乌拉志典全书》和《打牲乌拉地方乡土志》这两部地方志无论就纂修时间，还是就其内容和价值而言，在现存的我省方志中，都具有重要的价值，同时也受到了包括日本在内的亚洲各国学者的重视。为了加强中日两国学者们学术交流，汲取日本学者研究我国东北史，特别是吉林省打牲乌拉的历史研究成果，本书将日本学者川久保悌郎教授论文《新史料〈打牲乌拉志典全书〉的发现》，由刘晓宁、吴文献两同志校译成中文，供读者参考。

金恩晖

一九八七年十二月于长春

本书得以再版，是《长白丛书》和长白山文史之幸。因我冬居海南，校阅多有不便，特委托张福有同志全权代为审订，并致谢忱。

金恩晖

2022 年 11 月 28 日

目　录

打牲乌拉志典全书

打牲乌拉地方乡土志

打牲乌拉志典全书

金恩晖　梁志忠 校释

序

窃思《会典》之案，以彰编修之律，而启相传于后。凡历代帝王，无不以国史为重，古今通以纲目为条。于是设朝、设署，辑集《会典》，紧要援案，择叙略节，详细签查事宜，以归简易，永志于后。

溯查本署旗仆，系我朝太宗文皇帝御基由来本处，以围猎貂皮，刨挖人参，进宝纳贡。随奉特旨："乌拉系发祥之胜地，理宜将所遗满、汉旗仆原属，一脉相关，就在乌拉设署、安官，即为一枝。捕贡兵丁，由都京总管内务府分司节制，不与驻防衙门干预"等因。遵将原设官缺、兵丁等次，原隶添裁俸廉饷糈，减折改增，以及岁捕呈进贡鲜、采捕东珠各项差徭，旧设章程，一一分析，胪列于后。

新增纂辑《志典全书》原序

　　粤（穄）〔稽〕乌拉总管衙门，原系我朝发祥根本重地。自太宗文皇帝御极之初，专为采捕本朝各坛庙、陵寝四时祭品而设。向由都京总管内务府分区之地。当蒙太宗文皇帝专赏采贡田土，从无杂税。所有教民、行政之道，均系专奉特旨指示遵行，至今已阅二百余载。

　　窃上年虽经小修，止就陈定章程，依类编续，其从前旧案，或添或裁，积久渐多，理宜重新逐一修正。

　　适值光绪十年四月间，得奉宪谕，选委熟谙历案之总理印务处委翼领英喜，兼理印务处事宜，骁骑校来喜，掌稿记名仓官恩铭，并拣派勤能供事之笔帖式富来、联桂、毓魁、喜全等，会同拣派满、汉熟习之贴写等，另立会馆，专领饭银。

　　合将历年钦奉上谕及议准本署官员、兵丁减增，廉俸饷糈，应捕东珠及岁进鲟鳇、鲅鱼、松子、蜂蜜各项贡品，钦定额数，赏罚章程，并采取供品之贡山、贡河界址，凡有干于政，一应摘要编续，分类增辑，翻译清文，创录成本，名之曰：《志典全书》，传继世世。庶乌拉总管衙门根本要史，不致湮没于后。但典礼有定，而制度无常，仍冀日后勤补阙略焉。是为序。

　　时光绪十年岁次甲申季秋月　英喜谨序

总纂、纂修者名单

总纂官　总理印务处　管理采珠左翼四旗事务　记录二次委署翼领英喜

纂修官　兼理印务处　管理采珠正黄旗事务　记录一次　骁骑校来喜

纂修官　兼理银库事宜　印务处掌稿记名仓官　恩铭

详校官　年满仓场笔帖式　富来

详校官　仓场笔帖式　联桂

详校官　委笔帖式　毓魁、喜全

校　对　贴写　忠廉、魁庆、玉春

誊　录　贴写　庆衡、德兴阿、双林、祥泰、荣顺

《志典全书》目录

卷 一

三品总管　附免税、免裁界官；四品翼领；五品委署翼领；骁骑校；仓官；学官；笔帖式；六品委署骁骑校、章京；七品委署骁骑校、章京；委官；领催；珠轩达；铺副；打牲丁；铁匠、弓匠；仵作；五官屯领催；庄头、壮丁；原设各项差占章程；新定各旗领催至牲丁等额数。

卷 二

城垣衙署；仓廒；满汉义学；协领衙门　附金川、巴哩昆、察哈尔兵；采捕东珠；采捕松子；采捕蜂蜜；采捕鳇鱼；采捕鲇鱼；添裁俸饷。

卷三（本卷只存目录，书稿佚）

贡江；贡山；贡河；五官地；喀萨哩；凉水泉。

卷 四

俄罗斯分界；东海防守；楚北防剿；山东征剿；海参崴驻防；库伦驻防。

卷 五

康熙年紧要事宜；雍正年紧要事宜；乾隆年紧要事宜；嘉庆年紧要事宜；道光年紧要事宜；咸丰年紧要事宜；同治年紧要事宜；光绪年紧要事宜。

卷 六

设产硝；定例（嵇）〔稽〕查火硝；设硝店；放硝达；设买火硝执照；煎熬火硝执照。

关于新史料《打牲乌拉志典全书》的发现

〔日〕川久保悌郎　教授　著

清朝把满洲特产如人参、东珠、鲟鱼、鳇鱼、鲇鱼、松子、蜂蜜等作为贡品（其中一部分被用作祭品），由清室（内务府广储司）征收，这种采集作为官方的独占事业经营，其官署设置在吉林乌拉（吉林）以北 80 里的打牲乌拉（乌拉街），这也就是所谓的打牲乌拉总管衙门。对这一满洲的独特机构的研究，到目前为止几乎是空白[①]。关于它的组织构成、管辖范围、业务内容等也有许多不明了的地方，我曾在涉及清朝人参采集制度的论文[②]中谈到了此机关的存在，并论述过其主要任务是人参的采集。不料在事隔二十年后的今天，承蒙中国吉林省图书馆馆员金恩晖先生指出了错误，并予以严肃的批评指正[③]。金先生准确地论述了该衙门的主要目的是东珠和其他贡品的采集，而人参的采集即便是经营了也只不过是极其次要的[④]。顺便说一句，最有力的和决定性的论据，我想也就是在这里所要介绍的金先生所发表的《打牲乌拉志典全书》。我不得不直率地承认，金先生的批评和斧正是非常恰当的。回顾当时在起草论文时，无意识地偏离了主题的角度，在已出版的许多文献中也因没能充分利用《清会典事例》检索，因而产生了错误，在此愿做深刻的反省。

至于本书，已有金先生本人著的详细介绍性的论文：《谈新发现的一部吉林省地方志〈打牲乌拉志典全书〉》（见《社会科学战线》1979 年第 4 期）及金先生与梁志忠先生合编的《打牲乌拉志典全书校释》。后者与《打牲乌拉地方乡土志校释》及《清代打牲乌拉地方有关史料汇辑》[⑤]一起被收入《吉林省地方志考论校释与汇辑》（《中国地方志丛书、吉林省图书馆学会丛书》之十九 1981 年 12 月）。也许是画蛇添足，以下就以金先生的介绍与研究成果为基础，重新介绍一下，并略抒己见于一二。

本书是在 1965 年吉林省图书馆馆藏未经整理的线装书库中发现的。因缺乏入藏记录，对此书的入藏来源已无从查考。首先，就其装订而言，系以清代公文用的毛边纸墨写。印面长 33 厘米，宽 19.4 厘米。每面十行，每行写满字不等。现存第一册55页（卷首6页、卷一49页）；第二册48页（卷二）；第四册51页（卷四8页、卷五29页、卷六14页）；计三册、共154页。缺第三册（卷三），就其内容来说，（参照后出目录）实令人可惜。该书卷一、卷五、卷六的前面分别有"志典全书卷一""志典全书卷五""志典全书卷六"等字样。现存三册的封面都写有"打牲乌拉总管衙门"字样，并盖官方印鉴。

其次，就其内容来看，卷首有两篇序文，有该书总纂官以下19人名单及分卷目录。在名单中缺该书的监修官（即总裁官），这是值得注意的。第一篇序文未加标题，又无撰写人名，也未写完，仅存一面。但此序却极为重要。金先生也极为重视此序文的重要价值。以此为线索得知本书的初稿是编纂《清会典》时，该衙门向朝廷呈报的材料。序文中引用了"会典之案，以彰编修之律，而启相传于后"。这正是指清朝皇帝载湉于光绪九年谕令各有关堂官督饬司员，悉心编辑《清会典》之事。同时对于撰书者举出了二三条理由，论证了其为当时在任的打牲乌拉总管云生所写。云生，字奇峰，打牲乌拉正白旗人。其先人由京总管内务府分驻乌拉，久居此地。以太学生入署充差，授笔帖式。升为仓官、骁骑校，后升为翼领。由于偶然奉旨开河捕珠，巡历了松花江、黑龙江及其他各河流，取得了采集东珠的成绩。光绪六年当上了乌拉的总管，光绪二十七年四月转为伯都讷副都统，次年殁；年73岁。

但第二篇与前述的第一篇差异很大。它是一篇完整的署名文章。题为"新增纂辑志典全书原序"，后题"光绪十年岁次甲申季秋月英喜谨序"。英喜时任该衙门的左翼委署翼领，不言而喻，他是本书的实际纂辑者。总之，根据该序文可知该书纂修成书的时间、过程。与未完的前者不同，该书不仅是为《清会典》的编纂而提供的材料，而且是在此基础上另立会馆，专成一书。实际上就是编写地方志，此点颇值得注意。在这一点上，正如金先生所强调的那样，其编纂时间在稍早些的道光四年（1824）萨英额的《吉林外记》和晚些时候光绪十七年（1891）的《吉林通志》之间。在史料上不仅是对两者的补充，而且可以看成是与该衙门有关的贵重史料。有关史料在清实录以及其他文献中可见。尤其大清会典事例中，内务府、工部、户部、刑部等各条目中，虽不乏陈，但都只有一时一事的片断可信性。仅此而言，该衙门及乌拉地方系统的、综合的形象中实有遗憾处。这是不可否认的。幸而此书的发现在很大程度上弥补了上述不足。兹将该书目录揭示如下：

卷一

三品总管、免税、免裁界官；四品翼领；五品委署翼领、骁骑校、仓官、学官、笔帖式；六品委署骁骑校、章京；七品委署骁骑校、章京、委官、领催、珠轩达；铺副；打牲丁；铁匠、弓匠；仵作；五官屯领催；庄头、壮丁；原设各项差占章程；新定各旗领催至牲丁等额数。

卷二

城垣衙署；仓廒；满汉义学、协领衙门；附金川、巴哩昆、察哈尔兵；采集东珠；采集松子、采集蜂蜜；采捕鳇鱼、采捕鲵鱼；添裁俸饷。

卷三（本卷只存目录，书稿佚）

贡江；贡山；贡河五官地；喀萨里；凉水泉。

卷四

俄罗斯分界；东海防守；楚北防剿；山东征剿；海参崴驻防；库伦驻防。

卷五

康熙年紧要事宜；雍正年紧要事宜；乾隆年紧要事宜；嘉庆年紧要事宜；道光年紧要事宜；咸丰年紧要事宜；同治年紧要事宜；光绪年紧要事宜。

卷六

设产硝，定例稽查火硝；设硝店；放硝达；设买火硝执照；煎熬火硝执照。

如上面介绍的，即便缺卷三，内容也很丰富多彩。正如金先生前面所讲到的那样，对此书一方面做了志书学方面的研究，另一方面在切实研究的基础上，对此书给予了高度的评价。认为它提供了不只限于乌拉地区，而是整个清朝在东北地方的政治、经济、军事、典章、物产、农业、外交、交通等方面的宝贵资料。其资料价值可概括为：第一，有关清朝的社会剥削、阶级矛盾和阶级斗争的材料。第二，有关清朝生产力与生产关系方面的经济史料。第三，有关清朝中国东北的物产、交通和外交方面的历史资料等。总而言之，本书可以说已具备了作为民族学的一个方面。

最后，根据新史料，本书的发现及其研究，不仅明确了以往既关心又模糊的打牲乌拉总管衙门及其管辖的乌拉地方一带的实际状况，而且不难想象，清朝东北地方研究将会出现新局面。如根据金先生所说，该衙门的管辖范围从吉林省永吉县中部、北部，舒兰县西部，九台县东部，榆树县南部至蛟河、双阳的部分地区。周界约五百余里、户丁达五万多口[6]。此地域在吉林围场东北方的位置，不正起着柳条边墙，特别是新边墙的作用吗？当然这有待于今后的研究。或许这些地域周围至少会有较多的产东珠、鲟鳇鱼、鲵鱼、松子、蜂蜜或人参等贡品的山场（贡山）、渔场（贡江）。与此相适应，也会有相当数量的履行采集和贡纳义务的打牲丁和兵丁居住在此，甚至还会有生产粮食的农庄（五官屯）。同时一部分打牲丁为捕东珠（珠轩），从此地到很远的各河流域服劳役，其活动范围相当广阔，可以和远至乌苏里、绥芬的人参采集者相匹敌，以至于到吉林、黑龙江边界。可以认为，此地域已划为一种带有官庄性质的特别行政区。从中可以看到满族及邻族的生产及生活方式，包括这类地区的边墙外（换个角度也可以称为边墙里），有以贡山、贡江为主的参山、采集山及围场等平民不许入内的禁地。各边界线有封堆，各要地有为看守、防护而设的卡伦（哨所），这些清朝的东北地方封禁政策及对外（俄国）的态度，都有重新研究的必要。因此，本书发现的意义是巨大的。

顺便提及一下，中国近年关于东北地方、地方史研究出现高涨态势，伴之以地方志类的编纂也很盛行[7]。由此看来，将会出现纹理更加细致的研究，这种可能性是不可置疑的。我获此书虽为时已晚，但承蒙金恩晖先生的指教及中共中央马恩列斯著作编译局图书馆馆长杨威理先生的好意，在此仅致深厚的谢忱。

1983 年 6 月

（此文原刊〔日〕《东方学》杂志第 66 辑，东方学会 1983 年出版）

刘晓宁　译、吴文献　校

注：

① 本人所知，仅有藤山一雄的《乌拉》一书，收于《满洲国民族风俗图集》1944 年。

② 此论文《关于清代人参采集制度的考察》（纪念铃木俊教授 60 诞辰《东洋史论丛》昭和三十九年）。

③ 金恩晖《清代打牲乌拉总管衙门——兼对日本学者有关研究史料的订正》（《东北师大学报》1980 年第 3 期），另外这篇论文，如前所述，被收于《吉林地方志考论、校释与汇辑》。

④ 确实人参的采集至少在初期是由该衙门所经营的，之后如何？还有必要研究。推测一下也许是归吉林将军掌管。人参与东珠等不同，当然处在强有力的统治范围内，但是较一般、开放性地进行。金先生的论述抓住了问题的关键。

⑤ 它作为与包括该衙门的乌拉地方有关的历史资料集，几乎是最完善的。采用的文献甚至涉及来自满文老档、盛京内务府档案、清实录等及清末民初的政府官报、新闻纪事等类。

⑥ 参照注 ③ 金先生的论文。

⑦ 这种倾向似乎不仅限于东北地区，而是全国性的。参照金恩晖先生《吉林省地方志考略》（《文献》第一辑，1979 年 12 月），地方志研究组编《中国地方志总论》（《中国地方志丛书》《吉林省图书馆学会丛书》之十七，1981 年）等。

　　川久保悌郎（1909—），日本国立弘前大学文学部教授兼文学部部长，东方学会会员，日本东北中国学会会员，中国史研究学者，从事清朝史特别是清代的东北史的研究。1959—1962 年曾参加《亚洲历史事典》（10 卷本，平凡社刊）的撰写工作。

卷 一

三品总管①

查乌拉原设系顺治年间。以前如何设立之处，某大臣几员，系何品级，因记录档案、文移等事，俱在嘎善达②迈图家内存贮，至康熙三年，迈图之子、原任总管希特库室被回禄③，档案焚烧不齐，无凭（稽）〔稽〕查。

原设管理乌拉地面系嘎善达迈图。顺治十四年，将迈图放为六品总管，伊子希特库放为六品翼领。至十八年，经都虞司具题，复将希特库改为四品总管。希特库遗缺，将伊弟满达尔汉放为总管。满达尔汉遗缺，由伊侄穆克登放为总管。于康熙三十七年，奉旨改为三品总管，养廉银④二百两，由都京广储司⑤关领，俸银一百三十两。

康熙五十八年，穆克登著放副都统西路出征，其总管任务著吉林协领张来署理。于雍正三年奉旨，张来著放副都统，仍办总管事务。

雍正六年，副都统穆克登升授前锋统领⑥赴都召见。面奉谕旨，饬令旋回，仍办总管事务，即令张来暂行回避。于雍正七年，穆克登奏择吉期启程，前往阿尔太军营出师，其总管任务，准都虞司咨称，奉旨著郎中富德署理乌拉总管事务。

雍正十年，富德缘事革职，将总管事务著值年侍卫官翼领达扬阿署理。

又查雍正七年，副都统格莫儿调奏乌拉总管穆克登缺出，或由内府官员拣放，或由穆克登本族之人验放等因，具奏。奉旨仍在穆克登族内选放等因。钦此。遵即查得伊子三等侍卫穆朱祜带领引见。奉旨著放总管，仍戴花翎⑦。

乾隆八年，穆朱祜病故，咨报都虞司⑧。于乾隆九年，准都虞司咨称，奉旨将总管之缺，著放头等侍卫绥哈那，食养廉银二百两，采珠镶黄旗包衣⑨八十，佐领下人。

乾隆十五年，绥哈那缘事革职回京。其总管之缺，奉旨著由内务府官员内拣其优能者拣放。其总管事务暂著吉林将军卓鼐⑩兼理。于是年准内务府⑪咨称，奉旨将护军统领^⑫巴格著放乌拉总管，食俸银一百三十两，养廉银五百两。

乾隆二十年，奉旨巴格升授堂郎中，其遗出总管之缺，以本处翼领索柱拣放，赏戴花翎，食俸银一百三十两，养廉银二百两。乾隆三十年，索柱缘事降级，以翼领留用。其总管之缺，奉旨著放护军统领雍和，食俸银一百三十两，养廉银五百两。乾隆三十四年，雍和奉旨赏给内务府大臣^⑬衔，调转热河。其遗出总管之缺，拣放翼领索柱。

乾隆四十二年十二月二十一日，奉旨查打牲乌拉总管应进东珠^⑭、鳇鱼^⑮，一年不抵一年。将此著照盛京^⑯包衣、佐领^⑰之案，归于吉林将军富康安^⑱兼办，其将军应行阅画之事，著值班笔帖式^⑲送阅。

乾隆五十年，奉旨总管索柱著放吉林副都统，仍兼办乌拉总管事务，照总管任给养廉银二百两。

乾隆五十一年五月十三日，准都虞司咨开，据总管索柱专奏，自此打牲乌拉应进东珠、鳇鱼、拣选官缺三事，归吉林将军兼理，其别项差务并与将军画阅等事，实觉冗繁，请旨饬裁等因。军机大臣奉旨依议。钦此。

乾隆五十三年，总管索柱病故。遗缺经吉林将军奏明，奉旨著放伊子郎中吉禄，食俸银一百三十两，养廉银二百两。

嘉庆二年，奉旨吉禄著放吉林副都统，仍兼理乌拉总管事务，照总管任食养廉银二百两。

嘉庆七年十二月十八日，内阁^⑳抄出，奉上谕：查吉禄奏称，伊母八旬，恳恩开除副都统之缺，专办乌拉总管事宜，以便侍养伊母等因。著准开去副都统之缺，仍办总管事务，俸银一百三十两，养廉银二百两。

嘉庆十六年，吉禄病故。经吉林将军奏明，奉旨将此缺著放翼领尔德布。

嘉庆二十四年，尔德布病故。以此缺拣放翼领佗克通阿。

道光十八年，佗克通阿因年老眼睛昏花，专折奏恳开缺。奉旨著吉林将军复奏。奉旨将总管之缺，拣放翼领德棱额。

道光二十年，德棱额病故。其遗出之缺，奉旨著放翼领奇成额。二十三年，奇成额因凉水泉荒地被参，奉旨著降三级调用。其遗出总管之缺，奉旨著放翼领书腾阿。

咸丰元年，书腾阿原品休致。遗出总管之缺，奉旨著放翼领花凌阿。

咸丰四年，花凌阿病故。遗出总管之缺，奉旨著放翼领禄权。查该总管于咸丰三年八月间，在四品翼领任内，经吉林将军奏准，署理双城堡总管事务，因升任乌拉总管之缺，调回本任。

于咸丰九年三月二十一日，准奉省文，将军景纶^㉑奏明，三年任满，赴

京陛见。请将将军任务著交副都统特普钦²²署理，其副都统任务著交乌拉总管禄权署理，其总管任务著翼领富有署理。又于本年九月初一日准奉省文，吉林副都统特普钦署理江省将军任务。其副都统任务仍著前署吉林副都统乌拉总管禄权署理，仍办理乌拉捕务一切事宜。

于同治元年正月二十九日，准奉省文，将军景纶具奏，乌拉总管禄权率领翼领等官，劝谕弁丁，筹助防卫，尚属出力，请旨著赏加副都统衔。其余翼领等官，著该将军自行奖励。钦此。

同治四年，总管禄权原品休致。遗出总管之缺，奉旨著放翼领苏章阿。

同治五年，苏章阿病故。遗出总管之缺，奉旨著放翼领巴扬阿。

于同治八年四月二十四日，接准将军衙门咨文，内开署吉林副都统毓福现丁母忧，循例回京守制百日。所有副都统任务，著交总管巴扬阿暂行护理，仍兼乌拉总管事务。

同治十年，巴扬阿病故。遗出总管之缺，奉旨著放翼领格图铿阿。

光绪六年，格图铿阿原品休致。遗出总管之缺，奉旨著放翼领云〔生〕。

注　释

① 三品总管，打牲乌拉总管顺治十四年（1657）定为六品，顺治十八年（1661）升格为四品，康熙三十七年（1698）升格为三品。

② 嘎善达，满语，意谓"乡长"。

③ 回禄，传说中的火神。《左传》昭公十八年："禳火于玄冥、回禄。"杜预注："玄冥，水神；回禄，火神。"后用作火灾的代称。

④ 养廉银，清制，官吏于常俸之外，规定按职务等级每年另给银钱，号为养廉银。此制始于雍正初年，其后数额亦有固定，与正俸无异。乾隆曰："养廉一项，乃国家优恤臣工厚予禄糈，以资办公之用。"又定各省将军养廉皆"二千两"。养廉银，实则变相加俸，按照官阶等别各有所差，少者有二三百两者。（《清高宗实录》卷896，16页，卷1011，21页）

⑤ 广储司，官署名，属内务府。是掌管府藏及出纳总汇的机构，犹如政府的户部。初名"御用监"，康熙十六年（1677）改为广储司。设有银、皮、瓷、缎、衣、茶六库。顾名思义，各有所储。

⑥ 前锋统领，是清八旗兵前锋营的首领。精选满洲蒙古兵别组为营，称"前锋营"。原名"噶布什贤超哈噶喇依昂邦"。顺治十七年（1660），把"噶

布什贤超哈噶喇依昂邦"定汉字为"前锋统领"。(《光绪会典》68卷)

⑦花翎，清代官员的冠饰。用孔雀翎饰于冠后，以翎眼多者为贵。一般是一个翎眼，多者双眼或三眼。开始时唯有功勋及蒙特恩者，方得赏戴。咸丰后，凡五品以上，虽无勋赏亦得由捐纳而戴一眼花翎；大臣有特恩的始赏戴双眼花翎；宗臣如亲王、贝勒等始得戴三眼花翎。

⑧都虞司，官署名。清置，属内务府。"都"是总其事，"虞"是山泽之官，"都虞"是总山泽之事。掌府属供应及畋渔之事。初名尚膳监，顺治十八年（1661）改为采捕衙门，康熙十六年（1677）始改为都虞司。

⑨包衣，满语"包衣阿哈"的简称，亦作"阿哈"。包衣即"家的"，阿哈即"奴隶"。汉译为"家奴""奴隶""奴仆"或"奴才"。为满族贵族所占有，没有人身自由，被迫从事各种家务劳动和社会生产劳动。主要来源有战俘、罪犯、负债破产者和包衣所生的子女等。清朝在全国范围内建立统治后，包衣有因战功等而置身显贵的，但对其主子仍保留奴才身份。

⑩吉林将军卓鼐，一作卓奈。满洲正蓝旗人。乾隆十五年任。原任归化城都统。

⑪内务府，官署名。清代特设为专管皇室事务的机构。凡宫内之典礼、仓储、财务、工程、牧放、警卫各事，皆归内务府的特殊系统负责，不与外廷行政系统相混。其长官称内务府总管大臣，以满族王公大臣兼充，无定员。

⑫护军统领，是清代担任守卫宫城的军队，即护军营的首领。顺治十七年（1660），定汉字名为"护军统领"。康熙三十三年（1694）铸给护军统领印。

⑬内务府大臣，内务府总管衙门的最高官员，为"总管内务府大臣"，无定额。其品级初为三品。雍正十三年（1735），比照各部侍郎，改为正二品。

⑭东珠，又名北珠。东三省皆产，唯吉林、黑龙江界内松花江、嫩江、爱珲各江河产者最佳。清代用以为皇室、官吏"制珠冠，嵌玉器"之用。以颗大光润，匀圆莹白为佳品。大者直径可达半寸。

⑮鳇鱼，古称"鳣"，鱼类，鲟科。最长几达五米。产于黑龙江、松花江流域。

⑯盛京，今沈阳市。后金天命十年（1625）自东京辽阳迁都沈阳，天聪八年（1634）尊为"天眷盛京"。顺治入关定都北京后，以此为留都或陪都。

⑰佐领，官名，即"牛录额真"。早期满族出兵或狩猎时，按家族村寨

组织队伍，每十人选一人为首领，称为"牛录额真"（箭主之意）。明万历二十九年（1601）努尔哈赤定三百人为一牛录，作为基本的户口和军事编制单位，设牛录额真一人管理，始正式成为官名。清太宗天聪八年（1634）改名"牛录章京"，汉译"佐领"，掌管所属的户口、田宅、兵籍、诉讼等。

⑱ 富康安，即福康安。乾隆四十三年（1778）任吉林将军。

⑲ 笔帖式，官名。清代在各衙署中设置的低级官员。掌理翻译满、汉章奏文书，以满洲、蒙古和汉军旗人担任。笔帖式为满语士人之意（一说为汉语"博士"的音译）。

⑳ 内阁，官署名。清仍明制。内阁有三殿、三阁大学士。因实权掌握在满洲贵族手中，内阁职权低落。到军机处成立后，徒具虚名，成为传达谕旨、公布文告的机关。

㉑ 景纶，一作景淳。咸丰三年（1853）正月，以盛京刑部侍郎调任为吉林将军。

㉒ 特普钦，咸丰九年（1859）以吉林副都统调任为黑龙江将军。

免税

查乌拉地面，向奉恩旨，不准设立税务，以杜圈削之弊。前于光绪六年，曾经吉林将军因筹款助饷，在于属界集市添设斗税，厘捐①等因，本街大小铺商每年交钱二千数百吊，权令商人包纳，业经报部。本署未敢引案梗阻，攸关济饷之见。突又〔于〕光绪八年十月内，署吉林府李金镛②为整顿畜税，禀请四乡分局，在乌拉界内缸窑屯、溪浪河、白旗屯、七台木、乌拉街等处集镇，出示设局。于十月初一日起，并派书巡沿村按户挨门查写，及生理铺户，照账抽收，添设落地③、子母④之税，一无漏网。界居旗民，实属疾苦，啧啧怨忿，群议沸腾。第思本署前奉恩旨，不准设税（纵）〔从〕无他署税取。不意该署府并未奏请，亦未报部，又无知会本署，遽然公行，致干功令。

是以溯查本署公用心红纸张，奉文停止请领，各就本处公款动用。当因本署别无另款开销，是以于乾隆三十六年间，经前任总管索柱具奏，本衙门应用纸、朱、笔、墨原由两京户、工部⑤请领。嗣据大学士⑥殷吉山等奏准，各处由部请领纸、朱，概行停止。惟因生齿日众，公务殷繁，各公处应需心红等项，即由奴才等俸饷银内，按年凑资银一百四五十两，备抵心红公费。是以奴才⑦拟请在本处街市，添设畜税、斗税，特派员役分局收输税银，备抵心红资需，有余充饷等因，据情奏请。奉旨敕交内务府大臣议奏。钦此。钦遵。当蒙议覆：臣等查乌拉总管所奏情节，理宜如奏拟办；但乌拉尚不抵吉林所属一隅，系内仆之区，其街面商贾贸易平常，委非省会人烟辐辏，市廛兴腾。如立税输银，事必繁杂，难保不无不肖员役，藉端苛求，需索地面，圈削旗民⑧实与生计有碍。所奏添税，臣等详查，碍难议准。其乌拉与吉林相距咫尺，所属一区，需用纸、朱等项银两，仍由吉林将军需费内，从俭酌核拨给等情。是否之处，伏候命下。咨知该将军、总管照办遵行。谨奏。奉旨依议。钦此。钦遵。

由是圣谕煌煌，奉行至今。不惟内仆共瞻殊恩，凡界居旗民咸沾庇荫，迄今一百余年，终无异说。历任厅官，敬谨奉行。虽年沿代远，今昔虽非，而本署界址偏小如旧，地面仍前浇薄，户口觉前倍番，生计愈形拮据。曾经总管云〔生〕引案报请吉林将军鉴核，仰体先皇谕旨，不准在乌拉地面，设局抽税，而免圈削旗民，实与生计有碍情形，请将属界集镇、大小村屯旗民落地子母、牲畜税，一律撤消，归符旧制，而安众心，等因。报请旋准，省文内开：该衙门一百余年前，内务府议覆，该衙门纸笔不准收税原奏，所奉谕旨，作为永远免税之文，未免错误。仅以该署知府禀覆，因公下乡看查，本年秋收不丰，粮价平常，暂行裁撤收税。俟来年夏秋之间丰盈，务当拟定章程，详请奏明办理等因。准此。本署不胜悚然，详查前旨，虽无永远免税之文，亦未限有另项再税，本署不敢曲别，惟有钦遵敬行一百余年。溯查原设牛马牲畜税务局，系在吉林省会牛马行设立，终未落乡挨收。该知府⑨整顿税务充饷，是其专责，本署曷敢阻挠。但本乌拉界内，距省七十余里，向奉恩旨，不准抽税，原委前已报明。该署府竟自公然于八年十月初一起至十二月二十五日，因年岁不丰，暂停已税八十五日，显见本署奉有前旨，不准设税，难足为据，攸关体制。是以本署谨拟明宣前旨出示，晓谕界属集镇遵行，抑或勒碑敬守，俾免再行滋扰。但此案本署不敢擅专，原系本（府）〔署〕遵旨议覆饬行之件，本署曷敢隐循，理合声明。于光绪九年正月二十一日呈报总管内务府，指示是否拟办之处，请即知会吉林将军衙门知照外，并示知本署遵行。

旋于光绪十年正月十六日，准内务府示覆，内开：除乌拉总管呈报原文减叙外等因，呈报前来。查乾隆年间所奉谕旨及本府议覆原奏，委因年湮日久，无从检查，是以未经示覆。今复据以现值秋收，恐再抽税，呈请示覆。遵行前来。查乌拉地方虽系本府分区，究在吉林将军统辖境内，本府碍难核办。今届秋收，如该将军仍委员抽收税课，应由该总管自行奏明，或咨商该管将军奏明，请旨办理可也。等因。准此。本衙门理合敬守。倘该将军再行委员税取，本署或奏，抑或咨商该将军奏请办理。但先皇谕旨在前，岂容湮没弗彰。乌拉界属虽在吉林将军统辖境内，究非吉林将军统辖之区。原本乌拉在前，国初设有嘎善达迈图经理贡品，统辖地面，管界周围四百余里。嗣于顺治十五年后，陆续添设三品掌印总管、翼校、仓官、笔帖式等员，分治内府上三旗、下五〔旗〕^⑩包衣户口。康熙十五年，镇守宁古塔等处地方将军挪移吉林，即改镇守吉林等处地方将军。续奉谕旨，兼理乌拉三事。每照文，镇守吉林等处地方将军兼理乌拉拣选官员、鳇鱼、东珠等事。循遵至今，生齿日繁，旗户四万余名口，食饷领催、珠轩头目、牲丁等四千余名，村屯三百余处。所有旗民掺处，每遇交涉事件，归并吉林将军办理。民户细故，悉归吉林府^⑪管辖。其乌拉界属，设有界官八员，管理屯田，缉查赌盗，以及本署文案、公牍并俸饷。约需关领，均系总管自行经理，委非吉林将军节制。故移文照会，内府、外旗各有专辖区别，已历二百余年，岂无限制。详查斯案，前奉本府遵旨议覆。因内府旗仆僻居一隅，与省会有别，不准本署税取。饬交遵行之件，虽于乾隆年间，得蒙先皇旷典。第未能家喻户晓，勒石铭恩，致令沉湮已久，而有近日违谬妄税之事，接踵而生。倘因循故辙覆鉴前车，则其弊当有不可胜言者。

查上年该将军在乌拉境内，添设牲畜、落地、子母税，并未奏请，亦未知会，公然收取八十五日。及至总管援案报出，并随案声明。咸丰、同治年间，本署饷悬无措，势出万难，尚不敢违制设税，何况该吉林府越界税取，有干未便等情。虽经该将军税撤，究未明遵前旨，显寓后图。如该将军若再设税，定必先行奏请。斗税之鉴，假新令以紊旧章，总管又当如何措置？纵宜恪遵前旨，永远昭垂，不惟煌煌天语，历久常新，即该将军亦难再行借口。是以总管按本署管下乌拉街、溪浪河屯、白旗屯、七台木屯、缸窑、两家子屯等乡下集镇六处，并蒙天恩，赏给乌拉津贴当差，凉水泉、土桥子、兴隆镇等处，一并明宣先皇天恩，晓谕咸知。谨将此文，勒石奉行，永远敬守，立案报明。倘该将军违谬，总管有案可据，即行入奏等情。总管一一举行，理合呈报本府立案，伏乞矜怜，转咨吉林将军衙门，一体知照。共念先皇无尽之恩，造穷仆无疆之福，则遗泽孔长，官丁幸甚，是为德便，等情。据此拟合呈报宪台衙门鉴核在案。

嗣于光绪十年八月十八日，准总管内务府示覆，内开除由本府存案，据咨行知吉林将军外，相应剳行该总管查照可也。等因。准此。除本衙门遵即按所属集镇，敬谨勒碑，明宣皇恩，钦遵奉行外，暨咨报将军衙门立案。并咨行伯都讷副都统衙门^⑫查照，及移付吉林北路监督关防处^⑬，转饬金珠^⑭、舒兰^⑮等站同城协领孤榆树^⑯同知、吉林府等衙门，一体知照。及晓谕查街处、四界、五官屯各集镇，一体遵照。奉行在案。

注 释

①厘捐，亦称"厘金"或"厘金税"。旧中国的一种商业税。主要是在水陆交通要道设立关、卡征收。清咸丰三年（1853）开始实行。最初在扬州仙女镇（今江都县仙女镇）设厘金所，对该地米市课以百分之一的捐税。百分之一为一厘，故称"厘金"或"厘捐"。以后各省相继仿行，遍及全国。名目繁多，如坐厘、货厘、落地税、山海捐等。成为反动统治阶级剥削人民的一种手段。

②李金镛，字秋亭。清无锡人。曾在李鸿章军内任职。光绪年间，以开办黑龙江省漠河金矿而闻名。吴大澂督防吉林，金镛任珲春招垦事。曾任吉林知府、长春厅通判等职。光绪十六年（1890）卒于任所。赠内阁学士，于漠河建祠。事迹详《清史稿》451卷《列传》238。

③落地税，亦称落地捐。中国旧时地方政府征收的杂税之一，为对各地城镇集市交易物品所征的捐税，后成为厘金的一种。各地对农民、小贩上市售卖的农副产品，不管价值大小征落地税。

④子母税，亦称子口税。旧中国海关征收的一种国内关税。当时以海关所在口岸为"母口"，内地关卡所在地为"子口"，因此把这种代替内地关卡应征的各种捐税称"子口税"或"子母税"。

⑤两京户、工部，两京指北京和盛京。户、工部是清设置的六部中的二部。其余的四部是吏、礼、兵、刑。户部掌全国土地、户籍、赋税、财政收支等事务，长官为户部尚书。工部掌管各项工程、工匠、屯田、水利、交通等事务，长官为工部尚书。

顺治十六年（1659）在盛京设户、工二部。盛京户部的职掌是掌管盛京之财赋。主要征收粮庄、盐庄、棉花庄的钱粮、食盐及棉花。此外尚有旗地租与杂税等。盛京工部，掌盛京营缮工程，分坛庙、陵寝、宫殿、城垣、公廨、祠宇六项。其分布位置与建筑规模，都有定制。各项工程费用，都由北京工部核销。

⑥大学士，官名。清沿明制，设大学士多人，虽提高品级，职任反不重

要。雍正中设立军机处，此后大学士的职权就为军机大臣所代替。惟军机处大臣及内外各官之资望特重者，仍授大学士作为荣典。大学士都以殿阁名入衔。清乾隆十年（1745）以后，大学士专以三殿（保和、文华、武英）三阁（体仁、文渊、东阁）入衔，满汉各二员，为正一品官，协办大学士满汉各一员，为从一品官。均为文臣最高的官位，除少数例外，汉人非翰林出身，不授此官。

⑦ 奴才，明、清两代官吏见皇帝或向高一级的官吏，进行书面报告时的自称。

⑧ 旗民，就单一概念言，是指清代对被编入八旗人的称呼，也称旗人。旧时汉人一般对满族也叫"旗民"或"旗人"。就双关意义言，系指旗人和民人。林传甲的《龙江旧闻录》第四章"旗民之异"谓："中华人民居内地州县者多不知民族之同异，惟驻防城市之民略知之。自山海关以东，见关内来者，辄称民人，所以别于旗人也。甚至满蒙，佥称大八旗，而视平民为小民人。吾愿化除旗民畛域，同为共和国。"康乾二帝皆曰："奉天等处地方旗民杂处，地亩陇界交连，耕者甚多。"于是用内地之制，置州县官以理之。所治之民谓之"民人"，理民之官亦谓之"民官"，以别专治旗人之"旗官"也。本文所称的"旗民"显然有双关之意。

⑨ 知府，地方政权中的一级，始于唐代，其长官称为"府尹"。清代相沿，一府辖数州县，为一府的最高行政长官，为四品官。

⑩ 上三旗和下五旗，顺治后，满洲八旗又分为上三旗和下五旗：镶黄、正黄、正白称上三旗，为皇帝亲兵；其余称下五旗，由诸王、贝勒、贝子等分统，驻守京师及各地。后日渐腐化，清末全部瓦解。

⑪ 吉林府，光绪八年（1882）六月，吉林将军铭安奏请添设吉林府。

⑫ 伯都讷副都统衙门，清初为抚绥蒙人，设伯都讷站于讷尔浑之野，始画江为境。是通向蒙古的重要驿站。康熙三十一年（1692）吉林副都统移驻于此，康熙三十三年（1694）于站南建筑新城后，专设伯都讷副都统。此地当时是东北著名的边外七镇之一。

⑬ 关防处，指驻兵防守的要塞或检查过往行人、货物的哨卡之类。杜甫《塞芦子》诗："延州秦北户，关防犹可倚。"亦指防守、防备。

⑭ 金珠，又名哲松。据《清一统志》68卷：金州鄂佛罗站，亦名哲松站，

在吉林城西北五十里。今吉林市郊金珠乡。

⑮舒兰，土名朝阳川。为清代重要交通驿站之一。康熙二十年（1681）设巴彦鄂佛罗防御旗员，管辖此地，采捕事宜仍属之乌拉总管。宣统元年（1909）设舒兰县。

⑯孤榆树，即今吉林省榆树县（今为榆树市）。孤榆树为汉族移垦后之名称。《吉林通志》卷12："嘉庆十六年……增设巡检二员，分驻伯都讷、孤榆树。"嘉庆十九年（1814）改设理事同知，在清伯都讷副都统辖区内。

免裁界官

光绪八年十月初二日，准将军衙门咨开，准乌拉总管衙门咨开，准将军衙门咨开，遵奉军宪剳开：照得各处设立界官，原所以（稔）〔稽〕查奸宄，查禁娼赌及缉拿逃凶、逃盗，分界巡查，各专责成，并派总查，以督饬之。立法之初，规模非不尽善，第积久玩生，而一二不肖员弁，又复借差舞弊，横肆贪婪，转将正经务置而不问。故近年以来，各路界官并未闻报获一盗、查缉一匪，而诈赃扰累之案，层见叠出。如上年阿勒楚喀①之东山界官云骑尉②富全，因案诈索李泳汰钱文。本年四月间，马厂牌头曹文广控案内之界官云骑尉胡陞阿，有允受丁泳发开付店账情事。五月间，伯都讷界官云骑尉常山，失查兵丁，诬良为盗，拷逼诈钱。七月间，乡约沈桂亭，呈控界官云骑尉富常阿，索结、强拉骡头各等情。虽俱随时分别情重，参革撤差，而地方贻害，已属无穷。

现在，各处添设民官，棋布星罗，足资控制。所有界官及总查名目，应即一并裁汰，以免分扰。合行剳饬到该司，即便遵照办理，速速特剳。等因奉此。除未经添设民官之宁古塔③、三姓④、珲春⑤，暂仍照旧办理外，相应呈请，照会乌拉总管衙门，遵照文内事理，即将各该处界官，一体裁撤可也。等因准此。

本衙门应即遵将四路界官裁撤，俾免外旗借口。但本署原系打牲衙门，所有在署额设大小官员，通年分司采捕事宜，属下三旗五包衣户口，散居四界。本署管界周围四百余里，幅员不大，男妇子女四千余户、三万余名口。屯田细故，赌博贼匪，再再堪虞。在署官员，势难兼顾。始行奏请由食饷笔帖式委官内，拣放七品章京八员。查此八员，于乾隆十六年，经总管巴格奏设，专为分隶四界，查管旗户。旋于嘉庆四年间，经前任总管吉禄，因四界责重，生齿较前倍繁，鼠牙雀角，不胜枚举，微末职衔，难期管理。复行奏请，将七品章京八员内，改为六品虚衔食饷章京四员，咨送内务府，带领引见，旋署接任界务。挨俸候补骁骑校，始行转调管旗，经理采捕，未补骁骑校俸。前，通年在界，按月晋署画稿一次。本署四界，每界管界六品虚衔食饷章京一员、七品食饷章京一员，共六品章京四员、七品章京四员，以资弹压，系其专责。除管查本署旗户之外，凡界属集镇，大小商贾，并粮民、浮民，遇有事故，均归该乡地管理。若有旗民交涉事件，移报省厅核办，本署管界员弁毫无干预，殊与外旗走界员弁有别。如阿勒楚喀、拉林⑥、双城堡⑦，未设民官以前，各该界员查界，并协理民词，遇有事故，随时更换，各归各旗。本署界官向系奏设界缺，管理屯田，严束内仆，慎重户口，而安闾阎。遇有事故，非参即革，另行拣放、接管，该员委无可归之处。

嗣于咸丰三年内，本署准奏部文，本街设有官硝店。本署四界、五官屯旗户内，半多扫土熬硝，均经界官管理，请发执照，熬成硝砣，押运官硝店。不准该硝户积存、私囤，严密稽查，按月结报。并饬令各该硝户等，两邻该屯嘎善达、屯拨什库⑧等，互相监守，而防偷漏，私售匪人，军火为重〔害〕殊非浅鲜。并旗户内缉凶杀等事，均依该界员弁等是究。兹奉省文，裁撤界官固属添设同通等厅，责有攸归，庶免政务分歧，是属利民除害之善政。但本署界官系管理本署旗户（以）〔已〕历二百余年，相安已久，若遽然更章，诸多不便。不但火硝难期严密，被裁界官引见六品章京四员、七品章京四员，别无责任，撤归似觉未便。且又二百多村屯，七十余嘎善达，无有管束，则界务、硝务，不堪设想矣。是以本署谨将四界添设界缺，管理屯田等事始末，除内仆、旗户其外毫无干涉原委，并将地方情形，现在窒碍之处，不揣冒昧，琐渎缕陈，伏维鉴原。可否仍从旧制，抑或仰照内务府添设守堡领催之例，暂缓裁撤，出自鸿慈等情，合亟呈请备文报明等情。据此拟合咨报将军衙门鉴核、示覆遵行，等因前来。查该总管咨呈，乌拉地方前经奏设管界六品章京四员，七品章京四员，分界稽查各屯田户私熬硝土等事。兹若遽然更章，诸多不便，且该界官系属专设管界，若已裁撤，别无责任可归。可否仍从旧制，暂缓裁撤等因，系属实在情形，自应准其暂缓裁撤。惟该界官虽准留用只准管理该处旗户屯田、私熬硝土事宜，不准干预地方民间公事，以免扰累等因。据此，相应呈请照会乌拉总管衙门，查照办理在案。

注　释

①阿勒楚喀，旧城名。《清一统志》卷六十七："阿勒楚喀城，在吉林城东北四百五十里。"故址在今黑龙江阿城，以城东阿勒楚喀河得名。清雍正

四年（1726）设协领驻防于城南金上京会宁府故城，即名阿勒楚喀。七年移建此城。乾隆二十一年（1756）设副都统，宣统元年（1909）改置阿城县。

②云骑尉，官名。始于隋、唐、宋、明各朝，均为勋官。清代以为世职之一。满名拖沙喇哈番，俗称半个前程。凡封爵皆以云骑尉为始而累加之。如合两云骑尉为骑都尉，积云骑尉二十六为一等公。

③宁古塔，城名。相传清皇族远祖有兄弟六人居此，满语"六个"为"宁古塔"，故称其地为宁古塔贝勒，简称宁古塔。有新旧二城：旧城即今黑龙江宁安县西海林河南岸旧街镇，康熙五年（1666）迁建新城，即今宁安县城。顺治十年（1653）置昂邦章京、副都统于此，康熙元年（1662）改昂邦章京为宁古塔将军，十年移副都统驻吉林乌拉（今吉林省吉林市），十五年移宁古塔将军驻吉林乌拉，复移副都统驻此。据《清一统志》卷68所记宁古塔副都统辖区"东至东海三千余里""东南至海一千五百七十里""东北至海三千余里"。

④三姓，城名。三姓为清代前期吉林将军辖区内东北部的重镇。管辖范围很广。正如《依兰县志·形胜门》所载："东至东海滨、库页岛海叉均在内。"被沙皇俄国侵占的黑龙江以北，乌苏里江以东广大地区，其在吉林将军辖境以内的，即分别由三姓副都统和宁古塔副都统管辖。今黑龙江省依兰县，康熙五十四年（1715年）筑城。又名"依兰哈拉"，满语"依兰"为"三"，"哈拉"为姓。因努叶革勒、革依克勒、祜西哩三族赫哲人居此得名。雍正七年（1729）设副都统驻守。光绪三十一年（1905）改置依兰府，1913年降为县。

⑤珲春，县名，今吉林省珲春县。康熙五十三年（1714），清政府于珲春建城，设协领。《清一统志》卷68："珲春城，在吉林城东南一千一百里，珲春河东岸。"宣统二年（1910）设珲春厅，1914年改珲春县。

⑥拉林，旧县名。满语，爽快之意。今黑龙江省五常县拉林。清曾在此地设协领。拉林当以拉林河而得名。清初在反击沙俄侵略的战争中，曾在此地设立仓库储备粮食，因此又名拉林仓。

⑦双城堡，《清一统志》卷68："双城堡，在阿勒楚喀境内。"嘉庆十九年（1814）设协领等官驻防。

⑧拨什库，清官名。满语"催促人"的意思。汉名"领催"。管理佐领

内的文书、饷糈庶务。又有"分得拨什库"，是佐领的副手，汉名"骁骑校"。

四品翼领

查原设翼领二员。于顺治十四年，将希特库、额奇布放为六品翼领，帮同总管办事。

顺治十八年，希特库升授四品总管。遗出六品翼领之缺，拣放笔帖式辉那。又额奇布亡故，遗缺拣放额黑。

康熙二十一年，辉那遗缺拣放昂钮。

康熙三十一年，额黑遗缺拣放伊子罗禅。

康熙三十七年，奉旨翼领罗禅等改为五品顶戴，食俸银八十两。是年昂钮因年老告退，遗缺拣放领催穆哈那。

雍正三年，穆哈那遗缺拣放骁骑校乌林布。而乌林布因事革职，遗缺拣放蓝翎①骁骑校南泰。

雍正八年，罗禅、南泰因事革职，遗缺拣放京员蓝翎前锋校色克图。

雍正十三年三月初五日，准都虞司咨文，准内务府具奏，查前据副都统格莫儿片奏，色克图现经调回原任，其遗出翼领之缺，若由京员内拣放，实与各项捕务不谐，请将此缺由本处骁骑校内拣放，人地相宜，庶于捕务大有裨益等因。奉旨依议。钦此。遵即拣放本处骁骑校多尼拟正，王三柱拟陪。其遗出骁骑校二缺，拣放委署骁骑校花色拟正，乌尔舒拟陪。

乾隆五十六年，总管吉禄年班召见面奏，奴才本处人丁滋生蕃盛，请加牲丁一千名，与陈丁一律捕差。又请将五品翼领改为四品，其五品之缺，由骁骑校改放二员，由笔帖式委署骁骑校内改放六品委署骁骑校二员，由领催白唐阿内添委官二员等因。奏准在案。于乾隆五十七年，将左、右翼翼领海福、安海均改为四品顶戴②，仍食俸银八十两，至今永未更章。

注 释

①蓝翎，清代礼冠上的一种饰物。插在冠后，用鹖羽制后，故称"蓝翎"。初用以赏赐官阶低而有功之人，后很滥。昭梿《啸亭续录》卷一："凡领侍卫府官、护军营、前锋营、火器营、銮仪卫满员五品以上者，皆冠戴孔雀花翎。六品以上者冠戴鹖羽蓝翎，以为辨别。"

②顶戴，清代用以区别官员等级的帽饰。通常皇帝可赏给无官的人的某品顶戴，亦可对次一等的官赏加较高级的顶戴。例如总督为从一品官，赏加

头品顶戴，即等于按正一品待遇。

五品委署翼领

查原设五品委署翼领四员。于乾隆五十六年，总管吉禄召见面奏，请将五品翼领改为四品。以此添设五品委署翼领二员，由骁骑校内拣放。于乾隆五十七年，将骁骑校逊他哈、兆宁放为五品委署翼领。于嘉庆四年十二月二十四日，复经吉林副都统乌拉总管吉禄具奏，查乌拉所设官员，不敷差遣，仰祈天恩，请将由食俸之骁骑校九员内加添五品委署翼领二员，其旧有五品委署翼领二员，专管采捕东珠、蜂蜜、八旗事务；新添二员，着管捕鱼、八旗事务。按年出派一员，巡查捕鱼河口，一员留城办事等因。奏准。于嘉庆四、七两年，将骁骑校舒明阿、德生额放为五品委署翼领，仍食骁骑校俸银六十两，至今永未更章。

骁骑校

查原设骁骑校，于康熙三十九年，准工部咨文，据乌拉总管咨称：本处近来人丁蕃盛，并发遣人犯，加八旗牲丁二千余名，为数甚巨。虽有领催二十七名，并无官职，难期管束等因。请由二十七名领催内放催总七名，均为七品等因。具奏。奉旨将领催讷海、文泰、札凌阿、索柱、乌三泰、珠轩达依哈、达西干放为骁骑校。钦此。

乾隆二十四年，总管索柱奏：因人烟繁盛，请添骁骑校四名等因。奉旨依议。着由笔帖式委骁骑校内拣用。以上共骁骑校十一员。内于乾隆五十六年、嘉庆四年，二次改为五品翼领四员，实有骁骑校七员，食俸银六十两，至今永未更章。

仓官

查原设仓官，于乾隆二十七年，经总管索柱奏：打牲乌拉向无仓官管理仓务，及至饥寒之年，霉烂仓谷，亦不能接济贫丁糊口。奴才欲将打牲乌拉之仓，援照东三省等处放仓官、笔帖式之例，拣放仓官一员、笔帖式二员。应验仓官人员，由奴才衙门笔帖式内，验其满、汉字优能者，考放正陪二员，咨送吏部带领引见，仍食笔帖式饷银，不开底缺，俟三年任满无过，保奏送京，以主事[①]升用。倘该员无力携眷赴京，情愿候本处缺，即以本处骁骑校尽先升用。其仓场笔帖式二员，由贴写行走委笔帖式内拣放。俟过三年差满，如果勤慎，即以笔帖式补放等因。具奏。内大臣奉旨议准，照例拣放仓官一员，委笔帖式二员，管理仓务，其仓官毋庸咨送吏部，仍送本宪衙门带领引见。其委笔帖式二员，如诚实勤慎，咨报本宪衙门，即以本处笔帖式验放等因。奏准。即于是年将笔帖式永福、札普占咨送内务府带领引见，奉旨著放永福。

乾隆三十年，永福仓官年满，保奏放为都京②额外主事。其缺拣放笔帖式札普占升授。其三年任满，保送引见，即以本处骁骑校补用，其遗缺补放记名仓官海福。

嘉庆九年十二月，内复准总管内务府汉文内开军机大臣议奏：查打牲乌拉仓官，三年任满，未免过优。自此改为五年一任，如果差务奋勉，将该员照例保送都京以主事升用等因。具奏。

嘉庆十四年，仓官双保，五年任满，保送引见，以本处骁骑校补用。其遗缺拣放八品笔帖式郭新保。

查仓官原系三年一任，后改五年一任，俟缺出时，报明吉林将军与总管，即由本衙门笔帖式内挑验正、陪保送引见。其仓场委笔帖式二员，仍以三年报满，以笔帖式升用。如笔帖式缺出无有应验之年满仓场委笔帖式，即以贴写白唐阿内，拣其优能者补放。再查由贡生③、生员④、监生⑤、补放笔帖式者，照例报部，请作七品、八品笔帖式。七品每年给俸银三十三两，随俸米三十三斛。至八品，每年给俸银二十八两，随俸米二十八斛。其升授仓官、仓场委笔帖式者，随时咨报内务府立案。

道光四年闰七月二十日，准吏部来咨，内务府咨称，据候补主事福连呈称：窃职由仓官任内年满，保送来京，以主事候补。现因补缺，尚须时日，资斧不济，且职母年逾七十，情殷奉养，为此呈请，暂行回籍，伏乞俯准，给予出关路引⑥，俾得起程前往。并乞批交都虞司，俟职补缺到班时，行知打牲乌拉总管，职再行来京候补等因。除咨行兵部照办，给出山海关票照外，相应知照吏部查照，等因前来。查内务府候补主事福连，由乌拉仓官年满，以主事用。兹该员因资斧不济，呈请暂行回籍。既据内务府咨行兵部⑦办给出关票照，准其回籍，相应照咨转行兵部给发口票外，并知照吉林将军，查照在案。

注　释

①主事，官名。始于北魏，设尚书主事令史，意即令史中的首领。历代相沿。清代，进士分部，须先补主事，递升员外郎、郎中，官阶为正六品。其他官署如内务府、理藩院亦设有主事。

②都京，即为京都，国都，古帝王所居之地。

③贡生，科举制度中，生员（秀才）一般是隶属于本府、州、县学的，若考选升入京师国子监读书的，则不再是本府、州、县学的生员，而称为贡生。意思是以人才贡献给皇帝。明清两代贡生有不同名目。

④生员，名起于唐代。明、清时代，凡经过本省各级考试取入府、州、县学的，通名生员，即习惯上所谓秀才。经常接受本地方教官（如教授、学正、教谕、训导等）及学政的监督考核。文章上则称为诸生。

⑤监生，明清肄业于国子监的，统称监生。初由学政考取，或由皇帝特许。乾隆以前，并加以严格的考课。监生有举监、贡监、生监、恩监、优监等名目。后则仅存虚名，不被重视。

⑥出关路引，即过山海关的路条票照。明制，参、貂、材木、鱼鲜之类皆有条禁。清沿之。凡出关者旗人须本旗固山额真（都统、旗主）主送牌子至兵部，起满文票；汉人则呈请兵部或赴印官衙门起汉文票。至关，旗人赴和敦大（城长）北衙记档验放；汉人赴通判南衙记档验放。

⑦兵部，为清代设置的六部之一。掌管全国武官选用和兵籍、军械、军令等事务，长官为兵部尚书。

学官①

查原设满教习②，于同治八年九月十九日，准将军衙门咨文内开，将军富明阿③奏，为整顿吉林清语骑射，调剂增设五城满、汉文教〔习〕缺额，以固根本。在于无品级笔帖式内，拣其精通清文、清语、兼通骑射、汉文之人，考放报部，永远作为实额，不开底缺。拣充时，勿庸送部引见。考其所教旗人子弟，如果清语明通，多半教导有方，卓有成效者，即以该处骁骑校，俟过三缺，照例补用等情。奉旨着照所请。钦此准奏。等因前来。即于同治十年九月内，将笔帖式全明拣放满教习之缺，三年任满，保送引见，即以本处骁骑校，俟过三俸，照例补用。至今遵行，永未更章。

注 释

①学官，又称教官。指中国旧时主管学务的官员和官学教师。如汉代开始设置的五经博士、博士祭酒，西晋开始设置的国子祭酒、博士、助教，宋以后的提学、学政和教授、学政、教谕等。

②教习，学官名。明代选进士入翰林院学习，称庶吉士，命学士一人（后改为礼、吏两部侍郎二人）任教，称为教习。清代沿用此制，翰林院设庶常馆，由满、汉大臣各一人任教习，选侍讲、侍读以下官任小教习。官学中亦有设教习者。清末兴办学堂，其教师也沿称为教习。

③富明阿，字治安，袁氏，汉军正白旗人，明兵部尚书袁崇焕裔孙。崇焕死，其后从军有功，编入宁古塔汉军。五传至富明阿。咸丰四年，管带宁古塔兵。咸丰八年授宁古塔副都统。同治五年，授吉林将军，督剿马贼。光绪八年卒。

笔帖式

查原设笔帖式，于顺治十四年间，设有笔帖式二员。顺治十八年，笔帖式辉那升授翼领。

康熙三十七年，准工部奏，添笔帖式二员。

雍正三年，本衙门奏，添笔帖式三员，共七员。

雍正九年，准奉内大臣议奏，请将乌拉之笔帖式，仿照奉天之例，每员每月给银一两，仓米一斛，一〔斛〕米折仓谷二斛给领等因。依奏。钦此。

六品委署骁骑校①、章京②

查原设六品委署骁骑校、委署章京，于乾隆五十六年，总管吉禄召见面奏：因人丁蕃盛，官不敷用，请由笔帖式委署骁骑校内，改添六品委署骁骑校二员。

嘉庆四年，复经吉林副都统、乌拉总管吉禄奏：乌拉官员仍不敷用，仰祈天恩，请由笔帖式委署骁骑校内，改添六品委署骁骑校二员。再，乌拉与吉林属界接壤，兵民掺居，虽出派笔帖式、领催等八名，委为章京，分为四路，巡查屯界，缉查盗匪，均系微末之员，遇有交传事件，难免不无贻误。请将此八员内，赏放六品顶戴委署章京四员等因。奉旨依奏。钦此。

嘉庆八年，复奏乌拉升授虚衔各员，系已引见之人，俟俸缺出时，毋庸赴京补授，由本衙门挨次补用，以节盘费等因。奉旨依奏。钦此。

嘉庆九年，骁骑校尔德布遗缺，循例报明总管内务府，挨次补放六品委署章京依三泰。实有六品委署骁骑校、委署章京共八员，仍食原饷。至今循遵，永未更章。

注 释

①骁骑校、骁骑，古代禁军营名；亦称其领军的将领。后亦泛指精壮的

骑兵为"骁骑"。清代于八旗中皆置骁骑营，为清代禁卫军之一。其官有骁骑营统领、骁骑校等。

②章京，清代军职多称章京，如参领称甲喇章京，佐领称牛录章京。军机处和总理各国事务衙门办理文书的官员，亦称章京。

七品委署骁骑校、章京

查原设七品委署骁骑校、委署章京，于雍正六年，值年侍卫奏：放七品委署骁骑校七员、委领催十一名。如委署骁骑校缺出，以委领催补用。

又乾隆十六年，总管巴格奏：乌拉旗民掺居，出派官八员，领催八名，在于乌拉属界，分为四路，查缉盗匪，等因奏奉。内大臣议覆：著放委署章京八员。此缺出时，以委领催内补放。

又嘉庆四年十二月二十四日，经吉林副都统、乌拉总管吉禄奏：巡查屯界，虽有委署章京八员，职分均系微末，遇有交传事件，难期慎重。仰祈天恩，由八员委署章京内赏放六品顶戴四员，分路查界，以资弹压等因。奏准。钦此。查三次奏，放七品委署骁骑校七员、委署章京四员，仍食原饷。遵行至今，永未更章。

委官

查原设实缺委官，于乾隆四十四年正月二十八日，经吉林将军霍隆武[①]奏：乌拉官员不敷遣用，请由领催珠轩达内，放委官十员。此缺出时，以委领催补用。

乾隆五十六年，经总管吉禄召见面奏：由白唐阿领催内，加添委官二员等因。奏准。钦此。

嘉庆二十四年，吉林副都统兼乌拉总管事务吉禄奏：乌拉官员仍不敷用，请由白唐阿领催珠轩达内，加添委官二员等因。奉旨依奏。钦此。

查三次奏，添委官共十四员，至今永未更章。

注　释

①霍隆武，满洲正黄旗人。御前侍卫，果勇侯。乾隆四十三年任吉林将军。传见《清史稿》卷三百九十八《列传》一百八十五。

领催

查原设八旗领催八名。于康熙八年，因捕打鳇鲟等鱼，无有领略等情，咨行工部，添放领催八名。

康熙二十四年，经总管内务府工部议奏，放采蜜领催三名。

康熙三十四年，因人丁蕃盛，经内务府议奏，上三旗着放领催三名。

三十七年，经工部奏，下五旗添放领催五名。

查以上五次，共放领催二十七名，内除食二十四两饷银采蜜领催三名外，实剩食三十六两饷银领催二十四名。采珠八旗，每旗放领催二名。捕鱼八旗，各放领催一名。俟委骁骑校委官缺出，拣其优能者升用。

珠轩达①

查原设珠轩头目二十五名。于康熙五年，准工部咨文内开，捕鱼加添珠轩达十六名。

康熙三十年，因牲丁滋盛，经内务府大臣等议奏，加添珠轩达一名。

康熙三十四年，因上三旗牲丁蕃盛，经内务府大臣等议奏，加添珠轩达七名。

雍正二年，乾清门②二等侍卫③阿富他，因赴乌拉查丁，面奏。奉旨：原贝色、老密舒努等之丁均入上房，应将老密舒努等六十三丁，分为三珠轩等因。遵即加添珠轩达三名。

雍正五年，准都虞司咨文内开，由公满都豁贝勒名下，拨给捕鱼打牲丁十九名，捕珠牲丁十名，由功云韬名下拨丁五名，云梯名下拨丁五名，共丁三十九名，归上三旗，采捕东珠，加添珠轩达二名。又准都虞司咨文内开，由正蓝旗阿奇那名下，裁一珠轩，其丁十二名，拨入上三旗捕珠，加添珠轩达一名。

雍正六年，准都虞司咨文内开，镶白旗已革贝勒延新牲丁十六名，镶蓝旗功宏牲丁四名，共牲丁二十名，拨入上三旗捕珠，加添珠轩达一名。

雍正十年，准都虞司咨文内开，已革王云饬包衣下牲丁三十七名，拨入上三旗，加添珠轩达二名。

乾隆九年起至十三四等年，因呈进之参，不敷额数，准吉林将军衙门咨文内开，由内阁抄出大学士公等议奏，将挖参之三百人裁撤，归并捕珠丁内，一律捕差，如东珠、蜂蜜，采捕足数，以赎罪愆。即将此十八珠轩，分为捕珠珠轩达十二名，采蜜珠轩达六名。

乾隆三十一年，总管内务府议奏，准将食十八两饷银珠轩头目，每名每月添给饷银五钱，其采蜜珠轩六名内裁去一名，下剩五名，每名每月应得银二两，停止并将采蜜之差革除，作为采珠五珠轩，一体充差。

乾隆三十三年，兼理乌拉总管事务护军统领雍和奏请，奉旨：着准打牲乌拉下五旗，放珠轩头目三十五名，等因。钦此。

查以前十一次，共放食二十四两饷银珠轩头目一百一十一名，内裁去一名。三旗现有珠轩头目五十九名，五旗现有珠轩头目三十五名，捕鱼八旗现有珠轩头目十六名，共一百一十名。至今如前，永未更章。

注 释

①珠轩达，采珠者，乃打牲乌拉包衣下食粮人户。合数人为一起，谓之珠轩。每珠轩名下打牲丁十三四名不等，多达三十人。以每年四月乘舟往采捕地区，至八月方回。各以所得之珠，纳之于官，如供赋焉。其头目称"珠轩达"。

②乾清门，在旧北京紫禁城内保和殿之后。凡五楹。清代皇帝御门听政于乾清宫。

③侍卫，官名。清制选满蒙勋戚子弟及武进士为侍卫，分一、二、三等。又在其中特拣若干为御前侍卫及乾清门侍卫，为最高级。御前大臣、御前行走及御前侍卫统归皇帝直接管理。乾清门侍卫、乾清门行走、一二三等侍卫统由御前大臣率领。大门侍卫、一二三等蓝翎侍卫则由领侍卫内大臣率领，不得入乾清门。

铺副

查原设铺副，于康熙四十一年，总管穆克登报请：将每珠轩加添铺副二名等因。总管内务府议奏，准照所请，每名每月，仍给饷银一两。

乾隆三十一年，兼理总管事务护军统领雍和奏请，奉旨：内务府大臣议奏，打牲乌拉打牲丁等，每名每月请加添银饷五钱。其委铺副七十二名仍食丁饷，不开丁缺。查采珠、捕鱼十旗，共放铺副二百一十名。内除食十二两饷银委铺副七十二名，实剩食十八两饷银正铺副一百三十八名。遵行至今，永未更章。

打牲丁

查于康熙三年以前，原设打牲丁四百余名，陆续添拨，无凭考查。嗣于乾隆三十二年二月二十一日，准都虞司咨文内开，据打牲乌拉总管雍和咨称奏，将月食饷银五钱之打牲丁二千五百五十一名，一律请添饷银五钱。

乾隆五十六年，奉旨赏添打牲丁一千名，又续添打牲丁四十二名。

查以上采珠、捕鱼八旗，共打牲丁三千九百九十三名。内采珠三旗打牲丁二千一百八十三名，五旗一千一百六十四名，捕鱼三旗丁三百六十二名，五旗二百八十四名。

查志书内载，因无珠轩，王公①、贝勒②等包衣之打牲丁，无有升途。经总管吉禄咨报，自此无珠轩，王公、贝勒等包衣之牲丁等，合并珠轩，俟有珠轩达、铺副出缺，一体拣用。是否之处呈报，伏候指示，遵行等因。奉大学士、王大臣等议覆：着照该总管所请办理。

注 释

① 王公，清亲王、郡王、贝勒、贝子、镇国公、辅国公六等封爵的俗称。原为对满族贵族专用的封号。后也用以赠蒙古、西藏和新疆各民族的上层。

② 贝勒，满语王或诸侯的意思。早期满族社会中，贝勒为"天生"贵族之称。努尔哈赤曾用以称其子侄。清代颁定宗室爵号，有多罗贝勒，简称贝勒。其位仅次于亲王、郡王，并以封蒙古贵族。

铁匠、弓匠

查《志书》内载：原设铁匠二名，弓匠二名。查此四名匠役，原食十二两饷银。嗣于乾隆三十一年，总管雍和奏加饷银，将此四名归入铺副数内，每人加领饷银六两。

又查嘉庆二十年，经总管尔德布奏请，将打牲乌拉食十八两饷银之弓匠二名裁撤。由此三十六两饷银内，拨出银二十四两，赏给未食饷之五屯领催；余剩银十二两，由白唐阿内添放无品级笔帖式一名等因。奏请。奉旨：着吉林将军议奏。据称：但修造、采捕东珠、鳇鱼、松子、蜂蜜弓匠无多，应留弓匠一名，作为饷银十二两等因。奉旨依奏。钦此。

查以上现有食十八两饷银铁匠二名，食十二两饷银弓匠一名。至今如前，永未更章。

仵作①

查原设仵作，于乾隆九年，准盛京刑部侍郎兆辉片奏：查打牲乌拉，遇有命盗案件，咨报吉林将军衙门审办，其相验之事，咨刑部派仵〔作〕往验。

乾隆十二年，刑部将仵作李世俊随文咨送将军衙门，转送乌拉教习，并令每月给饷银二两，每月给口分仓米八合三勺。再由本处官庄②内挑选学习仵作二三名，交伊教授。如三年差满，教有成效，将李世俊送回本部，即由学习仵作内，拣挑正仵作一名，每月给饷银一两。其学习仵作每名给饷银五钱，每人一日由仓关领口分米八合三勺。

乾隆三十一年，总管雍和因加添丁饷，将正仵作归铺副内，加银五钱。其学习仵作二名，每人亦照六两饷银给领。查现有食十八两饷银正仵作一名，食十二两饷银学习仵作二名。其正缺出，以学习仵作拣补，俱由五官地幼丁内，拣其识汉字者挑用。

乾隆五十七年，总管吉禄咨报，仵作之子孙内，如有差使奋勉者，可否照上三旗之丁一体当差等因。饬知，准与饷缺升用。

注　释

①仵作，旧时官署中检验死伤的吏役。《清会典·刑部》："凡斗殴伤重不能动履之人，不得扛抬赴验，该管官即带领仵作亲往验看。"犹今言法医也。

②官庄，中国封建社会中政府直辖的田庄，和"私庄"相对称。唐以后历代都有，并有不同名目。清属内务府管辖的官庄为皇庄，属各部、寺的则为官庄。在东北地区亦设有官庄。"惟官庄之苦，至今仍旧。每一庄共十人，一人为庄头，九人为庄丁。非种田即随打围、烧炭"。(《宁古塔纪略》)

五官屯①领催

查原设五官地领催，于康熙四十五年，由拨来帮捕蜂蜜之五十户丁内，拣挑七十名编为五屯，承种官地。拣放庄头②五名，经理地亩，牧放牛条。惟五屯领催，前据总管尔德布奏，裁食十八两弓匠一名，留弓匠一名，改作十二两饷银。余出银二十四两，赏给五屯未食饷之领催，其缺由五屯庄头总外郎内拣放。现有食二十四两饷银五屯领催一名。

注　释

①五官屯，是清内务府在乌拉地区设置的五个官屯之粮庄，以其分布五处，故称"五官屯"。具体是尤家屯、张家庄子、前奇塔穆屯、后奇塔穆屯、蜂蜜营屯。(见《打牲乌拉地方乡土志》之《田赋》条)

②庄头，中国封建社会中地主阶级所设田庄的管理人，庄头往往只交定额地租给庄主，但对庄客或奴仆却尽可能压榨和奴役，以取得更多的剥削收入。

庄头、壮丁

查原设五官屯，于康熙四十五年，经内务府大臣等议奏，总管穆克登报呈，请由蒙古索借拨协济牛三百五十条，交该总管经理，以拨来帮捕蜂蜜之五十户内，拣其材干者五名放为庄头。每屯拨给丁十四名，每丁拨给新荒地十五垧。每屯给牛二十条，烙印，共给正项牛一百条。下剩牛二百五十条，转换牝子、乳牛，以备滋生。倘正项牛条如有残老不堪用者，即以滋生抵补。惟庄头经理牛条，免其纳粮。其每丁每年应交谷数，照边外官地征谷仓斗四十三石二斗。所征之谷交总管穆克登，自行建仓收贮。其庄头、屯丁等，所种地亩，出派骁骑校一员、笔帖式一员，竭力承查地亩、牛条，秋成催征谷粮，勿任拖欠。年终呈报内务府立案可也。

原设各项差占章程

查旧设各项章程，原镶黄旗领催三名、珠轩达二十名、铺副三十六名、打牲丁七百六十名。

正黄旗领催三名、珠轩达二十名、铺副三十六名、打牲丁七百六十名。

正白旗领催三名，珠轩达十九名，铺副三十四名、打牲丁七百二十二名。

以上共领催九名、珠轩达五十九名、铺副一百六名、打牲丁二千二百四十二名。

镶黄、正黄、正白三旗，由头目内共放官二十员。遗出头目缺二十，分由铺副内放为委珠轩头目。遗出铺副二十缺，由打牲丁内放为委铺副。再，三旗由珠轩头目内放委领催九名。遗出珠轩头目九缺，由铺副内放为委珠轩头目。遗出铺副之缺，由打牲丁内放为委铺副九名。以上由打牲丁内共放委铺副二十九名。

衙门贴写设定，由采珠三旗牲丁内拣挑二十四名，五旗牲丁内拣挑六名，八旗共挑三十名。再由牲丁内，给印房传事人八名。

以上五项，三旗共放打牲丁二千二百四十二名内，除由牲丁内放贴写、委铺副及传事人共六十一名，仍剩采捕东珠、松子、蜂蜜打牲丁二千一百八十一名。

三旗历年捕珠，应用舥艃[①]二百三十六只，每舥艃派人三名。此内协领衙门出派舥艃五十六只，披甲一百六十八名。又，跟随本署大人巡查捕珠各河口舥艃十只，打牲丁三十名。三旗由五十九珠轩出派舥艃一百八十只，珠轩头目、铺副四十名，打牲丁五百名，统共出派打牲丁五百三十名。按五十九珠轩计核，五十八珠轩，每珠轩应出丁九名，余剩一珠轩出丁八名。

三旗历年采捕头二次松子，共出派打牲丁四百三十名。按五十九珠轩计核，四十二珠轩每珠轩应出丁七名，余剩十七珠轩，每珠轩出丁八名。

三旗历年捕打生熟蜂蜜，共出派打牲丁四百九十八名。按五十九珠轩计核，三十三珠轩，每珠轩应出丁八名，余剩二十六珠轩，每珠轩出丁九名。

看守衙署银库，采珠八旗每月共派打牲丁十名，内由三旗派丁四名，由五旗派丁六名。三旗一年共派打牲丁四十八名。查此差捕鱼八旗差繁，免其出派。

看守仓廒②，采珠八旗每月共派丁十二名，内由三旗派丁八名，由五旗派丁四名。三旗一年共出派打牲丁九十六名。查此差捕鱼八旗差繁，免其出派。

看守采珠八旗阿司房四所。八旗每月共派丁八名，内由三旗派丁三名，由五旗派丁五名。三旗一年共派打牲丁三十六名。

看守城垣四门，采珠八旗每月共派丁八名，内由三旗派丁三名，由五旗派丁五名。三旗一年共派打牲丁三十六名。

巡查街道厅，采珠八旗每月共派打牲丁二名，由三、五旗出派。惟正白旗，照厢、正黄二旗少一珠轩，此名牲丁免派。正白旗，每月仍由厢、正黄旗轮派一名。此二旗一年共出派牲丁十二名。

以上三旗采捕、当差打牲丁共二千一百八十一名。内除采捕东珠、松子、蜂蜜及看守衙署、仓库并阿司房、城四门、街道厅各等差，一年共出派打牲丁一千七百五十八名，实剩牲丁四百二十三名。按五十九珠轩均匀，应四十九珠轩，每珠轩剩丁七名。十珠轩，每珠轩剩丁八名。

看守衙署银库，每班出派领催二名，珠轩头目、捕副四名。十日为一班，由采珠八旗轮派。

看仓，每班出派领催一名，珠轩头目、铺副四名。十日为一班，由采珠八旗轮派。

看城四门，由采珠八旗出派珠轩头目四名，十日为一班。

巡查街道厅，由采珠八旗一年出派领催二名，珠轩头目、铺副八名，分为两班。

巡查四界，按年每界出派领催一名，珠轩头目四名，由采珠八旗出派，一年共派领催四名，珠轩头目、铺副十六名。

查捕鱼八旗头目等差繁，按年仅可冬、腊、正、二月，值衙署仓库之班。

总管跟役领催一名，珠轩头目、铺副共五名。

左、右翼领③跟役珠轩头目、铺副共六名，由采珠八旗出派，十日为一班。

按年赴都，恭进头次松子，由采珠三旗出派领催一名，珠轩头目一名。

按年赴都，恭送二次松子，由采珠三旗出派领催一名，珠轩头目、铺副五名。

按年赴都，恭送东珠，由采珠三旗出派领催一名，珠轩头目、铺副十六名。由协领衙门出派披甲二名。由五旗出派领催一名，珠轩头目、铺副十七名。

按年赴盛京户部领取俸饷银两，由采珠三旗出派领催一名，珠轩头目十名，由五旗出派领催一名，珠轩头目五名，由捕鱼左、右两翼出派领催一名。

按年赴京送蜂蜜，由采珠三旗出派领催一名，珠轩头目、铺副五名。

正红旗，由头目内放委章京一员，委官一员。镶红旗，由头目内放委官一员。正蓝旗，由头目内放委章京一员，委骁骑校一员，镶蓝旗，由头目内放委骁骑校一员，委官一员。此四旗共放官七员，遗出头目缺七，分由珠轩达内放委领催七名。遗出委珠轩达之缺，由委铺副内放为委珠轩达。

由五旗丁内共挑贴写^④六名，正红、镶白、镶红、镶蓝各一名，惟正蓝旗二名。

五旗共三十五珠轩。历年捕珠，应用舢艍一百四十只，每舢艍派丁三名，共派丁四百二十名。内除珠轩头目、铺副二十六名，实派打牲丁三百九十四名。

看守衙署银库，五旗每月共派丁六名，由正红旗派丁一名，镶白、正蓝每旗派丁二名，镶红、镶蓝二旗每月轮派丁一名。一年共派打牲丁七十二名。

看守仓廒，五旗每月共派丁四名。由镶白、正蓝旗轮派丁三名，一旗一名，一旗二名。由正红、镶红、镶蓝三旗派丁一名。每隔两个月出派一次。一年共派打牲丁四十八名。

看守采珠八旗阿司房，五旗每月共派丁五名，一旗一名，一年共派打牲丁六十名。

看守城垣四门，五旗每月共派丁五名。由正红、镶白、镶红、正蓝旗每月出派丁一名。查镶蓝旗丁少，一年著派丁八名，下亏四名，由正蓝出一名，再由镶红旗出派三名。一年共派打牲丁六十名。

巡查街道厅，五旗每月出派丁一名。查镶蓝旗丁少，仍行免派。其正红、镶白、镶红、正蓝等旗，每隔三月轮派丁一名。此四旗一年共派打牲丁十二名。

以上五旗采捕东珠，并看衙署、仓库、阿司房、城四门及巡查街道厅等差，共出派丁六百九十四名，加以贴写六名，二共打牲丁七百名。

以上正红旗共打牲丁一百八十二名。内除捕打东珠丁七十九名，贴写一

打牲乌拉志典全书

名，又看衙署、仓库等丁六十一名外，实剩无差占打牲丁四十一名。按七珠轩均分，应六珠轩，每珠轩六名，一珠轩五名。

镶白旗共打牲丁二百二十一名。内除捕打东珠丁一百名，贴写一名，又看衙署、仓库等丁七十三名外，实剩无差占打牲丁四十七名。按九珠轩均分，应七珠轩，每珠轩丁五名，二珠轩每珠轩丁六名。

镶红旗共打牲丁一百三十名。内除捕打东珠丁五十七名，贴写一名，又看衙署、仓库等丁四十四名，实剩无差占打牲丁二十八名。按五珠轩均分，应三珠轩，每珠轩丁六名，二珠轩，每珠轩丁五名。

正蓝旗共打牲丁二百六十二名。内除捕打东珠丁一百一十二名，贴写二名，又看衙署、仓库等丁八十八名，实剩无差占打牲丁六十名。按十珠轩均分，每珠轩丁六名。

镶蓝旗共打牲丁一百四名。内除捕打东珠丁四十六名，贴写一名，又看衙署、仓库等丁三十四名，实剩无差占打牲丁二十三名。按四珠轩均分，应三珠轩，每珠轩六名，一珠轩五名。

捕鱼三旗，原设领催三名，珠轩头目六名，铺副十二名，铺副上行走铁匠二名，打牲丁三百零三名。

捕鱼五旗，原设领催五名，珠轩头目十名，铺副二十名，打牲丁二百五十名。

以上八旗，共领催八名，珠轩头目十六名，铺副三十二名，铁匠二名，打牲丁五百五十三名。

镶黄旗由领催内放委官一员。正黄旗由领催内放委官一员。正蓝旗由领催内放委骑骁校一员，由珠轩头目内放委官一员。镶蓝旗由珠轩头目内放委官一员。共放官五员，遗出领催、珠轩头目之缺，由珠轩达内放为委领催，由铺副内放为委珠轩达，由打牲丁内放为委铺副五名。

以上三旗共六珠轩，共打牲丁三百零三名。内除由丁补放委铺副二名，下剩打牲丁三百一名。五旗共十珠轩，共打牲丁二百五十名。内除以丁补放委铺副三名，下剩打牲丁二百四十七名。

捕打蜇鳇鱼尾。按年开江后，出派骁骑校一员、委官一员、领催四名，携带横江网八块，督饬荡捕。每片网派珠轩达、铺副一名，打牲丁十名。共派珠轩达、铺副八名，牲丁八十名。此内由三旗派丁四十五名，由五旗派丁三十五名。

修做上用鳟鱼。骁骑校一员，委骁骑校一员，八旗共派珠轩达、铺副八名，打牲丁二名，此二名丁，由三旗出派一名，五旗派一名。

看守捕鱼晒网楼房。每月出派打牲丁一名，一年共派打牲丁十二名，由三旗出派七名，由五旗出派五名。

荡捕鲟鳇鱼。每至四、五月，出派骁骑校一员，委骁骑校一员，委官一员，领催二名。用大眼网八块，两块一练，合为一块，顺江横荡，获鱼入圈。分为四起，每起出派珠轩〔达〕、铺副三名，打牲丁十名，共出派珠轩达、铺副十二名，打牲丁四十名。此丁由三旗出派二十五名，五旗出派十五名。

绑拴荡捕鳇鱼网。每年二月内，出派打牲丁八名。此丁由三旗出派五名，五旗出派三名。

看守柳树泡、巴延泡并红石砑泡，并该处一带生发栅圈条支。每泡派打牲丁四名，轮为两班看守，三处共派丁十二名。由三旗派丁七名，五旗派丁五名。其头班着以四月初一日起至八月初一日止，二班以八月初一日直至十一月内停止。

赴边外捕打圈养鳇鱼之食及秋捕色鱼。共设当达利拦江大网二荡，分为两班荡捕。头班以三月起，捕获送圈喂鱼至十月终出鳇鱼时止。二班以八月初一日起，捕获色鱼入圈圈养，用木将圈围栅。并派骁骑校一员，委骁骑校、委官二员，领催二名，往来川查。每荡网出派珠轩头目、铺副四名，打牲丁二十名，共派珠轩达、铺副八名，打牲丁四十名。此四十名由三旗出派二十四名，由五旗出派十六名。

捕打应进贡用鲅鱼。每至六月内，往赴松阿里乌拉⑤、斐胡、穆钦、佗霍、那尔并辉发河⑥内，吉尔萨、舒敏公、珠策、胡兰、灌哈等河采捕。由协领衙门出派官一员，领催三名，披甲二十七名。由本衙门出派委翼领一员，骁骑校一员，委骁骑校、委官三员，领催四名，珠轩头目、铺副十二名，打牲丁一百二十名。此丁由三旗出派六十五名，由五旗出派五十五名。

按年立冬封江后，车载网片出边，往赴各卧捕打色鱼，及出圈养鳇鱼，迎节挂冰等差，出派委翼领一员，骁骑校一员，委骁骑校、委官二员，领催四名，珠轩达、铺副十二名，打牲丁五十六名。此五十六名丁由三旗出派三十名，由五旗出派二十六名。

圈养鳇鱼。如遇旱年，易于水浅多受熏热之灾，水大难免不无冲倒栅杆，致将鳇鱼顺流之虞。是以每至冬节，江水凝冻之时，就此冰薄，即用铁叉，由冰上叉捕。协领衙门出派领催三名，披甲九十六名，本署出派委翼领一员，骁骑校一员，委骁骑校、委官二员，领催四名，珠轩达、铺副十二名，打牲丁二百四十二名，此丁由三旗出派一百三十二名，由五旗出派一百十名。

看守捕鱼左、右翼办事房。每月派丁二名，两翼一年共派丁四十八名。

由三旗出派二十六名，五旗出派二十二名。

每年十一月初旬，恭进上用鳇鱼及各色鱼尾。启程后，应留看守柳树泡、巴延泡、红石砑泡三处栅圈木植，至次年三月止。每圈出派珠轩达、铺副一名，打牲丁一名。三圈共出派打牲丁三名。由三旗出派二名，五旗出派一名。

以上采捕鳇鱼及各色鱼尾，三旗一年出派打牲丁三百六十九名，下五旗一年出派打牲丁二百九十四名。两翼一年共出派打牲丁六百六十三名。查该旗现有打牲丁五百四十八名，下亏打牲丁一百一十五名，由看守鱼楼、办事房绑栓鳇鱼大网，及捕打细鳞等差打牲丁内重复出派。

历年巡查捕鱼贡河，出派委官一员，珠轩达、铺副三名。

赴都京恭行蜇鳟鱼，出派官一员，领催一名，珠轩达、铺副二名。

往盛京恭送春秋二季鲊鱼，出派领催二名，珠轩达、铺副三名。

赴都京恭进两次鲟鳇及各色鱼尾，出派骁骑校二员，委骁骑校、委官二员，领催二名，珠轩达、铺副九名。

下栅网，出派委官二员，领催四名。执持红旗二杆，不时川查。

叉鱼用网五十四块，在冰上搭盖撮伦⑦。出派官一员，领催二名，头目六名，每夜轮流看守，以便叉鱼。

坐棚叉鱼，用人一百名，鱼叉一百个，网兜子一百个。

持杆下网，用人六十名。去皮白杆子六十根，长五尺，粗一寸余。

穿冰眼，用人六十名，铁镩六十杆。

冰上用哄鱼人五十二名，网兜子五十二个，短杆子二十六根，以便支网，免其抽缩。

叉得鳇鱼、色鱼，以铁钩挞取。用人十八名，铁钩十八杆，镩十八杆，兜子十八个，扎枪十杆。

看守鱼棚并樵柴及经理牲畜等项，用人三十八名。

以上统共需用人三百二十八名。

注　释

①䑸舻，吉、黑等省江河中往来之独木船，名䑸舻，亦作威呼、威弧、威忽者，皆转音也。以巨木刳作小舟，使之两端锐削，底圆弦平。大者可容五、六人，小者二三人。剡木为桨，一人持之，左右运棹，其疾如飞。入山猎捕者，水则乘以渡，陆则负以行，殊便利也。（参见《清稗类钞·舟车类》）

②仓廒，贮藏谷物的建筑曰仓。廒同“廒”，又作“敖”，也是仓房。秦

汉魏时在敖山（今河南荥阳北）上置谷仓，名"敖仓"。后世因沿称仓为"敖"，或"仓廒"。

③左右翼领，清代分八旗兵为左右翼，镶黄、正白、镶白、正蓝四旗为左翼，正黄、正红、镶红、镶蓝四旗为右翼。其头目为翼领。在打牲乌拉地区的捕鱼、采蜜、捕珠等项生产活动中亦分左、右翼，由翼领督率之。

④贴写，亦称贴书。旧时书吏的助手。清代又叫"贴写吏"。《齐东野语》："有士赴者，其父充役为贴书。"也就是贴写吏。

⑤松阿里乌拉，亦作松花哩乌喇，即古松花江之称。松花哩者，汉言天，乌喇者，汉言河，言其大若天河也。是黑龙江最大支流。上游段源出吉林省东南部的长白山天池。西北流到前郭县汇嫩江后称松花江。折向东北经黑龙江省南部，到同江县入黑龙江。主要支流有嫩江、呼兰河、牡丹江、汤旺河等。

⑥辉发河，松花江上游支流。在吉林省东南部。源出柳河县龙岗山，东北流到桦甸县头道沟入松花江。长281公里。流域内夏雨集中，对松花湖（丰满水库）水量及其放流量都有影响。

⑦撮伦，窝铺。满语。

新定各旗领催至牲丁等额数

查采珠镶黄旗，食三十六两饷银领催二名。食二十四两饷银采蜜领催一名，委领催四名，珠轩达二十名。食十八两饷银委珠轩达十二名，铺副三十六名。食十二两饷银委铺副十七名，弓匠一名，学习作作一名，打牲丁七百二十三名。以上食十二两饷银，共七百四十二名。

此一旗额设八百零一缺，共应领饷银一万零一百二十八两。

查采珠正黄旗，食三十六两饷银领催二名。食二十四两饷银采蜜领催一名，委领催五名，珠轩达二十名，五官屯领催一名。食十八两饷银委珠轩达十五名，铺副三十六名。食十二两饷银委铺副十九名，学习作作一名，打牲丁七百二十一名。以上食十二两银饷，共七百四十一名。

此一旗额设八百零一缺，共应领饷银一万零一百四十两。

查采珠正白旗，食三十六两饷银领催二名。食二十四两饷银采蜜领催一名，委领催五名，珠轩达十九名。食十八两饷银委珠轩达十一名，铺副三十四名，作作一名。食十二两饷银委辅副十五名，打牲丁六百八十八名。

以上食十二两饷银，共七百三名。

此一旗额设七百六十缺，共应领饷银九千六百十八两。

查采珠正红旗，食三十六两饷银领催二名。食二十四两饷银委领催四名，珠轩达七名。食十二两饷银委珠轩达七名，委铺副十六名，打牲丁二百一名。内康亲王[①]珠轩达三名，打牲丁八十一名，果亲王珠轩达三名，打牲丁八十一名。顺承郡王珠轩达一名，打牲丁二十七名，和硕成亲王打牲丁二十名。钟郡王[②]打牲丁十五名。以上食十二两饷银，共二百二十四名。

此一旗额设二百三十三缺，共应领饷银二千九百二十八两。

查采珠镶白旗，食三十六两饷银领催二名。食二十四两饷银委领催二名，珠轩达九名。食十二两饷银委珠轩达二名，委铺副十八名，打牲丁二百六十三名。内显亲王珠轩达二名，打牲丁五十八名，淳郡王珠轩达三名，打牲丁七十七名，恒亲王珠轩达二名，打牲丁四十七名，裕亲王珠轩达二名，打牲丁四十八名，多罗贝勒打牲丁三名，仪亲王打牲丁十五名，敦亲王打牲丁二十名，多罗醇郡王打牲丁十五名。以上食十二两饷银，共二百八十三名。

此一旗额设二百九十四缺，共应领饷银三千六百八十四两。

查采珠镶红旗，食三十六两饷银领催二名。食二十四两饷银委领催二名，珠轩达五名。食十二两饷银委珠轩达二名，委铺副十名，打牲丁一百六十七名。内庄亲王珠轩达三名，打牲丁八十一名，多罗平郡王珠轩达一名，打牲丁二十七名，多罗贝勒珠轩达一名，打牲丁二十七名，荣郡王打牲丁八名，多罗贝勒绵懿打牲丁八名，瑞亲王打牲丁二十名，治贝勒打牲丁八名。以上食十二两饷银，共一百七十九名。

此一旗额设一百八十六缺，共应领饷银二千三百四十两。

查采珠正蓝旗，食三十六两饷银领催二名。食二十四两饷银委领催二名，珠轩达十名。食十二两饷银委珠轩达三名，委铺副二十名，打牲丁二百九十五名。内和亲王珠轩达三名，打牲丁八十七名。怡亲王珠轩达六名，打牲丁一百六十名，信亲王珠轩达一名，打牲丁二十五名，和硕睿亲王打牲丁三名，洪隆贝勒打牲丁三名。诚亲王打牲丁十名。护国公[③]打牲丁三名，定亲王打牲丁十二名。孚郡王打牲丁十五名。以上食十二两饷银，共三百十八名。

此一旗额设三百三十缺，共应领饷银四千一百二十八两。

查采珠镶蓝旗，食三十六两饷银领催二名。食二十四两饷银委领催二名，珠轩达四名。食十二两饷银委珠轩达二名，委铺副十名，打牲丁一百四十八名。内简亲王珠轩达三名，打牲丁八十一名。理郡王珠轩达一名，打牲丁二十八名。慎郡王打牲丁八名。庆郡王打牲丁八名。惠亲王打牲丁十五名。恭亲王打牲丁二十名。以上食十二两饷银，共一百六十名。

此一旗额设一百六十六缺，共应领饷银二千零八十八两。

捕鱼左翼

镶黄旗，食三十六两饷银领催一名。食二十四两饷银委领催一名，珠轩达二名。食十八两饷银铁匠二名，委珠轩达二名，铺副四名。食十二两饷银委铺副三名，打牲丁一百十九名。以上食十二两饷银，共一百二十二名。

此一旗额设一百三十一缺，共应领饷银一千六百五十六两。

正白旗，食三十六两饷银领催一名。食二十四两饷银珠轩达二名。食十八两饷银铺副四名。食十二两饷银委铺副一名，打牲丁一百十八名。以上食十二两饷银，共一百十九名。

此一旗额设一百二十六缺，共应领饷银一千五百八十四两。

镶白旗，食三十六两饷银领催一名，食二十四两饷银委领催一名，珠轩达二名。食十八两饷银委珠轩达二名，铺副四名，食十二两饷银委铺副四名，打牲丁五十五名。内显亲王打牲丁二十五名。淳郡王打牲丁七名，裕亲王打牲丁二十三名。以上食十二两饷银，共五十九名。

此一旗额设六十六缺，共应领饷银八百六十四两。

正蓝旗，食三十六两饷银领催一名。食二十四两饷银珠轩达二名。食十八两饷银委珠轩达一名，铺副四名。食十二两饷银委铺副二名，打牲丁五十八名。内和亲王打牲丁二十一名。怡亲王打牲丁十名。信亲王打牲丁二十七名。以上食十二两饷银，共六十名。

此一旗额设六十七缺，共应领饷银八百七十六两。

以上四旗，共食三十六两饷银领催四名。食二十四两饷银委领催二名，珠轩达八名。食十八两饷银铁匠二名，委珠轩达五名，铺副十六名。食十二两饷银委铺副十名，打牲丁三百六十名。共应领饷银四千九百八十两。

捕鱼右翼

正黄旗，食三十六两饷银领催一名。食二十四两饷银委领催一名，珠轩达二名，食十八两饷银，委珠轩达一名，铺副四名。食十二两饷银委铺副二名，打牲丁一百十九名。以上食十二两饷银，共一百二十一名。

此一旗额设一百二十八缺，共应领饷银一千六百零八两。

正红旗，食三十六两饷银领催一名。食二十四两饷银珠轩达二名。食十八两饷银铺副四名。食十二两饷银委铺副一名，打牲丁五十六名。内康亲王打牲丁三十六名。顺承郡王打牲丁二十名。以上食十二两饷食，共五十七名。

此一旗额设六十四缺，共应领饷银八百四十两。

镶红旗，食三十六两饷银领催一名。食二十四两饷银珠轩达二名。食十八两饷银铺副四名。食十二两饷银委铺副四名，打牲丁五十一名。内庄亲王打牲丁二十五名，多罗平郡王打牲丁七名。多罗贝勒打牲丁十九名。以上食十二两饷银，共五十五名。

此一旗额设六十二缺，共应领饷银八百十六两。

镶蓝旗，食三十六两饷银领催一名。食二十四两饷银委领催一名，珠轩达二名，食十八两饷银委珠轩达一名，铺副四名。食十二两饷银委铺副三名，打牲丁五十名。内简亲王打牲丁五十名。以上食十二两饷银，共五十三名。

此一旗额设六十缺，共应领饷银七百九十二两。

以上四旗，共食三十六两饷银领催四名。食二十四两饷银委领催二名，珠轩达八名。食十八两饷银委珠轩达二名，铺副十六名。食十二两饷银委铺副十名，打牲丁二百八十六名。共应领饷银四千零五十六两。

以上八旗，统共食三十六两饷银领催二十四名。食二十四两饷银采蜜领催三名，五官屯领催一名，珠轩达一百一十名，内有委领催三十名，食十八两饷银铁匠二名，作作一名，铺副一百三十八名，内有委珠轩达四十五名。食十二两饷银弓匠一名，学习作作二名，打牲丁三千九百九十三名，内有委铺副一百四十五名。统共额设四千二百七十五缺，应领饷银五万四千零九十两。笔帖式饷银在外。

注　释

①亲王，(1)爵位名。清代宗室封爵第一级称为和硕亲王，主要以封皇子、蒙古贵族，亦有封亲王者。(2)皇帝亲属中封王的人。

②郡王，爵位名。清代宗室封爵第三级称为多罗郡王，简称郡王。

③护国公，古代五等爵中有公，位第一。晋代始有开国郡公、县公之称，历代相沿不改，明以后去"开国"二字。宗室封爵，唐、宋、辽、金四代亦有国公之称。清代称为镇国公和辅国公，次于贝子。

卷 二

城垣衙署

查乌拉旧城，设自顺治初年。其先有无衙署、仓库及官丁额数若干，因康熙三年，总管希特库家被回禄，将所记档案焚烧，无凭考查。

康熙四十三年，因江水频泛，浸涝房间。经总管穆克登报请迁移城垣，修理衙署，以免浸淹塌陷。所用工料、银两拟由八旗官丁俸饷捐办等因。于康熙四十四年正月初十日，准内务府具奏，臣等据打牲乌拉总管穆克登呈报，据所属官丁等报称，适遭大水，将乡村房产、地亩，均各冲为沟壑等因。查四十二年，委因水大，将各屯迁移高埠处所，搭盖房屋。此次又被颓冲十余户，深堪痛恨。但牲丁等所居之地，皆系我圣主鉴照，曷敢擅专，恳请转奏等情。臣等查总管所呈，系属实在，应予所请具奏。奉旨：着问穆克登搬徙何处，可随众丁舆情。钦此。原奏旧城迤东有最好高埠向阳之地一处。再松江西南，有高地一处，亦属慎好。此两处皆系我圣主所知之地，吁恳圣主指定，遵行。谨奏。奉旨：打牲乡村，奈系我太宗仁皇帝指定，居住年久。如移，亦得拣其东阳钟秀之地，方可居住，万不准迁渡江西。钦此。

遵即于康熙四十五年，迁移在旧城迤东高埠向阳之地，修造城垣一座。土筑城墙，周围八里，每面二里许，安立城门四座，城中过街牌楼二座。内设衙署、银库，原照依副都统衙门式样修造。采珠、捕鱼八旗各按脚色分设，旗仆占居城里，不准容留浮民，商贾占居西门外，原为以免旗民混杂而重风化。乌拉所管地面，周界约计五百余里，生齿日繁，现在户丁五万余口。

仓廒

查设仓廒编立地支①十二字，外加春、夏，每五间一字，计七十间。于康熙四十五年，经总管穆克登奏设。

康熙四十五年八月二十三日，准盛京户部咨文，内开：据乌拉总管穆克登报称，现奉旨边外等仓，应用斗支，务须一律，照新定斗样颁领，以免两歧等因。本部遵将新造仓斛斗升，循例包钉铁页，发给骁骑校海福领讫。

嗣于雍正七年九月二十四日，准都虞司来咨，内开：乌拉所收仓谷，以二万石为定额。其应粜谷石，务须以新入仓，以陈轮粜，而免年久霉烂。

雍正十二年七月二十四日，经侍卫辖喀那等奏准，嗣后修补各工，裁撤捐资，请由粜卖谷银内动支，如谷银存贮一千两，入饷搭放。

又乾隆十二年十二月二十三日，准会（纪）〔计〕司咨文，内开：兹查乌拉总管绥哈那奏称，七月二十八日，该处降霜，将五屯所种官地，全行冻毁，该丁等应交谷石，再再恳缓交纳等因，咨报转奏一节。案查本司，向未办过此案，仍咨行该总管自行奏办等因。旋经奏明奉旨：着内务府大臣等议奏。查该总管所奏霜冻情形系属实在，准缓三年交纳。倘逾限不完，仍以该总管是问。其五官地，嗣后旱、涝、霜、冻，有无收成等事，该总管径行呈报内务府办理。

又乾隆二十年十二月二十一日，总管索柱奏称：查本署应出粜卖谷，系交吉林永吉州②售卖，折银备修各项工程在案，伏思本处，倘遇饥寒之年，八旗所种地亩，不敷糊口，恐致流离失所，是以请将着永吉州卖谷折银之例永远裁撤，仍归本处自行粜给八旗牲丁，以济青黄不接。其谷价银随饷坐扣，如此拟办，满洲旗仆俾得均沾实惠等因。奉旨依奏。钦此。

又乾隆二十七年，总管索柱奏称：本署仓厫原建城外，距江沿切近，河水频泛，仓厫屡坍。请将此仓迁移城内高埠之地，以免浸涝等因。奏准。陆续建修仓厫七十间。

又乾隆二十九年四月初十日，总管索柱奏称：查康熙四十三年，总管穆克登惟因水灾，奏准，迁移城垣衙署各项工程，均由八旗捐办。此项仓工所存谷银，无几不敷，仍由八旗捐办，等因在案。

又于嘉庆十一年四月，内准户部咨文，内开：由内阁抄出，奉旨，嗣后修理各项工程，需用银两，循照市平，每百两扣留银六两。钦此。查此仓谷，以仓石二万石为定额。历年轮粜三千二十四石，每至秋成，由五官屯征收谷粮，例定尖斛三千二十四石，加以鼠耗谷九十一石，每一石计二斛，共折计斛六千二百三十斛。

于光绪九年十二月间，据管理五官庄骁骑校德寿报称：仓场苛敛斛底，希图折价等情。惟关国课剖令分赔，嗣后革除斛底，其斛尖例有明条，每斛尖酌中按市升作一升三合计算，共应折核斛尖计四百二十斛。以上统共征收平斛六千六百五十斛。仍恐年远湮没，仓场五屯各建牌铭，以垂永久。

打牲乌拉总管衙门为勒著贞珉永远遵照事。（切）〔窃〕思循吏务农，计勤保聚，盛时贵粟，典重仓廒。故积储以立专司，职严监守，接济以资粜出，例慎征收。洪惟圣朝，惠养官庄，既画区以疆井，恩深旗仆，尤补助于春秋。此常平之古规，与屯田之旧制，实变通而权宜之者也。

查本衙门设立五官屯纳粮庄头外郎、壮丁以来，设仓七十间，历储仓谷二万石。按年收谷三千二十四石，接济丁户，出旧换新，俾免霉烂。设仓官一员，委笔帖式二员，管理仓谷事务，随时具稿呈覆，洵法良而意美也。

自本总管莅任以来，凡本署相沿积习攸关政体者，无不立时整顿。第查近来仓谷，例以尖斛征收，每于持斛入仓之时，其尖流谷于地，以致斛底之谷，未免流帽搀杂，统拾入仓，私不敢与官争，所以虐为多取，积弊甚属苦累。若不酌定准章，尚复成何体统。

查仓场尖斛之收，原为仓耗鼠费而设，何意积久弊生，理宜严为整顿，非惟体统攸关，亦且身名所系。是以谕采珠、捕鱼翼校众官等，务期合衷共议，力革疮痍，永除痼疾。自此如何征收之处，会衔呈覆。

今据众官会议，得斛帽虽由仓耗所起，而斛底实上斛抛撒，加以流帽搀合，监收者藉帽敛取，殊非浅鲜。拟议：嗣后五屯应纳额谷六千四十八斛，加以耗谷一百八十二斛，二共六千二百三十斛。耗谷虽例有明条，拟将尖斛改为平斛收纳。将斛帽核准，每帽按市升一升三合计算，应折平斛四百二十斛，以此耗谷附于正额，统计平斛六千六百五十斛。按一百四十屯丁、庄头外郎、小头等分纳，务归准数。此外丝毫不准多取。其有仓神祭品以及纸张、柴炭等费，拟由津贴项下，贴助钱二百三十吊，以资公费。庶官免于圈削侵渔，私亦无拮据支绌。为此呈覆。当奉宪批，准如所议。

惟思仓储额谷，实国家根本之计，尤壮丁性命之（须）〔需〕，本宪酌定章程，恐世远年湮，无鉴前车，仍蹈故辙，谕着明条，勒碑仓左，以垂久远而肃纪纲。其有未身及者，知悉以闻。

注　释

① 地支，也叫"十二支"。子、丑、寅、卯、辰、巳、午、未、申、酉、戌、亥的总称，古代用以记时。

② 永吉州，雍正四年（1726）十二月，命船厂地方添立永吉州，设知州、州同、吏目、学正各一员。俱隶奉天府管辖。（《清世宗实录》卷51页4）

满汉义学①

查设官学，于雍正七年七月初九日，奴才穆克登等，恭折具奏：查打牲乌拉先年由八旗子弟内，拣其明干者教训读书，学习骑射，以备拔选膭差。嗣于康熙五十八年出征以来，至今十余载，将读书、骑射等事，渐渐失塌，若仍前敷衍各该子弟等，难免不无下流之虞。是以拟由八旗子弟内，拣挑十岁以上者百余人，分设左右翼官学，仍由各该旗拣其学问优长，骑射熟习之牲丁，出派一名，令其教授。此八人如教读勤慎，尔该子弟习学有方，即将教读之人记名，以俟该旗出缺，即行拔用等因。奏准。奉旨：著该总管出派官一员，笔帖式一员，专为管理稽查功课，以免疏懒等因。奏设满、汉官学二所。嗣于同治九年九月内，经吉林将军富明阿奏，添满教习一员，汉学拣其汉文优长者觅用。查学资膏伙②，由俸饷一体摊扣在案。

注　释

①满汉义学，乌拉官学，在城中过街牌楼东。雍正七年建。前三楹为汉学，后三楹为满学。由旗内拣选人员教八旗子弟读书骑射。同治九年将军富明阿奏设满教习一员。乌拉汉义学在城内。乾隆三十年总管索柱捐建。（据《吉林通志》卷49）

②膏伙，旧时书院、学校中给学生的津贴费用。吴荣光《吾学录初编·学校门》："诸生中贫乏无力者，酌给薪水，各省由府州县董理酌给膏火。"

协领衙门　附金川、巴哩昆、察哈尔兵

查设协领衙门，乌拉原无兵丁，俱系采捕当差。于康熙十四年，准工部咨文，内开：为遵旨会议事。臣三部与议政王等会议①，希特库由驲驰赴乌拉，由采捕人内，不分满、汉，拣挑强壮牲丁，亲领前往盛京防守等因。乃希特库正值经管兵时，仍将其所带穿甲之丁六百一十名，如有用处，每名给钱粮二两，如无用处，不给钱粮，仍行捕差等因。查此六百十名丁，即由盛京请给钱粮，令其速备盔甲等因。奉旨依议。钦此。

又康熙五十八年，准兵部咨文，内开：遵奉上谕，议政大臣等会议，在阿尔太路途点过盛京、乌拉等处三千兵，将所缺额数，即于各该处穿甲幼丁内挑补。其盛京、乌拉、吉林兵丁等均无跟役，如有愿将该子弟作为跟役带往者，可否准带等因。奉旨依议。钦此。

又据盛京将军棠保柱，乌拉吉林将军宗室②巴赛诉称：此次出派二处兵丁，均穿盔甲，或执本处旗纛③，或执护军旗纛之处。当经乌拉总管穆克登诉称：本处打牲丁等素使弓箭、腰刀，请由部办领腰刀等因。议政大臣面奏，奉旨：总管穆克登在乌拉声名甚好，尤属干练，着为副都统，管带乌拉、吉

林兵④一千名前往。其盛京兵一千名，将城守尉⑤拉恨图放为副都统，管带前往。而黑龙江索伦兵⑥一千名，着副都统乌山，管带前往。此三莫音兵，每莫音囊八杆，旗五十六杆，余依议。钦此。

遵将各兵等，每名给钱粮二十四两。查此五百兵系打牲乌拉出派，于雍正二、三年间，陆续旋回。经议政大臣议：仍给牲丁钱粮，采捕行走充差。

雍正十年，特奉上谕：乌拉牲丁甚属蕃盛，已至二三千名，俱系采捕行走，贯习苦练。由此丁内，拣其强壮者，选挑一千名，作为精兵，遇有调遣，以便急用。其乌拉与吉林切近，将此兵应交将军常德与该管总管、值年侍卫等，操演训练熟习，其如何训练，放何品级官员等事，著常德定议具奏。钦此。

于本年八月内，巴（力）〔里〕昆调兵，即将此一千兵，派往征剿，于乾隆元年回师。经总理事务王大臣议奏：查东三省等处，俱有驻防官兵。惟乌拉采捕地方，向未设兵，拟将此千兵留乌拉，即为一支精兵，仍归吉林将军属辖等因，议奏。奉旨依议。钦此。

乾隆五年，经总管穆朱祜奏：祗因此千兵赴吉林充差，相距七十余里，不惟往返路途遥远，并且有误农业。是以商同吉林将军常德，将此千兵在乌拉安设衙门，添官管辖，仍与总管衙门合并捕打东珠，细鳞，鲟鳇鱼、五色杂鱼、松子、蜂蜜等差。按三分之一呈交等情具奏。大学士倭勒太等议复：乌拉、吉林虽离不远，而官丁百里往返当差，尤属劳苦等情，奏准。即于是年添设协领二员、佐领十员、防御⑦八员、骁骑校十员。分设两翼八旗，仍归总管，并与采捕人等一律捕差。俟闲暇之时，令其该管官等操演骑射，其阅操等事，听其将军指示、遵行等因。奉旨依议。钦此。

后于乾隆二十五年，吉林将军萨尔善⑧奏：裁汰佐领二员、骁骑校二员，兵三百名，拨给宁古塔、珲春二处充差。又于三十年裁汰协领一员，迁居吉林。蒙古旗将防御四员迁居宁古塔。官兵裁汰差使并未减等。

又嘉庆二十三年，裁汰骁骑校一员，拨归双城堡。现在实有协领一员，佐领八员，防御四员，骁骑校七员，领催、甲兵七百名。

乾隆四十三年，吉林将军富康安奏：与牲丁并差兵六百七十名，内除各差占用兵二百二名外，下剩兵四百六十八名，分拨帮贴捕差，历有年所。

咸丰四年五月十一日，准将军衙门咨文，内开：本年四月二十七日，据乌拉署协领事务佐领书和禀称，案查乌拉协领所属兵丁，现奉谕旨调遣，陆续派出领催、甲兵四百六十名，现剩兵二百四十名。案查与总管衙门合并，捕打进贡差有五项，惟东珠一项，于咸丰二年遵旨暂行停止，毋庸采捕，遇有采捕之年，应派兵一百二十四名外，尚有捕打细鳞鱼、鳇鲟鱼、五色杂鱼、松子、蜂蜜等差四项。每年共应派兵三百零四名。惟鳇鱼等项，系属本衙门应进贡鲜，曷敢违误。于去岁秋间，皆因无兵捕打，是以移咨总管衙门，恳为多派丁役，暂行代为捕打，俟军务告竣后，再行派兵捕打呈交，以归原制等因。允准在案。

兹于本月十五日，准总管衙门移文，内开：现当俸饷支绌，兼无另款筹办，实难替允，仍令本衙门遵照旧章捕打呈交等因。移咨前来。职理应遵照旧章派兵捕打，惟现剩兵二百四十名，除本衙门各项差占之外，所剩无几，实属窒碍。相应据情伏恳宪鉴训示遵行等因。禀奉宪批：去岁总管衙门代为捕打，足见慎重贡物。今年俸饷支绌，未便替允，本系实在情形，现当公务维艰，兵少差繁，处处皆然，所请着勿庸议，自应共相黾勉，总期无误为要。乃该署协领以分内之差，始而私行咨令代替，尚属擅专；继则胆敢借称兵少，推诿窒碍，殊属糊涂不晓事体。除应进贡鲜，仍责成该署协领等设法办理外，书和着交兵司记大过一次，以观后效等谕。批交到司，将该署乌拉协领书和记大过一次，注册备查外，相应咨行乌拉总管衙门遵照可也等因。遵即移知协领衙门，遵照在案。

嗣于咸丰九年十月十六日，据八旗两翼会称：前蒙衙门剳文内开，除原剳减叙外，职等遵即会商至再，加兵采捕，现不乏人。添造器械，有关兵饷，近年俸饷，不惟减改，又兼愆期积亏未补，殊难为力。随将该衙门办案人员邀至会商，从减贴给夏捕乾鱼资斧钱⑨四百吊，冬捕冰鱼资斧钱三百五十吊，采捕松子资斧钱三百吊，采捕蜂蜜资斧钱三百吊。除贡物之外，代捕五尺以上鳇鱼二尾，各色鱼五十尾，外给贴费钱五十吊，以上共拟给贴费钱一千四百吊，随时送交，以资差费。虽不敷用，尚可敷衍。一俟大兵凯旋，仍请统归旧制。如此筹拟，庶加派官丁有所接济，而各项贡差亦均不至掣肘矣。此系职等随时权宜之计，是否可行，仍请宪鉴指示遵行等因。议覆前来。当奉宪批：着照所筹、所拟办理等批。遵此。除札饬各该旗遵照外，应亟移副协领衙门知照办理。

复于光绪二年六月十五日，准协领衙门移开，溯查本衙门前因频年奉调，剩兵无几，捕打贡物在在乏兵，是以商恳前任总管禄权贴资代办之处，荷蒙恩施允准，按年本衙门贴帮资斧钱一千三百五十吊。自蒙代办以来，计今十有余年，本衙门八旗员弁无不衔感。近闻贵署连年乏饷，致使丁役枵腹充差，兼之采办价贵于昔，敝协闻之，洵属不安。于是商同八旗佐校等官，再增加资斧钱四百五十吊。自光绪二年起，每年帮贴资斧钱一千八百吊，庶可稍纾亏累。及于八月初三日，复准将军衙门咨文内开，据乌拉协领报称，溯查本乌拉协领衙门，于乾隆五年安设。原有于同城总管衙门合并捕打贡物五项，就近呈交总管衙门。呈进应捕打长一丈至六尺鲟鳇鱼六尾，五色杂鱼二百五十尾，细鳞鱼一千五百余尾，松子二千八百斤，蜂蜜二千斤，按年出派官兵捕打，历有年矣。

于咸丰二年，自军需以起，连年调兵，所剩无几，不敷遣派。是以于咸丰九年，商恳总管衙门贴资代捕，当蒙允准。加派丁役代为采捕，如捕打不足额数者，用价购买，一俟大兵全行凯撤，再归旧制。本署衙门帮贴资斧钱一千三百五十吊，其钱由征收地租钱项下动拨，历经核销，呈报在案。自代办以来，十有余年。现当征兵虽有陆续撤回者，将及大半。适闻总管衙门连年乏饷，而丁役枵腹充差，又兼办买价贵于昔，俱系实在情形。因采办各色贡物，价值昂贵，所贴资费稍少不足，办买之需渐有推却之举。于是商同众官，再加增资斧钱四百五十吊，按年共贴给资斧钱一千八百吊，该衙门代为办买，方不致亏累本衙门应进贡物，亦不致愆期。合将加增采办贡物资斧钱文之处，呈报军宪衙门鉴照施行，等因前来。据此详核。乌拉总管衙门原为采捕一切贡物而设，向不出征，其协领衙门官兵出征、缉捕，是其专责。虽有应捕之贡，不过在承平时，因其兵多差少，故有合并捕打之举。嗣因征调频仍，官兵不敷差遣，当经该协领拨给总管衙门津贴钱一千三百五十吊，商为代捕。自属该两衙门通融之计，然既系办理已久，似未便骤议更章。所有该协领应捕贡物，自应仍由该总管、协领等自行照旧捕打，不准稍有迟误之处。来文一件。

注 释

①议政王等会议，即"议政王大臣会议"。由满洲贵族诸王及总理旗务大臣组成。讨论政府的一切军事大事，上奏皇帝裁决。"议政王大臣会议"设有"议政处"，王大臣于"每朝期，坐中左门外会议，如坐朝仪"。"六部事俱议政王口定"。康熙曾指出："凡令议政王、贝勒、大臣会议之事，俱系国家重大机密事务。"可见权力之大。

②宗室，（1）历代皇族的名称。（2）清代制度，显祖（努尔哈赤的父亲）的直系子孙始得称为宗室，因其系金黄带，俗又称"黄带子"。

③纛，(dào道，又读dú毒)(1)古时军队或仪仗队的大旗。(2)通"翿"(dào道）皇帝车上用牦牛尾做的装饰物。

④吉林兵，"若居近吉林之锡伯人，居近伯都讷之挂勒察人，居珲春之库尔喀人，皆分驻佐领治之。随地随时编入军籍，统称吉林兵"。(《听雨丛谈》卷一)

⑤城守尉，城守尉为正三品官，有属将军兼辖的，有属副都统兼辖的，也有独当一面的，全国共为十六人。城守尉率领的官兵，一般是数百人，少则百余人，多则一千余人。各城守尉衙门各有笔帖式一人，办理所属事务(《清文献通考》卷84)。关于城守尉的作用，乾隆曰："各直省设立将军、副都统，原为管辖驻防兵丁，无将军、副都统处，则设城守尉管理。城守尉虽系三品，其职几与副都统相等，且又独驻一城办事，亦在大臣之列。(《清高宗实录》卷878，8页。)

⑥黑龙江索伦兵，黑龙江北之索伦人、达呼尔人、鄂伦春人被编入军籍者，统称黑龙江兵，亦称索伦兵。

⑦防御，官名。唐至德以后，于大郡要害之地置防御使，以治军事，刺史兼之。宋以后为虚衔。明不设。清代于各省防守要地及新疆置防御，位佐领下。

⑧萨尔善，一作萨喇善。乾隆二十二年八月授为吉林将军。

⑨资斧钱，即旅费、盘川。

采捕东珠

查采捕东珠，历年报明吉林将军奏请训示，如奉旨捕珠，应用大船七只，向由吉省船营拨领，其小舢舻共计三百九十九只，系本衙门派役往赴上江、辉发、土山、冷风口等处砍造。内除协领衙门舢舻四十只，该衙门自行砍造备办外，本衙门应净备捕珠舢舻三百五十九只，铁锅三百五十九口，帐房三百五十九架，均由俸饷内动用，并无另款开销。再本衙门出派翼领、委翼领、骁骑校、六品委章京、委骁骑校、委官、领催等共计六十四员名。每舢舻派丁三名，共派打牲丁一千零四十七名；加以协领衙门派官员领催六名，披甲一百二十名，统共派人一千二百三十七员名，分为六十四莫音〔队〕捕打。

往赴上江、拉法河①、铁亮子、辉发、响水亮子、松阿哩乌拉、谬木逊河、富户呢雅库、三道、松香河、讷音等河，共十六莫音，用舢舻九十四只。内三旗五十七只，出派骁骑校一员，委骁骑校一员，七品委章京一员，委官四员，委领催八名，兵丁二百八十二名。

往赴拉林②、阿勒楚喀③等河，共两莫音，用觇舫十一只。内三旗七只，出派委骁骑校一员，委官一员，牲丁三十三名。

往赴嫩江、努敏必拉河、乾河④、库裕力、讷莫力等河，共八莫音，用觇舫五十只。内三旗二十九只，出派委翼领一员，委骁骑校一员，委官二员，领催一名，委领催三名，兵丁一百五十名。

往赴嫩江⑤、德力楚儿、讷莫力、多巴库力、那裕力等河，共八莫音，用觇舫四十九只。内三旗三十只，出派七品委章京一员，委官三员，领催一名，委领催三名，牲丁一百四十七名。

往赴三姓、吞河、公棚子、遮阴拉子、巴延哈达、倭合哈达、海兰、鳌头、佗克索、法库等河，共十一莫音，用觇舫七十二只。内三旗四十六只，出派六品委章京一员，委骁骑校一员，委官一员，领催一名，委领催七名，兵丁二百三十六名。

往赴汤旺河⑥、吞河、巴兰河⑦、小咕咚河、玛延河⑧、东毫等河，共三莫音，用觇舫十八只。内三旗九只，出派委官一员，委领催二名，牲丁五十四名。

往赴爱珲、黑龙江、霍勒斌、阿尔钦逊必拉嘎、禄佗莫威、洛珲等河，共八莫音，用三旗觇舫五十五只。出派骁骑校一员，委骁骑校一员，委官二员，领催二名，委领催二名，打牲丁一百六十五名。

往赴牡丹江⑨、扎兰河、嘎哈力⑩、海兰河⑪、小绥芬⑫等河，共八莫音，用觇舫五十只。内三旗二十八只，出派骁骑校一员，委官五员，委领催二名，牲丁一百五十名。

以上统共觇舫三百八十九只。内三旗二百二十一只，协署四十只，五旗一百二十八只。

查上三旗共五十九珠轩。每珠轩定例应交额珠十六颗，共应交九百四十四颗。多得头等东珠，每颗准抵五颗；二等东珠准抵四颗；三等准抵三颗；四等准抵二颗；五等仍为一颗；如额外多得一颗者，将多得珠之牲丁赏给毛青布二匹。缺少一颗，将少得珠之牲丁责十鞭。如定额之外多得三十颗为一分，赏给总管，翼领彭缎各一匹，骁骑校缩绸一匹，领催等各按旗分内多得一分，赏给毛青布各四匹。如定额之外多得千颗，总管、翼领停其赏赐，准加一级，骁骑校、领催各按分数议赏。如少得十颗，定为一分，总管、翼领、骁骑校、领催等分别降罚，鞭责在案。

专折由驲驰赴都京，恭进东珠。出派翼领一员，骁骑校一员，笔帖式一员，领催三名，珠轩头目、铺副二十七名，共三十三员名，循例请领口分在案。

乾隆二十七年正月初七日，准将军衙门清文，内开：为捕打东珠由吉林领来大船，于歇河之年，有扣存黑龙江所属地方者，亦有扣存三姓地方者，向奉谕旨：着各该省不分畛域，共体国贡，互相派员，看护在案。兹查虽有该地方看守官员，惟船只所需器械过多，未必看护得周，毫不丢失。即应再行咨覆总管衙门，拣派妥丁前往，一律看护可也等情。来文一件。

乾隆三十六年二月二十二日，准吉林将军衙门咨文，内开：乾隆三十五年内阁抄出，十二月二十五日，奉上谕，按年乌拉进送东珠，官丁俱系自力，但往来途长，乘骑底马实觉劳苦。此后着赏给站马，按照人数循例发给口米等因。钦此。钦遵。抄出到部。应呕咨行将军转咨乌拉，钦遵办理等因。来文一件。

康熙三十九年二月二十八日，准将军来咨，内开：嗣后捕打东珠数过千颗，总管赏给加级。此次捕获东珠二千一百八十颗，着将总管穆克登加一级，并赏给三品顶戴；翼领罗禅，赏给五品顶戴，嗣后不准为例等因，奏准。来文一件。

乾隆四十三年三月二十八日，吉林将军富康安奏：乌拉捕珠各河口，相距乌拉甚远，难免不无乘隙偷捕之虞。是以将且近宁古塔、三姓、阿勒楚喀、珲春等城各河口，就近着交该处衙门，出派官兵，不时严查。且近黑龙江、齐齐哈尔、莫尔根、爱珲等城各河口，亦交该处衙门，出派官兵，不时巡查。再捕珠莫音到时，各该城随即出派官一员，跟随莫音指引路径，互相稽查。如捕获珍珠眼同该巡查官装入封筒，粘贴印花，以免该丁等窃去等因。具奏。奉旨：好，知道了。

乾隆四十三年十月，内准吉林将军富康安奏：查打牲乌拉按年进送东珠，由盛京至都京，该处循例出派章京一员，领催二名，兵二十名，一体护送，由吉林至盛京并无护兵等因。奴才伏思，进送人参，由吉林乌拉至都京均有护兵，而送东珠亦应派兵护送。是以此次进送东珠，着派翼领泰成等，即由吉林出派护兵至伊通；而盛京亦应一律加派护兵，自此永作定章，等因。奉旨：知道了。等因，奏折一件。

乾隆五十四年十二月十三日，准工部咨文，内开：准内务府议覆，臣等查上三旗五十九珠轩，每珠轩定例应交额珠十六颗，共应交额珠九百四十四颗。此次所交东珠，尚缺二百九十四颗，应将该总管、翼领、骁骑校等员均照例降二级，仍罚俸五个月。至委署骁骑校、委官、领催均照例鞭责等因。

奉旨依议。钦此。一件。

嘉庆三年十二月二十一日，准户部咨开：为奏闻事，内阁抄出打牲乌拉总管吉禄奏，采捕东珠解送内务府查收一折。嘉庆三年九月二十五日，奉朱批谕旨：该部知道。钦此钦遵。于十月初一日，抄出到部行文打牲乌拉总管并知照吉林将军衙门可也等情。来文一件。

道光七年二月二十二日，准工部谨题，为打牲乌拉采捕东珠照例赏赉事。查例载吉林等处采捕东珠，上三旗五十九珠轩，每珠轩额征东珠十六颗，共应征东珠九百四十四颗。头等东珠每颗准抵五颗，二等东珠每颗准抵四颗，三等东珠每颗准抵三颗，四等东珠每颗准抵二颗，五等东珠每颗仍以一颗计算。如额外多得一颗者，将多得东珠之牲丁赏给毛青布二匹。缺少东珠一颗者，将缺少东珠之牲丁鞭责十。计各珠轩应得额数满足者，其总管、翼领、骁骑校毋应赏罚。如于定额之外多得三十颗为一分，给赏总管、翼领彭缎各一匹，骁骑校缎绸一匹，领催等各按旗分内多得一分，赏给毛青布各四匹。仍有多得至数分者，亦照此递加赏赐。如于定额之外，多得东珠一千颗，总管、翼领停其赏赐，准加一级，骁骑校、领催各按分数议赏。倘交定额缺少东珠十颗，定为一分，将总管、翼领骁骑校各罚俸一个月，领催等于各该旗内缺一分者，鞭责十。倘更缺少，亦按此扣算罚俸、鞭责，总管、翼领、骁骑校等至罚俸一年者降一级，领催等罪止鞭责一百等语。至嘉庆三年以后，酌减三成，赏项为数孔多，俱不能适用，自应量为变通。所有此项赏需之彭缎、缎绸、布匹等项，着内务府核计。应给之数，各按例价折赏银两，俾伊等均沾实惠等因。题准。来文一件。

查同治五年十一月十五日，为呈报事。本月初九日，准署吉林副都统富剀开，为飞剀详报事，户、兵、工司会案呈，兹准总理文案⑬处移开，适奉宪谕，现据乌拉总管呈报，前蒙剀知，准内务府大臣咨照，本大臣面奉谕旨："着吉林将军照例采捕正珠、东珠，解交内务府。"钦此等因。

溯查捕珠，向查松花江分派之头道江⑭、二道江⑮、辉发、拉林、阿勒楚喀、三姓、黑龙江、齐齐哈儿、爱珲、嫩江等处各河口，应派官丁一千二百余名。所需锅、帐、船只、艕舽、油麻等项，以及驼马、人夫、官丁、整装盐粮，需项甚巨，向无领款，悉藉俸饷转移。近因欠领俸饷银十五万余两，办理节年贡差，又免掣肘。现又捕珠，添办什物，更见难为，陈请咨部筹拨饷银各等因。详核所请，系属实情。惟查需用大船七只，向由省城拨领，其余艕舽系该处采砍。即由明年捕珠，必须今冬造就，俟明春江冰开化，顺流运下。惟爱珲等处，应需艕舽，必得年前十月由陆路按驿运往，方不误事。

至所需置办什物、盐、粮、银内，均由俸饷内备办。现有欠领十五万余两之多，均应先期筹备妥协，明年方可举行。着户、兵、工三司悉心会议，呈明副宪，详核奏稿，先为请拨该处俸饷，备办什物暂缓。戊辰年再行采捕等谕。遵此。相应移付户司遵照可也，等因准此。

会查打牲乌拉总管衙门呈报捕珠所需置办什物、盐、粮、银两，均由俸饷内备办。现有欠领十五万两之多，均应先期筹办妥协，明年方可举行。惟欠领俸饷，系由何年，所欠领若干，一次捕珠差徭必需实银若干，应需均系何项什物，某项应用若干，何项必须添补，何项尚须另置，某宗用价若干，至于吉林、黑龙江各河口应用船只、舢舻，某河口需用几只，应由何处砍办，如何运解，需项若干，该衙门应派官弁壮丁若干名，某处帮派官兵若干名，整装作何关领，盐、粮、驼马如何支应，本衙门无案（稭）〔稽〕核，应饬该衙门详细查明，飞速呈报，以凭酌核定。拟具奏，先行请拨该处欠领俸饷，以便赶紧备办什物，暂缓戊辰年再行采捕之处，相应呈请飞剳查报等情。据此合亟剳仰打牲乌拉总管衙门遵照，逐层详细查明，速即呈报，立待酌核具奏，勿稍迟延可也等因。剳交前来。

遵即案查，向遇采捕东珠应派官员，领催六十四员名，牲丁一千零四十七名。乌拉协领衙门添派官兵一百二十六员名，两署共派采珠官弁兵丁一千二百三十七员名。分为六十四莫音，应需大船七只，由省拨发；其所用小船，均按兵丁三名一只，共需小船三百八十九只。向在盛京、吉林、黑龙江三省属界上下河口合起分捕。除协领衙门应需小船四十只、布帐、铁锅等物，该衙门自行备办不计外，本衙门共需舢舻三百四十九只。

案查咸丰十一年，查付黑龙江、爱珲两城扣存舢舻尚有堪用者二十一只。前于十月二十二日，本衙门飞文咨查，续于本月初十日接准咨付内称，剩存舢舻二十一只均已糟朽不堪选用等因。咨付前来详核。除此之外，旧船一支无存，即应造数砍造。循例报省请票，派员带领匠役前往省界拉法河源、冷风口、推吞、土山一带采妥木植，赶紧备办。必得明春造齐，江水开通始能顺流放下。惟黑龙江省嫩江、绰尔河[16]等处共十六莫音，应需舢舻九十六只。三姓、汤汪、海兰等河共十一莫音，应需舢舻六十九只。均应年前运往，至次年捕珠始能应急。再查爱珲各河甚属窎远，共八莫音，应需舢舻五十五只。势必年前十个月内，乘雪陆路按驲运往各该处河口，至次年捕珠不致贻误。其应造舢舻三百四十九只，每只历办约计银八两。共需银二千七百九十二两。其帐房亦按牲丁三名一架，共需布帐三百四十九架。又查除旧存布帐五十架尽数解省，此外实无余存。即应照数添置，每架约计银八两，三百四十九架共需银二千七百九十二两。又应用带耳明铁锅，每船一口，共需铁锅三百四十九口；除旧存铁锅七十口尽数解省外，无余存，亦应照数置买。每口明铁锅约计银一两八钱，三百四十九口共需银六百二十八两二钱。再查宁古塔、珲春属界之牡丹、布尔哈图⑰、嘎哈力、小绥芬等河不通松江，应由陆路前往。八莫音共派捕珠官丁一百五十八员名，应需驼马一百五十八匹，每匹需马价及马乾银八两，一百五十八匹共需银一千二百六十四两。又捕珠牲丁一千一百十一名，共需口米九百二十石，每石需银一两九钱，共需银一千七百四十八两。又装米布袋四千六百条，每条需银三钱，共需银一千三百八十两。又各船应用麻绳共四千一百八十八斤，每斤六分，共需银二百五十一两二钱八分。又芦席一千三百九十六领，每领七钱七分，共需银一千零七十四两九钱二分。又验船、长帮、纍麻、灰、油，每支需银一两九钱，共需银六百六十三两一钱。以上置买各项统计实银一万二千五百九十三两五钱，向无领款，全依发放丁饷摊扣例办在案。

再查咸丰三年以前，出派捕珠牲丁一千零四十七名，势必将该丁等春秋两季饷银十二两合并一季全放，接需各丁置买衣装、盐酱、铁木器械，及按驲陆路前往爱珲各处沿途盘费等项。应放饷银一万二千五百六十四两，并置买船、锅、布帐、器械需项，二共必需实银二万五千一百五十七两五钱，可能周转。

案查自咸丰三年停捕至四年奉准部文，每两饷银减改市钱二吊以来，除采办各项贡差需费，所剩无几，若明年捕珠出派各丁等，仍按减改每两市钱二吊发给各丁饷钱二十四吊，不惟家属无资养赡，及置买衣装、盐酱、铁木器械势必不敷，各丁难为，实不能周转。又兼咸丰十年，全岁俸饷银四万七千一百四十九两，当经户部即在本省捐输土税项下指拨。无如省库悬欠，至今未发分毫。又欠领咸丰十一年俸饷实银二万九千五百二十七两五钱四分，又欠领同治二年俸饷实银二万一千二百四十三两六钱六分，又欠领三年俸饷实银一万六千八百三十三两七钱六分，又欠领四年俸饷实银三万四千七百十六两一钱五分，又欠领本年俸饷实银四万三千七百三十四两三钱五分。以上总管衙门欠领节年俸饷银十九万三千二百余两，以至各丁缺衣乏食，日形拮据。若明年举行捕珠，即应赶紧备办什物，不惟乏项待饷，而且采木植、砍造艨艟，诚恐赶办不及，倘至贻误捕珠要差，咎不容辞等情。合亟呈请备文。并将六十四莫音出派官丁船只数目清字、河道单，粘连文尾，合并声明呈报等情。据此拟合呈报将军鉴核施行，为此合呈。须至呈者。

同治六年十月二十一日，呈报总管内务府：本衙门奉旨明年采捕东珠，应需净纸一千六百张，呈请发给去之领催广春携来。又咨报兵部：明年捕珠由广储司库循领净纸一千六百张，连皮共计重七十九斤，由大部请领驼马票等情。行文在案。

同治七年闰四月十九日，总管巴扬具奏：将捕珠应用一切器物备齐。分为六十四起，酌量河道远近，督饬该官弁、领催、牲丁等，已于二、四月陆续分起前往讫。总管即于闰四月，将印务暂交翼领格图锛阿署理。即日带领官丁乘驾艐舻六支，启程往赴边外。先将捕鱼各河口查勘毕，即往下江、三姓、阿勒楚喀属界玛延河、东亮子河一带严查。并督令各起官丁尽力采捕，至处（署）〔暑〕后停捕。总管急行折回，在于通衢处所守候。俟捕珠官丁等差旋，按起严加搜查毕，先由旱路回任，将捕获大小正珠，一同吉林将军富明阿分晰拣选，另折奏闻。又于十月二十四日，将军富明阿奏：为呈进捕获东珠，恭折奏闻事。窃照奴才等钦遵谕旨。奴才巴扬阿于本年春，带领捕珠官兵分起启程往捕之处，业已具奏在案。兹于九月二十九日，适据各起捕珠官兵陆续旋回。奴才富明阿途次与乌拉总管巴扬阿分别验看，得三旗捕获东珠共五百三十颗。内拣得五厘起至一钱余重珠四百四十一颗，正珠八百九十颗。谨将拣得大小东珠分色光另缮汉字清单呈览外，奴才等将按旗分别拣得东珠，敬谨盛匣封固饬交翼领云〔生〕等，于十月十三日起程呈进。伏乞两宫皇太后、皇上圣鉴，饬下该内务府等衙门查收。为此。谨奏。

谨将三旗捕得东珠正珠分数开列于后。计开

镶黄旗采捕得：

一钱余重东珠一颗，

六分至七分余重东珠三颗，

四分至五分余重东珠九颗，

二分至三分余重东珠五十七颗，

五厘至一分余重东珠七十四颗，

微光东珠五颗，

共一百四十九颗。

大正珠十五颗，

小正珠十二颗。

正黄旗采捕得：

一钱余重东珠一颗，

八分至九分余重东珠二颗，

六分至七分余重东珠七颗，

四分至五分余重东珠九颗，

二分至三分余重东珠六十七颗，

五厘至一分余重东珠五十八颗，

微光东珠七颗，

共一百五十一颗。

大正珠二十七颗，

小正珠七颗。

正白旗采捕得：

一钱余重东珠二颗，

八分至九分余重东珠一颗，

六分至七分余重东珠三颗，

四分至五分余重东珠十六颗，

二分至三分余重东珠四十八颗，

五厘至一分余重东珠六十三颗，

微光东珠八颗，

共一百四十一颗。

大正珠十五颗，

小正珠十三颗。

以上三旗采捕得东珠、正珠，共五百三十颗。

一、同治七年九月二十二日，本衙门恭进东珠，出派四品翼领一员，骁骑校一员，笔帖式一员，领催三名，珠轩达、铺副二十七名，共三十三员名。应需骑马二十三匹，拉车马十匹，驼马二匹，由将军衙门请领勘合。又十月初五日，咨请将军衙门，照例出派章京一员，领催二名，披甲二十名，按驿接替护送。又十三日呈报，镶黄旗二十珠轩捕得东珠一百四十九颗。正珠二十七颗。正黄旗二十珠轩捕得东珠一百五十一颗，正珠三十四颗。正白旗十九珠轩捕得东珠一百四十一颗，正珠二十八颗。分别装匣，着交翼领云〔生〕，于是日起程恭进等情，呈报总管内务府。

又本衙门采捕东珠之官员、领催、牲丁并五旗王公等捕珠之牲丁花名造册咨报工部，以凭查核，分别赏罚。又三旗、五旗共捕得东珠、正珠各数目，咨报工部，又恭进东珠，咨报盛京兵部 [18]、山海关副都统等衙门 [19] 俟珠差抵境，该衙门照例各出派章京一员，领催二名，披甲二十名，按驿接替护送。又恭进东珠，本衙门发给该员过山海关门票一张。又呈送东珠，缮办回批，令差员持赴挂号等情，咨行广储司。又批差呈送东珠委员等，将珠差竣，持批亲赴广储司挂号等情。行文在案。

二、同治八年十月初一日，准工部为打牲乌拉采捕东珠，照例赏赉事。虞衡司案呈：查例载吉林等处采捕东珠，上三旗五十九珠轩，每珠轩额征东珠十六颗，共应征东珠九百四十四颗。头等东珠每颗准抵五颗；二等东珠每颗准抵四颗；三等东珠每颗准抵三颗；四等东珠每颗准抵二颗；五等东珠每颗仍以一颗计算。如额外多抵一颗者，将多抵东珠之牲丁赏给毛青布二匹。缺少东珠一颗者，将缺少东珠之牲丁鞭责一十。合计各珠轩应得额数满足者，其总管、翼领、骁骑校毋庸赏罚。如于定额之外，多抵三十颗为一分，赏给总管、翼领彭缎各一匹，骁骑校缪绸一匹，领催等各按旗分内多抵一分，赏给毛青布各四匹。仍有多抵至数分者，亦照此遵加赏赐。如于定额之外，多抵东珠一千颗，总管、翼领停其赏赐，准加一级，骁骑校、领催各按分数议赏。倘定额缺少东珠十颗，定为一分，将总管、翼领、骁骑校各罚俸一个月；领催等于各该旗内缺一分者，鞭责一十；倘更缺少亦按照此扣算，罚俸鞭责。总管、翼领、骁骑校等，至罚俸一年者降一级，领催等罪止鞭责一百等语。

于嘉庆十七年二月十三日，奉旨，工部奏议：给吉林等处采捕东珠赏项，请照旧例区别办理一折。吉林等处采珠官员、领催等，向以得珠多少为赏罚。总管、翼领、骁骑校，核计各珠轩所得总数，核算领催各按旗分内所得之数，核算定例本有区别，近年笼统交收，不分旗分、领催等，亦按总数均匀得赏，殊非核实之道。除此次已就总数拣选，即按数均匀分给赏项。嗣后吉林等处解交东珠，着该将军各按旗分，将所得之珠分晰封记，并将领催等各按旗分造册送部，以凭核计，分议赏罚。其嘉庆三年以后，酌减三成，赏项之案，亦着查销。至此次赏项，朕阅单内所开，共用彭缎七十二匹，缪绸二百六十匹，毛青布三千三百余匹。近日外省制解此等绸缎、布匹，多以下劣充数。该官员兵丁等领受赏项，为数孔多，俱不能适用，仍不过贱价变卖，孰肯长途携带，转糜运费，非所以示体恤，自应量为变通。所有此项赏需之彭缎、缪绸、布匹等项，着内务府核计，应给之数，各按例价折赏银两，俾伊等均沾实惠。其缎匹等件，每岁所需既少，即可减数采办。并著交内务府详细确查，如有似此可以折赏者，一并核议具奏。钦此。钦遵在案。兹准内务府咨称，吉林将军送到打牲乌拉等处采捕。

同治七年，分东珠镶黄、正黄、正白等三旗，共采获五百三十颗。会同拣选得等第，开单具奏，奉旨依议。钦此钦遵。于同治八年正月二十九日，抄录原单，咨送到部。该臣等议得同治七年，分采捕东珠，除无光东珠、珍珠、珠丁一百五十颗不入正额外，共拣选得入等东珠三百八十颗。内头等东珠七十五颗，每颗照例准抵寻常东珠五颗，计抵三百七十五颗；二等东珠三十三颗，每颗照例准抵四颗，计抵一百三十二颗；三等东珠七十四颗，每颗照例准抵三颗，计抵二百二十二颗；四等东珠六十三颗，每颗照例准抵二颗，计抵一百二十六颗；五等东珠一百三十五颗，每颗仍以一颗计算。以上共计抵东珠九百九十颗。

内查镶黄旗二十珠轩，每珠轩应交额珠十六颗，共应交额珠三百二十颗。此次拣选得该旗头等至五等东珠一百二十三颗，计抵三百五颗。按应交额珠三百二十颗之数尚亏数十五颗。查例定缺少额珠十颗定为一分，将领催等鞭责一十，此次缺少额珠十五颗，应将该旗领催等，鞭责十。

正黄旗二十珠轩，每珠轩应交额珠十六颗，共应交额珠三百二十颗。此次拣选得该旗头等至五等东珠一百三十五颗，计抵三百三十四颗。除应交额珠三百二十颗，计多得十四颗，较例定原额，虽无所亏，而所盈不及一分之数，该旗领催等，自应毋庸赏罚。

正白旗十九珠轩，每珠轩应交额珠十六颗，共应交额珠三百零四颗。此次拣选得该旗头等至五等东珠一百二十二颗，计抵三百五十一颗。除应交额珠三百零四颗外，计多得四十七颗，查定例额交东珠每多抵三十颗作为一分，领催等各按旗分内多抵一分，赏给毛青布各四匹。此次多得四十七颗，应议一分之赏，该旗领催等应赏给毛青布各四匹；计领催十九名，共赏给毛青布七十六匹。至总管、翼领、骁骑校、牲丁等应照例合计三旗珠数多寡核定赏罚。

此次笼统核算三旗所抵珠数或盈或亏，截长补短，统计多得东珠四十六颗。该总管、翼领应赏给彭缎各一匹；骁骑校每员应赏给缕绸各一匹，共十三员，应赏给缕绸十三匹。牲丁等每多得东珠一颗，例应赏给毛青布二匹，此次共多得东珠四十六颗，应赏给毛青布九十二匹。以上应需赏项，行文内务府查照臣部奏准原案，并遵照嘉庆十七年钦奉谕旨折赏之处办理。

查下五旗采获东珠二百七十八颗，亦应照例抵算。共拣选得入等东珠八十六颗，计抵一百七十八颗。再查该五旗三十五珠轩，每珠轩例交额珠十六颗，共应交额珠五百六十颗。此次于定额之内尚亏东珠三百八十二颗，其共应如何赏罚之处，并由臣部行文。下五旗王公、贝勒等自行酌核办理等因。

同治八年四月十三日题本月十五日奉旨依议。钦此。相应移咨打牲乌拉总管，遵照在案。原于何年设捕，因康熙三年总管希特库家被回禄将档案焚烧，无凭考查。

注 释

① 拉法河，亦作拉发河。源出吉林府东北霍伦川西，即《金史·世纪》之和抡水也。凡行三百余里，西注松花江。（据《吉林通志》卷32）

② 拉林河，松花江支流。在黑龙江省南部与吉林省北部边境。源出吉林省张广才岭，西北流经吉、黑两省边境，到双城县万隆附近入松花江。《辽史》作涞流河。《金史》作来流水。今音转为拉林，实一水也。凡二源，皆出五常厅东南拉林山。（《吉林通志》卷22）。

③ 阿勒楚喀河，亦作阿拉楚喀江。今黑龙江省阿城县东阿什河。金曰按出虎，《北盟汇编》曰阿触胡、又曰阿术火。字异音同，实一地也。出宾州厅东南帽儿山。（《吉林通志》卷22）

④ 乾河，亦作甘河。嫩江支流。在黑龙江省西北部。源出大兴安岭东麓连峰附近，东南流到莫力达瓦达斡尔族自治旗额尔河附近入嫩江。

⑤ 嫩江，古称诺尼江。松花江最大支流。在黑龙江省中部。源出伊勒呼里山，南流到黑、吉两省边境入松花江。支流有甘河、讷谟尔河、诺敏河、绰尔河、洮儿河等。

⑥ 汤旺河，松花江支流。在黑龙江省东部。源出小兴安岭，东南流到汤原县入松花江。"汤旺河即桃温河，元之桃温万户府地。桃温二字合音为屯，故亦称为"屯河"或"吞河"。

⑦ 巴兰河，今黑龙江省依兰县迎兰北小河。（据《清一统志》卷67）

⑧ 玛延河，河出吉林府东南大团山。经三道沟之西、二道沟之东，屈曲行五十里许，北入松花江。（《吉林通志》卷22）

⑨ 牡丹江，《清一统志》卷67：称呼尔哈河。松花江支流。在黑龙江省东南部，源出吉林省牡丹岭，东北流经镜泊湖，到黑龙江省依兰县入松花江。

⑩ 嘎哈力，亦作噶哈哩河也。今名噶雅河，亦作嘎呀河。源出珲春城北一百七十余里小图们山，直西流，北岸界宁古塔，迳三岔口北。

⑪ 海兰河，即今日海浪河。亦出摩天岭北流，折而西凡七十余里，东入松花江。（《吉林通志》卷22）

⑫ 小绥芬河，大绥芬河南源，出吉林省东北部盘岭，是绥芬河之上游；北流到黑龙江省和北源小绥芬河汇合后称绥芬河。

⑬ 文案，（1）公文案卷。（2）旧时衙署中草拟文牍、掌管档案的幕僚。在内签押房办公，与长官关系密切，得预闻机要，称为"内文案"。

⑭ 头道江，也叫头道松花江，是松花江的主要源头之一，自锦江与漫江汇合口而得名。

⑮ 二道江，也叫二道松花江，其主源二道白河源出长白山天池，流经安图、敦化、抚松、靖宇、桦甸等县、市，全长约二百七十四公里，为松花江上游较大的支流。

⑯ 绰尔河，为嫩江支流，在黑龙江西南部。源出大兴安岭火燎沟附近，东南流到泰来县江桥附近入嫩江。长五百七十六公里。在扎赉特旗音德尔以下平原地区，水道多乱流。

⑰ 布尔哈图河，亦作布尔哈通河。源出敦化县东哈尔巴岭。东南流，东受头道沟、二道沟、北头道沟、北二道沟四河。

⑱ 盛京兵部，盛京五部之一。康熙三十年（1691）设立，在盛京五部中是设立最迟的一个部。光绪三十一年（1905）裁撤。盛京兵部负责管理盛京地方的军事、邮传及武职官员的铨选等事。

⑲ 山海关副都统衙门，山海关，一称榆关，又作渝关。在河北省秦皇岛市。长城起点。明初置关戍守。北依角山，南临渤海，连接华北与东北地区。形势险要，自古为交通要冲，有"天下第一关"之称。清代在此设立独挡一面的副都统衙门，其官为正二品。兼管冷口、永平、喜峰口等处驻军，共有官兵一千五百多人。稽查往来行人与禁物（见《柳边纪略》卷一）。

采捕松子①

查贡进松塔采捕定例，于康熙二十四年十一月十四日准都虞司咨开，总管内务府奏：查打牲乌拉总管希特库文称，据抄没、发往采蜜之五十户丁李嘉荫等，于二十四年十月陆续抵乌。尚未搭盖房屋，亦未预备垦地器具等情，恳将蜜差暂停一年，俟将农业稍安，即行采蜜等情，恳呈转咨前来。第查康熙二十四年二月奏定：乌拉地方相距采蜜山场切近，着交总管由此新发抄没户内有子弟者，或奴仆者，添派五十名，归并帮丁一百名内，共作一百五十名，采捕蜂蜜。其五十户大约于年内方能到齐，仍由各打牲丁名下起支谷粮，限于明年八月三十日停支等因。奏准在案。兹查该总管所咨，系属实在。合无仰恳天恩，可否准如所请，停采一年。其明年采蜜仍在采蜜丁内加选五十名，合并陈丁一百名采捕之处等因。奉旨：此项轮采蜜差，即行停止。其讷音河捕珠亦即停止。遗出此项采蜜牲丁着加入吞河捕珠。再将松子自此免由盛京关领，仍着乌拉呈进。其乌拉打牲丁如何采捕之处，着会同该总管希特库议奏。钦此，钦遵。

查捕鱼丁五十七名，采蜜陈丁一百名，新丁五十名，捕打貂皮[②]、东珠丁一百九十二名，每丁一名限交貂皮二十张，以皮折珠较之，莫若将捕貂差使裁去，统归捕珠，诚与牲丁有益。再盛京产松山场，相距路远途长，恳告多次，请将该三佐领采捕松子丁一百一十四名，每年应交松子信斗九石，松塔一千个。臣等议：由乌拉原采蜜丁一百名，并新到捕蜜之牲丁五十名，又停捕讷音河遗出打牲丁五十名内，今年采蜜、明年捕珠。其盛京采捕松子裁撤，统归乌拉采取，共二十五珠轩，每珠轩交松子六信斗，松塔四十个，其应交松子十五石，松塔一千个。每年十月由驲运送等因。奉旨依议。钦此。

再，供奉先九祖佛堂等处松子，先用信斗一斗五升，于十月初一日以前送到都京，以待供用，勿得逾限延误。其余松子、松塔于十月内送到，毋迟。将此行文该总管希特库知之等因。来文一件。

康熙二十九年十二月初九日，准都虞司咨开：内务府奏，据乌拉总管咨称，本年松子未产，陈松子亦无余存，可否权宜将松子一斗折银若干，着交广储司购备呈进等因。奉旨着该府查明议奏。臣等恭查康熙二十五六年，乌拉呈进新松子十五石；二十七年因新松子未产，准以陈子呈进等因。臣等查询陈子由何而来，据称由本处街市采买，而卖松子之人从何处采得，据称由盛京山海边来的，此外再无产生之处。视其市上所卖松子，该乌拉非系本年未产，究系采子之丁等，并不尽心采取，一味爱财偷卖，将此应交松子十五石，仍着乌拉总管满达尔汉迅速呈进。嗣后倘逾限不交，即严行奏参重惩等情，覆奏。奉旨：虽松子未收，尚有返卖者，着满达尔汉等，将十五石松子准由该处（卖）〔买〕足呈进。余依议。钦此。等因，来文一件。

嘉庆元年八月十九日晓谕，于乾隆十九年十月内，准都虞司咨开，由内阁抄出，八月十三日，奉上谕：朕闻东三省每年所取松子、松塔，非将松树伐倒不能采取；若如此，竟将大树伐倒，不惟愈伐愈稀，尚与情理不合，实属可悯。将此着东三省将军总管，嗣后无论旗民采捕松子、蜂蜜，务须设法上树，由枝取下，不准乱行伐树，从此一体严禁。倘若借此差徭违禁，仍将树株（代）〔伐〕倒者，准令邻封将军具实奏参等情。钦遵。晓谕在案。

嘉庆五年五月初二日，准掌仪司[③]咨开：今恭遇寿皇殿[④]、安佑宫[⑤]添供，高宗纯皇帝圣容位前，每逢朔望，各供干果九大碗，内应用松仁。上年该处进到松子不敷应用，现应添供松仁暂行买办供献外，理合呈明。请行文打牲乌拉将军衙门遵照。除每年应交松子数目外，加添松子仓石九石五斗四合。如闰月之年再加添松子仓斗七斗九升二合。俟该处交到之时，即行停止买办等因。本衙门复行咨称，各供加添松子从实细核。嗣经咨复前来。查照：加添供品数目，分录粘单，核与添数无异等情。来文一件。

嘉庆十七年正月初九日，准总管内务府来咨：皇上御前早、晚膳一年添用松子金石八斗四升三合七勺五抄；每年按照有无闰月核计呈送。来文一件。

案查捕打松子，历年过白露节，由三旗共出派骁骑校三员，委官三员，领催三名，珠轩头目、铺副十八名，打牲丁四百五十名。又代协署捕差，派丁一百五十名。分为三莫音，往赴拉林、拉法、退〔抟〕、冷风口等处。捕打松子二十二石九斗二升，计重八千七百斤。如遇闰月，加添一百七十斤。由将军衙门请领过卡票照三张。又按年九月内，恭进头次鲜松子三信斗，敬装黄布口袋，出派委骁骑校一员，珠轩头目、铺副二名，专折由驲恭送都京，以待供祭奉先九祖佛堂之用。又十月内，恭进二次松子八千七百余斤，松塔一千个，敬装麻帘布袋，出派骁骑校一员，委官一员，珠轩头目、铺副五名，连口袋箱囤等，共计重一万四千八百五十余斤。装载驲车，每车定例六百斤，共用驲车二十五辆，呈送都京总管内务府，呈交内外果房，以备供用。查此驲车，因更替运解稽迟，嗣经改为底车，每驲车一辆，每里由驲折领银一分，以为大车脚需，是以按年该差员自备大车四辆，以免沿驲装卸，多延时日。

以上节次加添供用松子，按市石二十二石九斗二升。内除协领衙门按三分之一，应交松子七石六斗四升，松塔一百二十个；本衙门应交松子十五石二斗八升，松塔八百八十个。珠轩达、铺副、打牲丁共四百六十八名，每名应交松子市升三升六勺四点。

按年往赴总管内务府，恭送头次鲜松子三信斗，二次恭送松子十五信石，松塔一千个。此两次松子倘遇松树不能产塔，无处采捕，即遵照康熙二十九年都虞司咨文，一信斗核四十斤，购买呈交。查采捕松子、蜂蜜等差原协领衙门按三分之一派人，并本衙门牲丁内采捕，其松塔亦照三分之一捕交。

乾隆四十三年，经吉林将军衙门具奏：本衙门采捕当差六百七十名披甲，内除派赴京恭送贡用松子、油、鲒鱼、白蜜，披甲一百零二名，又捕二次松子，派〔披〕甲二百十二名，内尚亏披甲一百名，二共亏披甲二百零二名不计外，合将亏交松子、松塔数目，核之协领衙门披甲等，应捕交松子三信石，松塔一百二十个。本衙门应交松子十二信石，松塔八百八十个。

又嘉庆五年，准内务府札开：按年添送松子二信石六斗四升，亦照前捕交松子之数、分核协领衙门披甲等，应交五信斗二升八合。本衙门牲丁等应交二信石一斗一升二合，仍归二次松子内恭送。第查前后二次共松子十七信石九斗四升，本衙门应送十四信石四升二合，每信斗按四十斤，共计五千七百六十四斤十二两八钱，折市斗一斗八升，核之共市石二十五石九斗四升一合六勺。

查捕打此二项松子，系由本衙门采珠三旗内，共出派领催三名，珠轩头目五名，铺副五名，打牲丁四百三十名。除领催三名不计外，实有珠轩头目、铺副、打牲丁等四百四十名。按二十五石九斗四升一合六勺松子，八百八十个松塔，均匀核分每人应交松塔二个，按市升应交松子五升八合九勺五撮八点余。又如遇闰月，加送松子二信斗二升。协署应交四信升四合，本衙门应交一信斗七升六合，按市升核计应交三市斗一升六合八勺，按四百四十人，每人应交加添松子七勺二撮。

以上三旗，一年出派采捕松子牲丁共四百三十名。按五十九珠轩核之，四十二珠轩，每珠轩应出派丁七名；十七珠轩，每珠轩应出派丁八名。

注　释

①松子，东北各山皆产，而辽东所产更盛。是结在黑松或黄松上的果实。五、六月开花，十、十一月间成熟。三年之中有一年大收。结实于松塔中。塔形"下丰上锐，层瓣鳞砌，望之如窠堵。每瓣各藏一粒，既熟则瓣开而子落"。"打松子者入阿机(森林)中取之"。每个松塔中可藏百数十粒松子。松子呈三棱形状，茶褐色。去其硬皮，即露出白色的脂肪，食之香味可口。东北三省之土特产之一。

②貂皮，貂身之皮，东北三宝之一。《吉林外记》载："乌拉诸林中多有之，人以捕貂为恒业。岁有贡貂额，第其等以行赏。冬时供御用裘冠。王公大臣亦服之，以昭章采。"

③掌仪司，掌仪司犹如政府的礼部，掌内廷礼乐之事，并考核太监品级。初名钟鼓司，顺治十三年（1656）改为礼仪监，十七年（1660）改为礼仪院，康熙十六年（1677）始改为掌仪司。（见《光绪会典事例》卷1170）凡在内廷的祭神、祭天及奉先殿、寿皇殿祭祖与内廷朝贺之礼，都由掌仪司预备各项仪节，或会同礼部办理。

④寿皇殿，在景山门内正北。殿凡九室，重檐金楹，一如太庙制。供奉

列圣御容。(《清稗类钞》)

⑤安佑宫，在圆明园西北隅。朱扉黄甍，一如寝庙制，供奉圣祖、世宗、高宗神牌。(《清稗类钞》)

采捕蜂蜜

查贡进蜂蜜采捕定例，于康熙二十四年三月三十日，准都虞司来咨内开：为捕打蜂蜜，各珠轩头目倘有差务奋勉者，即赏以领催补用。如不足额者，定以鞭责，等因。奏准。来文一件。

康熙二十五年十月二十六日，准都虞司来咨内开：抄没之户五十丁，归并捕打蜂蜜一百名丁内，一体捕差等因。来文一件。

康熙四十一年正月十八日，准都虞司清文内开：查康熙二十四年三月，内准都虞司议覆内开，乌拉各旗采蜜牲丁等，如果额外交蜜十坛以上、九坛以下，拟赏给采蜜之领催彭缎一方。如一连多交三年，即赏云肩袍料一方。如得赏三年，格外添赏貂皮搭护一身，如亏九坛以下免责；亏十坛以上，每坛折二鞭。如领责三年，将管领催鞭责一百，降归打牲丁内，一律捕差。其遗领催之缺，拣选该旗得赏多次之珠轩达放为领催等因。具奏。奉旨依议。钦此。来文一件。

雍正七年四月十一日，准都虞司咨开：王大臣等会奏，为遵旨议奏事。据内务府御史双廷等奏：查康熙五十三年议奏，打牲乌拉一百五十名丁，一年采蜜，一年刨参。每丁一年定交参二十四两，共计交参二百二十五斤，每丁一年定交蜂蜜七十斤，共计交蜜一万零五百斤。由驲车拉运，送至都京，亲睹熬熟，实数交纳。其熬蜜必住月余，丁等所需口米、骑马草料、柴炭，循照定例，由户、工二部，请领关给。

又查雍正五年都虞司议定：现有汉人进蜜，足可敷用，相应将打牲乌拉所进蜜贡，从此裁撤，而采蜜之丁，着尽行刨参等因。于雍正六年，因汉人交蜜稍觉不敷供用，仍令打牲乌拉遵照将以前采蜜一百五十名丁内，拣丁五十名采蜜，循例进送等因。奉旨依议。钦此。来文一件。

嘉庆十年五月二十九日，准都虞司咨开：打牲乌拉每年盛装蜂蜜，需用官猪皮一百张，将蜂蜜解送到京。用过旧猪皮在武备院更换新猪皮在案。当因武备院①缺少，应进之处尚未解到，将此通融办理。该处差员、委官，仍将旧猪皮持回，以俟明年解到蜂蜜时，再行照数发给可也等情。来文一件。

嘉庆二十年四月初六日，总管尔德布奏：查本署恭进蜂蜜，原由驲请要站车，其官员头目皆乘底马，按驲仅领空草喂马。俟至盛、都京，即由户、工部，请领盐、粮、草料、柴炭。但至都路隔两千余里，而底马未免不无疲

打牲乌拉志典全书

乏之虞。伏查本署恭进东珠，曾派官丁四十员名，按驲请领包马三匹，骑马四十匹，每日每人请领口分银五分。经过地方，循例请兵护送。惟蜜差系属自备鞍马，拟请将进珠应用马匹内，裁去七匹，并应领口米银七分，转为送蜜之差。如此拟转，庶于此二差两有裨益。其按年送珠，应给骑马三十三匹，包马二匹。送蜜应给骑马七匹，包马一匹，则蜜差方可永不致误。如蒙俞允，即行饬知盛、都京户、工部转饬各驲，待蜜差到时，将应领口米、盐、粮、马匹草料银，一概裁去。俟差至都，守候熬蜜时，仍由户、工部按日请领口米、盐、粮、柴炭，其草料仍行裁免。是否之处，伏乞圣鉴。谨奏。奉旨：着照所请办理，该部知道。钦此。等因，来文一件。

案查捕打生蜂蜜，历年届近寒露，由三旗共出派骁骑校三员，委官三员，领催三名，珠轩头目、铺副十五名，打牲丁四百九十名，又代协署捕差派丁一百五十名。分为三莫音，捕打生蜂蜜六千斤送都。候至清明节，熬熟呈交油面仓收存，以备应用。又出派委官一员，领催、珠轩头目、铺副五名，打牲丁三十名，为一莫音。专捕白蜜、蜜尖、蜜脾②，往赴舒兰、霍伦、冷风口、珠策等处采捕。由将军衙门请领过卡票四张在案。捕齐分装匣篓，按年于十二月内恭进白蜜十二匣，蜜尖十二匣，蜜脾十二匣，生蜜六千斤，以猪皮将篓口封固粘贴印花，共计重七千七百八十余斤。出派骁骑校一员，委官一员，珠轩头目、铺副五名，应用驲车十三辆呈送都京。其白蜜、蜜尖、蜜脾恭呈御览，呈交内务府内果房收存，以备应用。查此驲车，每里仍由驿折领银一分，以为大车脚需，是以按年该差员自备大车三辆，以免沿驲装卸，多延时日。

以上供用生蜂蜜六千斤，内除协领衙门按三分之一应交生蜜二千斤外，本衙门应交四千斤。珠轩达、铺副、打牲丁共五百零五名，每名应交生蜜七斤九两二钱四厘。原于何年设捕，因康熙三年总管希特库家被回禄，将档案焚烧，无凭考查。

按年往赴清茶房送白蜜十二匣，蜜脾十二匣，蜜尖十二匣。查采捕此匣盛装之蜜，由三旗共派领催二名，珠轩头目四名，铺副四名，打牲丁八名。又往赴总管内务府衙门恭送生蜂蜜六千斤，至京煎熬仍交熟蜜三千五百斤。此六千斤生蜜，协领衙门应交二千斤，本衙门应交四千斤。查采捕此项生蜜，由三旗共派领催三名，珠轩头目五名，铺副五名，打牲丁四百九十名。除领催三名不计外，实有珠轩头目、铺副、打牲丁五百名。按四千斤均匀核分，每人应交蜂蜜八斤。

以上三旗，一年出派采捕装匣之蜜并生蜂蜜，共丁四百九十八名。按五十九珠轩核之，三十三珠轩，每珠轩应出派丁八名。二十六珠轩，每珠轩应出派丁九名。

注 释

① 武备院，官署名。元改军器监为武备寺，一度更名武备院，掌缮治兵器等事。清初置武备院，为内务府所属三院之一，掌宫廷所用兵器、鞍辔、甲胄、被具等。长官为武备院卿。所属有南鞍、北鞍、甲、毡四库等。

② 蜜尖、蜜脾，蜜尖，即蜂王浆。蜜蜂营造连片巢房，酿蜜其中，其形如脾，因叫蜜脾。现代养蜂者称贮有大量蜂蜜的巢脾为蜜脾。

采捕鳇鱼

查贡进鲟鳇等鱼采捕定例，于康熙四年十二月十五日，准工部咨文内开：为奏捕鲟鳇鱼事。前因世祖章皇帝驾幸盛京时，据居福陵①之白山等言，将捕鱼应用网片等项，概行备妥，兹白山已赴乌拉捕鳇鱼去讫。所备网片未知乌拉江上能否使用。再白山等在乌拉捕打鳇鱼，网片未识何人织造，何人收存，应亟饬部遣人速询白山，倘能使用急行修补。如不堪用即着乌拉派人照先织网之例，将捕鳇鱼网片各等器械一一备置等因。奉旨钦遵。来文一件。

康熙五年九月初五日，准工部咨开，据掌乌拉关防希特库咨称，由京来咨：准盛都京工部议奏，据乌拉送鱼翼领额黑告称，尚书言及冬捕鳏鳇鱼尾，所用丁力、器械，并未议章，应亟咨覆。查询穿冰眼、下网片、串杆子及拉网等人，共用三百余名；用铁叉九十杆，铁镩一百二十杆，戳钩五十杆，枪五十杆，网七十块。每块网用麻二十斤，除应用麻，该丁自备外，其叉镩等项器械共用铁一千一百十五斤，奏请由部请领等因。奉旨依议。钦此。

康熙五年三月十五日，准兵部咨开，为奏打牲乌拉恭进上用鳇鱼，由驲恭送之处等因。奉旨依议。钦此。着内务府查办举行，并饬知乌拉、宁古塔将军知照可也。

康熙八年正月初四日，准工部咨开：准打牲乌拉文称，夏季捕鱼网一百块，现已破烂，请照冬季捕鱼网之例，由部请银织造等因。奉旨：是年暂行给银，下年永远停止。钦此。查织新网一百块，必需麻四千三百斤，每斤合银五分，共合银二百一十五两，着尔该总管等差便领取可也，等因。来文一件。

乾隆四十三年正月初二日，准将军衙门清文内开：奉上谕，朕视打牲乌拉处，上年进来鲟鳇鱼，有八九尺者不等，今减剩四尺，足见该总管索柱并不竭力捕打。再朕大祀②天坛③，在正阳门④外，见鱼市售卖鳇鱼，大约有一二丈长者。嗣后将打牲乌拉所进东珠、鲟鳇鱼差，着归吉林将军富康安兼理总管。所管官员、打牲丁俸饷数目及历年捕珠启程时，将出派之官员、打牲丁等名数分晰造册，咨报吉林将军查核，细心办理。钦此。来文一件。

乾隆四十四年四月二十四日，准兵部咨开，内阁抄出，吉林将军霍隆武奏：打牲乌拉包裹鳇鱼应用席布等物，请由驲站运送等因。奉旨：知道了。钦此。等因。来文一件。

嘉庆元年十月初二日，准盛京工部咨开，准乌拉总管衙门咨取恭进鲟鳇鱼，需用丈席七十二领、绳八十斤等情前来。第查鲟鳇鱼，从前俱系本部派员包裹。前于乾隆四十三年，经吉林将军富康安奏明，在于该处自行包裹，其所用席片当因路途遥远，转运维艰，即照该处苫仓席片之例，每领折银一钱八分，计银十二两九钱六分，发给该处差员收领，自行采买在案。又于乾隆六十年十月内，本衙门据情仍改为席片、麻绳，派员咨领，毋庸发给银两等情。当经该部允准。剖行各处发领可也。

道光二十二年十二月初一日，奉朱笔改定清单一件。管理打牲乌拉吉林将军初次进朱笔鳣鳇鱼十尾，不拘尺丈，朱笔。冰杂鱼四百尾、鳟鱼九尾。

管理打牲乌拉吉林将军二次进朱笔鳣鳇鱼十尾。不拘尺丈，朱笔冰杂鱼四百尾，鳟鱼九尾。朱笔自明年起，按朱笔改定数目呈进。

案查捕打鳇鱼，历年至谷雨节，出派委官三员、领催三名、头目十二名、打牲丁七十二名，往赴边外产鱼各河口荡捕，随时送圈圈养。第查每至立冬节，出派委翼领一员、委官二员、领催五名、头目五名、打牲丁六十四名，往赴边外伯都讷属界产鱼各河，捕打挂冰色鱼。总管循例奏明，至立冬后，江冰封固，将印务暂交翼领署理，带领官丁出边，亲诣督捕。各色鱼尾由驲运送，巴延总管挂冰报明，吉林将军勘验。其头次，将军单衔；二次，将军、总管会衔具奏，分为两次呈进等因，定在案。查道光二十二年十一月内，奉朱笔钦定数目，两次共进鳣鳇鱼二十尾，不拘尺丈。鳟鱼十八尾、各色鱼八百尾。每次出派骁骑校一员，领催一名，珠轩头目，铺副四名，其应进鳣鳇等鱼，连包裹草囤等项，每次共计重一万二千余斤。每驲车按六百斤，共用驲车二十辆，呈送都京总管内务府，历交干肉库。每将样鱼恭呈御览，致祭奉先各殿⑤之用。查此驲车，每里仍由驲折领银一分，以为大车脚需。是以按年该差员每次应备大车四辆，以免沿驲装卸，多延时日。原于何年设捕，因康熙三年总管希特库家被回禄，将档案焚烧，无凭考查。

注　释

①福陵，一称"东陵"。在辽宁省沈阳市东郊天柱山上。清太祖努尔哈

赤的陵墓。始建于天聪三年（1629），顺治八年（1651）基本建成。背山临水，古木参天，风景优胜。

②大祀，清时祭典，分大祀、中祀、群祀三等。大祀为祭天地、上帝、太庙、社稷之礼。

③天坛，明清两代帝王用以祭天和祈祷丰年的建筑。在原北京外城的东南部。始建于明永乐十八年（1420）。总面积为273公顷。天坛是我国现存精美的古建筑群之一。现辟为公园。为全国重点文物保护单位。

④正阳门，即前门。

⑤奉先殿，在旧清宫景运门东。顺治十三年建。世祖以太庙时享，逾时稍远，故建此殿，以便奠献。

采捕鲇鱼

查恭送陵寝①祭祀，供用鲇鱼，设自康熙三十九年，始送六十尾。嗣因祭用节次加添，至光绪七年三月初四日，准盛京礼部咨文内开：查本年春季，恭送昭西陵②一年祭祀，应需用鲇鱼一百八十六尾。孝陵一年祭祀，应需用鲇鱼三百六十四尾。孝陵一年祭祀，应用鲇鱼八百零六尾。端悯固伦公主园寝③一年祭祀应用鲇鱼九十尾。景陵一年祭祀，应用鲇鱼二千二百二十二尾。裕陵一年祭祀，应用鲇鱼一千九百三十六尾。定陵一年祭祀，应用鲇鱼三百尾。并嬉妃一年祭祀，应用鲇鱼九十尾。惠陵一年祭祀，应用鲇鱼三百二十尾。

又光绪八年七月二十日，准盛京礼部咨文内开：定东陵一年祭祀，应用鲇鱼一百二十尾。以上按年春季应用鲇鱼六千四百三十四尾。除剖饬六品官，照例分为预备外，相应知照打牲处。嗣后照依此次，按年春季，分送鲇鱼三千二百十七尾。

又光绪九年七月十三日，准盛京礼部咨文内开：准西陵④承办事务衙门咨称，恭照泰陵并皇贵妃园寝等处，明岁大小祭祀需用鲇鱼一千尾。又准泰东陵大小祭祀，需用鲇鱼一百五十尾；又准昌陵并和裕皇贵妃园寝等处，明岁大小祭祀，需用鲇鱼一千零六十尾。又准昌西陵大小祭祀需用鲇鱼一百五十尾。又准慕陵并公主园寝大小祭祀，应用鲇鱼一千一百二十尾。又准慕东陵孝静成皇后暨庄顺皇贵妃等位，光绪十年分大小祭祀，需用鲇鱼八百五十尾。共用鲇鱼四千三百三十尾。本部六品官应分交鲇鱼二千一百六十五尾，令其一并预备。其打牲乌拉总管衙门，秋季应送鲇鱼二千一百六十五尾。相应飞行打牲乌拉总管衙门查照，如数恭送，以便转送，幸勿迟滞。等因在案。

以上节次陆续加添，春秋两季共用鮎鱼五千三百八十二尾。春季应分送三千二百十七尾，秋季分送二千一百六十五尾。

案查历年应进细鳞、鮎鱼五千三百八十二尾。每至立秋节，出派骁骑校一员、委骁骑校一员、委官一员、领催三名、头目六名、打牲丁六十六名。分为六莫音，往赴东山、舒兰、霍伦、珠策、拉林、三岔河、牡丹江、大石头河、都林⑤、黄泥河子等处，扎亮捕打。由将军衙门请领过卡票照六张，另派委翼领一员、头目二名、打牲丁四名，由本衙门发给票一张，前往各河口莫音来往巡查，其鮎鱼分为正、八月两季恭送。春季应送鮎鱼三千二百十七尾，秋季应送二千一百六十五尾。每五十尾用担夫一名，送差官每季出派委官一员，珠轩头目、铺副二名。由驲担运恭送盛京礼部⑥，以备供祭五陵之用。查此差上年均在上江、辉发等河捕打。嗣于同治五年，因出荒，上江沿河两岸，招聚佃民开垦，并被金匪⑦刨挖河底，不产细鳞鱼尾。复行采得东山、舒兰、溪浪、牡丹江等河捕打在案。原于何年设捕，因康熙三年总管希特库家被回禄，将档案焚烧，无凭考查。

注 释

①陵寝，皇帝后妃的陵墓。清世祖顺治孝陵、清圣祖康熙景陵、清高宗乾隆裕陵、清文宗咸丰定陵、清穆宗同治惠陵等，均在河北省遵化县马兰峪。为全国重点文物保护单位。

②昭西陵，在遵化州昌瑞山。孝庄文皇后陵为昭西陵。陵寝规制，详《大清会典事例》卷九四三。

③固伦公主园寝，固伦公主，是中宫所生之女。园寝，即埋藏之地。

④西陵，清代陵名。在河北省易县永宁山。清世宗雍正泰陵、清仁宗嘉庆昌陵、清宣宗道光慕陵、清德宗光绪崇陵，皆在此。地在京师之西，总称西陵。

⑤都林河，亦作都凌河。源出塞齐窝集，南流数十里，东南界宁古塔，西受佛多和河（横道河）。又南流受西来之当石河，又南流小江战东入牡丹江。（《吉林通志》）

⑥盛京礼部，盛京五部之一。顺治元年（1644），盛京置官镇守管理盛京政务。十五年（1658）以后，陆续设礼、户、工、刑、兵各部。礼部是最早设置的。主要职掌盛京朝祭之仪。

⑦金匪，统治者对挖金流民的诬称。

添裁俸饷

查得乌拉原设打牲丁，月食饷银五钱。每逢派捕差徭备觉苦累。当经护军统领乌拉总管雍和据情奏明。于乾隆三十二年二月二十一日，准都虞司来咨内开，本司议奏：查乌拉牲丁每月原食饷银五钱。近年以来，生齿日繁，人烟集盛，遇有差徭，别无另款开销，均系该丁自备资斧，实觉困累，若不加恩，难期差遣。请将每丁每月加添银五钱，珠轩达、铺副每月各加银五钱，以资鼓励，而重贡差等因。奏准照办在案。

嗣于道光十九年十月二十五日，接奉省文，准户部咨文内开：打牲乌拉地方与吉林切近，所有用过俸饷等项银两，仍咨吉林将军查明具题，于题本内，据实声明。并令该总管，嗣后每年咨报吉林将军，汇总具题报销等情。咨覆在案。

又于道光二十一年正月内，准将军衙门咨开：兹准部文将吉林、黑龙江、打牲乌拉总管等衙门，应领俸饷银两，每千两应扣平余银二两六钱。其打牲乌拉俸饷银两应扣平余银两，由该衙门自行坐扣，径行报部，等因在案。

又于道光二十七年九月三十日，准盛京户部咨文内开：除原文省繁减叙外，查打牲乌拉按年领取俸饷银两，向系由奉天守候关支。惟去岁该处应领银两，准吉林来咨，代为领解，就近分拨，当经咨覆在案。今来咨既称，仍循旧章往赴盛京守候领取，免致辗转多需时日。亦可乘便关领包送鲟鱼、布匹等物，藉省糜费而免贻误等因。咨请前来。本部核其情节，亦属急公起见，应如所咨办理。相应仍咨复打牲乌拉总管衙门，查照向例，务将一岁应需俸饷银两，于年前造册移送本部查对，即于十二月间，派员赴奉天守候分领，按季开放。并知照吉林将军衙门，嗣后该处应领俸饷银两，仍令循照旧章办理，毋庸往赴贵省，辗转分拨，以免贻误，而省糜费可也。

又于咸丰四年九月二十七日，准将军衙门咨文内开：户部议奏，据吉林将军景〔纶〕奏，为经费支绌办筹俸饷，请将乌拉今春俸饷银二万九千四百四十余两，每两暂按市钱一串，由吉林库存钱内先行筹拨等因。奏奉朱批：着照所请行令该部（之）〔知〕道。钦此，钦遵。在案。又查该将军奏称：此后乌拉总管衙门俸饷，均照伯都讷成案，每两按折市钱二吊五百文放给等语。臣等查该处牲丁止办采捕差徭，较与旗兵有别。本年春季俸饷，既经该将军奏明，每两暂拨制钱一串抵放，此后该处俸饷，自应一律办理。应令该将军即将今秋乌拉俸饷，无论原领租钱并原放银两，均照春季奏章，每两抵放制钱一串，以归画一等因。行知在案。

第查本衙门俸饷，自咸丰四年起，遵奉部议，每银一两折放市钱二吊以来，办差拮据，官丁倍常苦累。尚且部库并各外省频年欠拨，一切差徭不敷筹办。复于光绪七年十一月间，经总管云〔生〕援案报明吉林将军铭安，恳请据情代奏。奉旨着户部议奏。钦此。于光绪八年三月初七日，准户部议覆内开：吉林将军铭安①奏，乌拉官丁俸饷折放不敷办差，请照省章，每两改放市钱三吊，一律加给一折。臣部伏查吉林省各城兵饷，咸丰年间奏定章程，每两五成现银，按八折开放，五成现钱按二吊五百文作银一两。

同治十二年五月，前任将军奕榕奏请酌加调剂案。内经臣部议，以五成现钱数内改为三吊，作银一两，每两实放制钱一串五百文。奏准行知，遵照办理在案。兹据铭安以乌拉牲丁穷苦，请照吉省定章，每两改作市钱三吊，除俸饷内每月发市钱二吊外，再由新放荒地大租项下，加发市钱一吊，不动正款，亦不加拨协饷等情。据奏前来。臣等查铭安所奏，该丁等当差贫苦，自系实在情形。吉省放饷既有定章，乌拉自可仿照办理。臣等公同商酌，拟请准如铭安所奏，以示矜恤而昭平允，恭候命下。臣部即飞咨该将军，转行乌拉总管，俟接到部文之日起，遵照一律改放。仍将改放起支日期，专案报部查核等情。遵将加添俸饷钱文，分为春、秋两季，由吉林将军衙门大租项下关领。其循例俸饷银两，仍由盛京户部关领，按年开放。俸饷数目造册，咨送吉林将军衙门汇总，报部核销，在案。

又查咸丰五年十二月二十五日，准户部咨开，吉林乌拉应领俸饷银，咨行盛京户部。嗣后再拨给吉林乌拉俸饷银两，除每千两计银五两平余银五两二钱，向由金银库坐扣外，应照吉林将军上年奏案，将每千两应行出平银二十三两三钱一分，及吉林向例，领到俸饷银每千两应扣盈余银七钱一分，全数由金银库扣留存储，归入正款。开销一律按吉林市平弹兑发，交该委员领回备用。仍将所扣银两随时专案报部，以备稽核。来文一件。

注　释

①铭安，字鼎臣，叶赫那拉氏，内务府满洲镶黄旗人。光绪二年，勘事吉林，因条上四事，上命署吉林将军。东北与俄接壤，乃遣将分扼要塞，并筑营伯力、红土崖、双城子，守以重兵，因上安内攘外方略。宣统三年卒，年八十四，谥文肃。

卷 三

贡江

松阿哩江，自南而西北流，环绕如带，即松花江也。①

蓄养鲟鳇鱼渚

龙泉渚②：在松花江之左，系伯都讷所属界内。近北处建官房一所，按年派官看守。

巴延渚③：在松花江之右，系蒙古扎萨克公所属界内，近前建修总营一所，派官值年看守。历年冬至以前，务将进贡鲟鳇及各色鱼尾，俱运此营，挂冰妥协，总管由此发贡。

长安渚④：在松花江之右，系蒙古札萨克公所属界内。近北建有官房一所，派员值年看守。

如意渚⑤：系陶赖昭通场，该站西南十里许建有官房一所，此处派一人看守。

贡山

城东二百余里，有本署采捕松子、蜂蜜各贡山场七座，名曰：帽儿山、烟筒砑子、珠奇山、棒槌砑子、杉松岭、雷击砑子、八台岭。此七山⑥一脉相连，现在勒碑刻铭，按年派役巡守，以杜奸民侵砍，而重国朝贡品。

贡河

捕珠上下各河口

伊吞河、柳春河、三吞河、佛多霍河、法河、书敏河、启尔萨河、滚河、辉发河、恰库河、托哈那尔珲河、紧河、额和讷音河、大图拉库河、尼雅穆尼雅库河、霍通尼河、色勒河、富尔户河、萨穆溪河、穆钦河、斐依户河、拉发河、温德亨河、铁亮子河、乌拉谬木逊河、富户尼雅库河、三道松江河、讷音河、法库河。

以上各河俱在奉天、吉林所属界内。

拉林河、阿勒楚喀河，系阿勒楚喀所属河口。

绥芬河。噶哈哩河、毕拉浑海兰河、布尔哈图河、珠鲁多珲河、玛尔呼哩河、小绥芬河。

以上俱宁古塔所属。

海兰河、萨尔布河、舒兰河、阿穆兰河、乌斯珲河、倭肯河、吞河、公棚子河、遮阴矸子河、巴延哈达河、倭合哈达河、海兰鳌头河、佗克索河、汤旺河、巴兰河、小咕咚河、玛延河、东亮子河、混同江以下松花江。

以上俱系三姓所属。

绰罗河、呼兰河、通肯河、西北河、占河、多毕河、二批河、霍勒斌河、孙河、阿尔钦河、呼玛尔河、必拉嘎河、绿陀莫威河、洛珲河、牡丹江、扎兰河、嘎哈力河。

以上各河俱在黑龙江爱珲所属。

妥新河、绰勒河、吉金河、雅勒河、阿伦河、努敏河、毕拉河、泽裴音河、那俞尔河、甘河、达巴库哩河、固里河、嫩江、乾河、鄂多河、讷莫尔河、库裕力河、德力楚儿河、多巴库力河。

以上俱系齐齐哈尔、墨尔根所属。

若遇开采之年，两署出派官弁兵丁等一千二百三十七员名，分为六十四起，往赴上下各江河采捕。

堵罟鲟鱼各河

原先采捕鲟鱼，在吉林城南松花江上辉法河、吉尔萨河、佛多霍河、交哈河、斐胡河、穆钦河、色勒河、萨莫溪等河。前于咸丰年间因金匪狡扰，报明移在本署捕。

贡山内大小河口之山、东河、舒兰河、霍伦河、珠奇河、拉林河、溪浪河、三岔河、牡丹江、大石头河、都林河、黄泥河。

以上各河在贡山界内，均系吉林五常厅所属。

五官地⑦

乌拉官庄在城西北八十里，于康熙四十五年所设；尤家屯官庄一处，张家庄子官庄一处，前其台木屯官庄一处，后其台木屯官庄一处，蜂蜜营屯官庄一处，共官庄五处，名为"五官屯"。每屯交纳官粮，壮丁十四名，付丁

十四名，每丁承种官地十五垧，照信石纳谷十二石，合仓石四十三石二斗，五屯共纳三千零二十四石。其管理一切事务，出派骁骑校一员，委骁骑校一员。

喀萨哩

查喀萨哩荒地，于嘉庆十七年奏准，拨归乌拉五官屯壮丁开垦耕种，以补五官屯之薄田等因。遵即札饬五官屯自行招佃、耕种输租。共开熟地一千七百垧。每垧按市钱百文交纳租赋。按年派员前往，征收租钱八百吊，津贴五官屯壮丁等。济卸官粮，而苏丁困。

凉水泉⑧

凉水泉荒地，在城东北二百里。于道光十三年奏准，乌拉所属凉水泉，自二道河子迤东地方官荒，拨出二万垧，以七成给乌拉总管衙门，以三成给协领衙门。招佃收租，作为两衙门津贴、差务、奖赏、兵丁之费等因。本衙门随即遵照七成荒地一万四千垧，编立"恭、宽、信、敏、惠"字号；协领衙门将三成荒地六千垧，编立"敦、厚、崇、礼"字号，于十四年承领。招佃垦熟。俟五年后，每垧照市钱六百六十文交纳租赋，共大租钱八千四百吊。按年派员，前往征收。作为津贴，兵丁差费。

注　释

①松花江的名称有多次变化。《魏书·勿吉传》和《新唐书·靺鞨传》称之为速末水或粟末水。《辽史·地理志》称鸭子河，辽圣宗太平四年(1024)改为混同江。《金史·地理志》和《元史·一统志》称为宋瓦江，其实这都是仅指松花江拐弯处的一段而言。到了明宣宗宣德八年(1433)命刘清造船于松花江，从此松花江正式命名。明中叶，女真人活跃于松花江流域，这个地方元朝设海西右丞管辖，所以曾一度俗称海西江，该地女真人也史称海西女真。明朝末叶，海西女真形成了"扈伦四部"。清朝统一全国后，在原"扈伦四部"乌拉国旧址设立打牲采捕总管衙门，指定松花江为贡江，满语称做松河哩乌拉。

贡江划定后，其间一百多年相安无事，乌拉总管衙门捕捞鲟鳇鱼类贡品，从没遇到麻烦。可是到后来，鲟鳇鱼类越来越少，而松花江段又涉及蒙古王公郭尔罗斯辖境，因此出现争执。经过吉林将军衙门协调，双方划定归属，这才有了《贡江碑文》这一历史文献。

附《贡江碑文》

打牲乌拉总管衙门，为恪守封疆，勒诸贞珉事：窃胙土而崇国体，任倚屏藩；分疆而睦邻封，谊联唇齿，此国家之成宪可鉴，边陲之经界蒐严也。溯查本衙门设网捕鱼，每岁冬间，本总管奏明出边，督率官弁兵丁等，采捕鲟鳇鱼并五色杂鲜，挂冰运署，报明将军，会衔分二次呈进。恭祭坛庙之要贡，委非内庭口味可比。

嗣因边里人烟稠密，水浅鱼稀，前于乾隆二十六年，经本省将军奏明，由边外起，南至松江上掌，下至下红石砑子、石子滩等止，其间沿江均为捕贡、晾网之区。由望坡山5，老江身分出一岔，名曰巴延河。河西原设鱼圈一处，鱼营二所，派员看守。惟因埋相鱼圈，需费甚巨，即令看圈官丁，在江干佐近旷地留养。条枝高大者，作栅圈障杆，细小者，为看营柴薪。按年派员上下川查，严禁私捕，侵占地址。如此办理，百有余年。敬谨奉行，委无异说。无如愚氓窥伺通场为沃土，觊觎条甸如利薮，从未歇心，迭有案据。

兹遵郭尔罗斯公报请本省将军，请将巴延河附近通场撤回，招佃输租。当经省派委员协领全福、乌拉翼领富庆，会同蒙古二品顶戴花翎梅楞吉祥等会勘，将巴延河东岸两岔分派之间，俗名巴延通，此通以北连脉，又名黄花岗、浅碟子、鲇鱼通等处拨给蒙古公经营，并巴延河西岸，鱼营荒甸一段，自西南第二封堆起，斜东北长七里余，由中分界，南归蒙公，北归乌署，各得一半。其巴延河西五里通、张家湾、一捉毛、老牛圈并鱼圈后花园通及杨家湾等处，拨给乌拉，永为捕贡之区。至于家套，仍断归登伊勒哲库站经理，与北公输租。如是拟办均以乐从等情，绘图禀请爵帅将军，希批示。著照所议办理。

于是十三年四月间，经本衙门署总管富庆，会同蒙员吉祥，分定界址，永绝葛藤。旋蒙郭尔罗斯公来启并函，内云：除归蒙公之巴延通，业已招佃输租外，其拨给乌拉附圈左右南荒场，亦令自行招佃开垦。所收租赋，津贴鱼务，以补撤出作养条场之资，永无争竞，等因。遵此，足徵公爷上崇国贡，下便民生，鸿恩远沛，乌郡难名。诚恐年湮代远罔识遵行，故勒铭永志，以清蒙乌之接界，而杜永远之争端，永垂不朽云尔。

②龙泉渚：舒兰法特乡珠山屯处。

③巴延渚：德惠朝阳乡米家乡东里许。

④长安渚：德惠松花江乡程家坨子村东里许。

⑤如意渚：德惠菜园子乡张家屯内。

⑥七山：是泛指，实际划入贡山范围内以供采捕松子、蜂蜜、猴头等土特产品的山场有大土山、老黑沟、威虎岭、榆树沟、埋汰顶（又称埋台顶子）、太平岭、万寿山、青顶子、三达河、大王砑子、磨盘山、四合川、三岔岭、铃当岭、马兰沟、八台岭，加上帽儿山等七处，共计二十三处山场，这些贡山均在乌拉城东方向，在今舒兰、五常、尚志到化境内，打牲乌拉总管衙门安设三旗营房，添设卡伦，勒碑刻铭，严加管理。

附《贡山南界碑文》

打牲乌拉总管衙门为勒碑刻铭，以垂遵照事：

粤惟皇朝发迹于白山，钟灵于黑水。声教暨朔，福佑大东。松生凌节之奇，不等苞茅贡楚；鱼产细鳞之品，何须蠯蛤称齐。是以三陵贡献，列圣蒸尝，悉于是取之。顾珍错虽胜乎遐荒，方物仍严夫斯土。今既画我封疆，以休养而生息；岂宜任尔蠢野，复踩躏而奸偷。

溯查，本衙门管下产贡山河，历年来采捕松子、松塔、蜂蜜、细鳞鱼、腊以备上用。嗣由咸丰年间岁浸，吉林省奏请放荒，又于同治九年间，复经五常堡协领，假以无碍闲荒，出放随缺官地，几乎随山刊木，寸土皆耕。本衙门即欲折达天听，原其为军民念切。今据省员会议，拟将贡山北面，挖立封堆，安设内卡。外营两署分派官兵巡守。其南面，由平底沟起，向西至松蓬，会冷风口，东至土山子为界；其北至威虎岭。以前虽系吉林禁山，以该站采捕之区，未便分拨两处。自此以后，南由该站看护，北归乌拉稽查。所有株、河口，除封禁条示外，犹恐凌躐习民，公私罔识，家国不分，数罟斧斤，仍前盗取是以于教谕已申之后，特勒丰碑，曒然昭示，务期家喻户晓，一体遵循。俾知朝廷祭品尊。凡出荒事，不过念尔民瘝苦，勿得扰害河山，致干谳典。本宪仍不次亲巡，凡监守官军与附居民众，尚其披读，勿忽！

《贡山北界碑文》乌拉总管衙门为勒碑刻铭，整理河山事：窃以徂徕新甫，材重鲁邦，蠙珠暨品贡重，

故入山林，例遵王制，法严数罟，职贵虞衡。刿维皇朝根本重地，祭仪尊九祖，归内府以分司；贡品献五陵，严外荒而统制。此不宜以分疆错壤而拘规也。今既严禁，地方无难，查本衙门专司祭品松塔、蜂蜜并细鳞鱼、干

鱼，所有应捕之处，本署每年按季督查。确申诰诫。

　　查本衙门专司祭品松塔、蜂蜜并细鳞鱼、干鱼，所有应捕之处，本署每年按季督查。惟前于同治年间，经五常堡报请，假以无碍闲荒，藉作随缺地亩。然北界大王砑子，西界以邢国珍所领之地，南界以老黑沟、大青顶子至宋维坤所领之荒，东至拉林河止。当出荒时，准辟其土地，未及指以山河也。孰意不法愚民冯才等，蔑视王章，勾通监守，盗砍产红松，不下三四万颗。又其党栏河设绖、设甬，不时网取祭鱼，渐于上用有乖。本署既严惩办后，嗣经报明爵帅。当蒙委协领，会同乌拉翼领，五常堡等官，查验其随缺地亩，已由禁地之霍伦川出放足额，安得以贡树、官河视为可居奇货？惟此会同议，拟请将当儿应开荒地不计外，凡属朝廷祭品所需，其山河应即收回，仍归乌拉采捕。惟沿川居民，有未尽知悉，自此示后，所有八台岭、帽儿山、雷击砑子、烟筒砑子、棒槌砑子、沙松岭西背，一概大小树株，不宜盗砍；沿山地亩不准再垦；更有山内拉林、霍伦、舒兰、珠奇、石头、柳树、黄泥、三岔河等河口，大小鳞族亦不宜肆行偷摸。今特立石碑，永远遵照。虽年湮日久，无摧败于风雨，庶读法悬书，等高悬夫日月。国法无私，各宜谨懔，其谕取滋，一体闻知。

　　⑦五官地：清康熙初，关内少量流民移入今九台市东界松花江沿岸冲积平原，初步形成村落。"三藩之乱"后，清政府又遣送一批吴三桂部下官兵，到这里服苦役。所以在康熙四十五年编立官庄，共五处，称之为"五官地"或"五官屯"。"五官地"人的身分是农奴，没有人身自由，并严禁应试文武两科。"五官地"中的尤家屯官庄、张家庄子官庄，今属九台市苇卡满族乡；前其台木、后其台木即今九台市属其塔木镇；蜂蜜营屯官庄系九台市胡家回族乡蜂蜜营村，五屯土地相连，皆在松花江冲积平原上。

　　⑧凉水泉：二道河子（伯都讷厅所属，源于花园山，北流经青顶子，内入喀萨哩河）。位于二道河子与溪浪河间广阔地域、包括今榆树之"十四户""土桥""光明"及黑龙江五常之"山河镇""长山"兴城（南部）等地。

卷　四

俄罗斯分界

咸丰五年二月二十一日，咨报将军衙门，准省文内开，本衙门恭折具奏：为委员会办俄罗斯分界，应备船粮。惟吉林虽有粮桨船只，因翘重不能利涉，必须另备合式板船十五只。除协领富尼扬阿上年乘船二只尚堪粘用，现饬司员添造十三只，每船应需撑役二十名，计十五船，共需役三百名。本城水手不敷遣用，且须留备，续运粮物。拟由乌拉拣派虚衔委官十四员，俸官一员，押同习水牲丁驾船。再由吉林、三姓，各派官兵，总司其事，等因具奏外，相应咨行。乌拉总管衙门，即照本衙门具奏，拨派俸官一员，虚衔官十四员，牲丁三百名，先行造具花名清册咨报。俟将船只制备妥协，饬调时再行来省启程，毋致贻误可也，等因准此。本衙门当即添委俸官一员，虚衔委官十四员，诚恐丁多约束不严，派委领催十五名，帮同约束。挑选熟谙船桨牲丁二百八十五名，俱已挑齐，造册咨报。行文一件。

东海防守

咸丰九年九月十六日，准省文内开，据将军景纶具奏：为俄夷越界，先行派员守候，并声明筹办地方情形。惟该夷欲占居吉林所属之绥芬、乌苏里等处，屡请派员会勘，其贪求无厌之心，若不严行拒绝，尚复成何底止。第珲春孤悬南面，附近沿海军民无多。现拟于打牲乌拉拣派丁壮数百名，备齐器械、口粮，于明春变装前赴绥芬一带。以巡海捕牲为名，借此声势，使俄夷无所施其伎俩等情。来文一件。

咸丰十年三月二十三日，准将军衙门咨，据珲春协领①移开，据乌拉总管衙门咨称：拣派委官十五员，领催十五名，每委官领催各带丁壮二十名，计十五扎兰，分作三起，自三月十三日，由乌拉启程。第差繁官不敷用，请由领催珠轩内，拣派虚衔委官十员，以资管带，随赴吉林厅拨车。现在珲春南路海沿、摩阔崴②地方，乃有俄夷船只临界，珲春尤为吃〔紧〕，自应厚集兵力，以防不虞。暂将三起、十五扎兰协防牲丁，出派云骑尉成贵等带至珲春南路佛多石、珠伦二处，一同官兵、西丹，择要驻扎。来文一件。

咸丰十年十月二十四日，准珲春协领移准将军衙门咨开，奉上谕："现在英法两国，业已陆续退兵；俄国使臣复呈出条约十五款，即日定期画押、盖印。所有单开之款，着抄给景纶等阅看，以敦和平，永清边疆"等因。所有珲春、绥芬、黑河口等处巡防，先行酌撤，仍各留官兵坐卡，以免疏虞。即令盛春带同猎户，由驲旋省。并备车辆供用乌拉牲丁乘用，迅速折回。所有摩阔崴居夷，仍由该协密嘱巡防，官弁、兵丁仅予查探，不可与较激起边衅可也。来文一件。

注 释

①珲春协领，康熙五十三年（1714）正月，宁古塔将军觉罗孟俄洛，疏请将三姓及珲春之库雅拉人等，编为六佐领，添设协领二员，佐领、防御、骁骑校，各六员管辖。（《清圣祖实录》卷258页6）

②摩阔崴，亦作毛口崴。距珲春迤东百里之毛口崴，原系我国领土，为吉省东南半壁入海之门户。自清咸丰朝划入俄境，以致我国海港尽失（《珲春乡土志》）。查摩阔崴在彦楚河海口，距海口约二十里，北距彦楚河俄镇三十里，西北距珲春一百二十里。商船出入莫不由斯。俄人名摩阔崴地方为默些。止有俄民三十余家，华人百余名。（《西伯利东偏纪要》）昔年中俄分界，初未照约画线，而毛阔崴等盐场海口，我所必不可让者。（《永吉县志》卷38《李金镛》）后终为沙俄侵占，今苏境Kpac, Ku, Ho（《中国历史地图集》东北地区资料汇编）。

楚北防剿

同治元年正月初七日，准省文内开，奉上谕：官文奏，楚军自攻克安庆后，筹策东征，步军酌量添募。惟马队伤病过多，节次遣撤不下千余名，现在存营马队实形单薄，因请酌调马队，以资征剿。打牲乌拉壮丁，熟习马枪，从前出师金川，甚为得力。军兴以来，该处壮丁未经征调，若能从征有功，即当照向例准入八旗当差，谅该壮丁无不踊跃。着吉林将军景纶，酌量情形，拣挑打牲乌拉壮丁五百名。即于官文解到行装银两后，派委明干之员管带前赴湖北，倘不能如数调拨，亦着斟酌办理。钦此。遵旨寄信行知前来，务须钦遵谕旨，认真挑选技艺娴熟、身材魁悟壮丁五百名，造册飞报，以凭演练，听候启程等因。

本衙门溯查本署初设，原为捕贡，借以采猎。前经出师金川，凯撤后，蒙恩准入八旗，另设协署衙门，管理各专差操在案。

再查咸丰十年，因珲春海防，教练牲丁三百名。去岁为防朝阳流匪东窜，又添演二百名，以资捍卫。

兹奉谕旨：挑遣壮丁五百名。禄权再四思维，仅拨熟习鸟枪丁三百名派往，其技艺生殊丁二百名，留防城垣、衙署、仓库等因。呈报间，复于是年五月二十九日，准吉林将军衙门咨文内开，奉上谕：兹据官文奏，楚皖各军，虽已肃清，江北进（规）〔窥〕金陵，而楚北上游，防守紧要，请添调壮丁等语。吉林所调壮丁仅三百名，既难自成一军，亦复不敷分拨。近年采捕停止，乌拉壮丁不在入伍差操之例者，丁口尚多，酌调来南。向于边地防务，无甚关系。著景纶仍于乌拉牲丁内，择其汉优精壮、技艺娴熟者，添调五百名，同前挑壮丁三百名，一并选员管带，前赴湖北军营，以利征剿。将此由五百里谕令知之。钦此。遵旨。寄信前来。相应呈请飞行照会乌拉总管衙门，务须钦遵谕旨，认真挑选，倘不能如数挑拨，亦即斟酌挑选等因。飞咨前来。

总管因思牲丁例无操演，不谙乘骑，随声明今昔情形，亟应报请吉林将军代为陈奏。蒙恩准，令备挑牲丁三百名，教练赴楚等因。正拟声明请项间，复奉谕旨：再挑牲丁五百名，同前挑三百名一并赴楚等因。伏思禄权等世受皇恩深重，亟应勉力图为。第珠差虽停，而例贡不容稍迟。每至办差，一切均赖俸饷弥补。无如咸丰四年，蒙部覆俸饷，每两改折市钱二吊，是减而愈减，差务倍增，备办已形拮据。又兼奉省欠领实银，统共十二万余两。各商终日喊垦求归前挪，因未归补，现已关闭八家。若再如数征调，不惟枪马无力教练，即该丁家属必致流离。总管再四思维，总期贡物紧要，生计攸关，合将万难筹办缘由，呈报宪台衙门垂怜，转奏圣主，饬部找款，尽先拨饷并请行令各营，嗣后免调牲丁，实为恩德万代。除此次又拣牲丁二百名、余丁一百名备补丁额，听候启程外，本衙门遵照先后省文，调备牲丁五百名，作为一旅之师外，另挑西丹一百名，是为跟役备补丁额，并委衔官十六员，均经湖北委员副都统衔协领喜昌，如数拣挑。即将解到整装银两发给支领外，由协领喜昌会同将军派委营总等官管带。于八月初八日，分起由省全数启程，往赴湖北军营，征剿去讫。

嗣于同治三年，曾奉谕旨：官文奏，乌拉丁丹六百名，征剿出力，着将户口一并永远归入吉林各旗册档，与各旗丁一体补甲充差，以示矜恤，而昭激劝。钦此，等因。

当经本省将军景纶援案奏：请照征剿金川，奉调乌拉牲丁一千名，于乾隆元年凯撤后，奏明将此项官兵，就近添设乌拉旗营，作为劲旅，另设协佐等官管理，仍归吉林统辖在案。现在征丁籍居乌拉地方，事同一律，请将此项征剿得力丁丹六百名，援照成案，就近拨入乌拉协领衙门八旗册档，一体补用充差，俾各安集得所等情奏请。奉到朱批：知道了。钦此。行〔知〕〔咨〕前来。

本衙门当因赴楚丁丹全数在营，屡屡奉文，亦有顶补各城披甲以及伤亡、病故、落后、革退，至幼丁、补甲、补丁，往有旗分名目舛错，缘事参差，以致耽延未过。兹查陆续由营抽撤回籍丁丹一百四十余名，均系归伍充差之兵。是以于同治六年八月间，循遵前旨，已将赴楚六百丁丹只身、妻子，造具户档，移过本城协领衙门，归伍充差。俟陆续补甲，仍将丁缺移回本署，另放归额等情，移付协署在案。

山东征剿

同治六年六月内，准将军衙门来咨，前奉谕旨：招募旗民、炮手，备往陕省征调等情。当经本衙门招募旗户丁勇六十名造册，派委管带送省等情。行文在案。

同治六年六月内，准统领山东防剿马队、前任副都统、现任协领花哩雅春咨开：本统领督带山东防剿〔之〕吉林马队，拟于六月初八日启程。现在各处官兵俱已挑送到省，惟乌拉壮丁，迄未挑齐送省等情。当经本衙门即将前曾由省挑妥官丁五十六名造册，派委管带送交贵统领查收等情。行文在案。

海参崴①驻防

光绪六年九月十七日，准将军衙门咨开，准钦命镇守吉林将军铭安咨开，八月十三日，奉上谕：喜昌奏请，在吉林各旗拣挑精壮丁丹②等语。喜昌在京筹办军饷，到吉尚需时日，请由该省副都统协佐，先在各属旗人内，拣其年力精壮之甲兵③、苏拉④、西丹⑤若干名，造册点验，令其回家听调。其立营训练一节，着铭安等咨照各城堡，并饬各旗预筹办理等因，钦此。遵旨寄信前来。照会乌拉总管，查照钦遵，挑备等情。惟查文内，未蒙示明备挑若干名，呈请示覆等情。旋奉省文，按照通省应挑数目核计，乌拉总管衙门应备精壮丁丹一千五百名，赶紧挑妥，造册呈报等因。即于是年十月初十日，札据各旗翼校等呈称，遵即拣其年力精壮打牲丁一百四十五名，西丹六百九十三名，共八百三十八名，分晰造册，呈递本衙门，按名点验，令其暂行归家，听候挑验外，合将备挑丁丹花名造册，呈送将军衙门鉴核施行。

光绪七年八月初七日，准将军衙门咨文内开，钦差督办[6]吴大澂[7]咨开，前据乌拉总管挑送西丹，经本督办挑选六十九名，特派六品顶戴尽先骁骑校英林等，持文送塔。兹准宁古塔副都统德咨开，本统带[8]点明随文，分拨右路统带常福，领去西丹十九名，巩军统领副将领去西丹五十名，均归两军一律训练去讫等因，照会乌拉总管衙门备查可也。

注　释

①海参崴，在绥芬河口海湾东岸。昔渤海率宾府地，金属恤品路，清为吉林珲春协领所辖。1860年，沙俄强迫清政府订立不平等的《北京条约》，遂被沙俄割占。俄筑塞、建港于此，名符拉迪沃斯托克，意为控制东方。

②丁丹，指正式壮丁。

③甲兵，铠甲和兵器，泛指武备。亦作军事的代称。此处指兵士。

④苏拉，清代内廷机构中担任勤务的人。如军机处所用苏拉，通常拣选十五岁以下不识字的幼童，以防泄露机密。

⑤西丹，旗下未入伍者，号西丹。（《黑龙江外纪，卷三》）

⑥钦差督办，清代后期，中央及地方都有临时设置的机构，其主管如身分特高，称为钦差督办。

⑦吴大澂（1835-1902），清末金石学家、文字学家。字清卿，号恒轩，又号愙斋。江苏吴县人。同治进士。官至湖南巡抚。尝勘界吉林珲春，立铜柱于中俄交界之地。自以大篆勒铭其上，曰："疆域有表国有维，此柱可立不可移。"于是侵界复归中国，而船之出入图们江者，率以通行无阻。甲午战争时，曾督湘军出关御敌，兵败革职。光绪二十八年卒，年六十八。著有《愙斋诗文集》《愙斋集古录》《说文古籀补》《古玉图考》《恒轩吉金录》等书。关于东北史方面的著作有《北征日记》《皇华纪程》《奉使吉林日记》《吉林勘界记》。

⑧统带，清末新军制，统辖一标（团）的长官统称为统带，亦称标统。

库伦[1]驻防

查往赴库伦丁丹，于光绪七年闰七月十八日，准将军衙门兵司移文，内开：案查前据管带[2]吉军、靖边前营营官佐领恩吉等册报，查两营各哨兵丹，奉谕给假归旗，安置家室，一俟限满，即行回营。共计兵丹一百二十八名，统交六品顶戴、领催双成管带，回乌至旗呈报等因。移文在案。兹复拟将此项兵丹，定于八月初间，全数启程赴营。自应先期调省点验，相应移付乌拉总管衙门。即将前经给假兵丹，按名传齐，务于闰七月二十五日以前，一准送省归营，勿误可也。

　　光绪九年八月二十五日，准将军衙门咨文，内开：案据管带吉军、靖边营官佐领恩吉等，兹蒙钦差库伦办事大臣 ③ 喜昌奏准，遗撤回吉，现已分起陆续到省。惟所管营务兵丹，有因病落后披甲一名，西丹十二名，私行逃走一名，病故西丹七名，其余如数到齐，造册呈报兵司等因前来。除将因病落后披甲、西丹等另文查催外，相应照册、抄单，照会乌拉总管衙门查照可也。

注　释

　　① 库伦，旧地名。自公元十七世纪中期为第一世哲卜尊丹巴呼图克图所驻，始建城栅，蒙古语称城圈为"库伦"，即以为名。清代设库伦办事大臣驻此，管理对俄通商事务，并统辖土谢图汗、车臣汗二部，归定边左副将军节制。1924 年蒙古人民共和国成立后，改称乌兰巴托。

　　② 管带，清末新军制，统辖一营的长官称为管带。海军的舰长亦用此称。

　　③ 钦差大臣，官名。明制，凡由皇帝亲自派遣，出外办理重大事件的官员称为钦差。清代沿此。其由特命并颁授关防的，称为钦差大臣，权力更大，一般简称钦使，统兵者则称为钦帅。驻外使节亦称出使某国大臣。

卷 五

康熙年紧要事宜

康熙三年，准镇守辽东等处将军乌库喱①等咨开，准工部议，兹据乌拉掌关防官希特库、翼领额黑等来咨，内开：三月十三日夜间希特库家突被回禄，将按年刨挖参数、人数，并犯人供情及咨行将军档案均存柜子内，全行烧毁等因。查希特库，委非懒惰，将档案被人盗取，罪有应得。其参数、人丁、旗佐等事，应亟出派笔帖式，前来本衙门抄录携回等因。来文一件。

康熙二十年十二月十二日，准盛京刑部咨文，内开：本大臣等奏：查宁古塔将军迁任吉林以前，乌拉遇有拟罪事件，均归盛京拟办，间隔乌拉七百余里，往返实觉徒劳。现宁古塔将军已迁任吉林，而吉林与乌拉相距七十里之遥，请将此等事件，仍交吉林将军办理，以免徒劳之处等因。来文一件。

康熙二十四年十二月初四日，本衙门查自顺治元年以来，所有敕诏、告示，俱由各部衙门传出至奉天，而将军始行分传。自康熙十五年，宁古塔将军迁移吉林乌拉以来，敕诏、告示并不传知宁古塔将军，亦不传出，此项究由何署传知之处，咨报奉天将军衙门查照，伏候施行等因。报文一件。

康熙三十年三月二十一日，咨报都虞司：嗣后捕打东珠，三旗、五旗一律拟请赏项再捕鱼。原未按设珠轩佐领、管领，请将该鱼添放珠轩佐领、管领，照捕珠三、五旗一律办理等因。咨报行文一件。

康熙三十四年正月初十日，咨报都虞司：查本署原设每十丁放珠轩达一名，共放珠轩达二十六名。现在人丁蕃盛，每珠轩名下，打牲丁十三四名不等。请再加七珠轩，以便经管各丁等因。行文一件。

康熙三十七年二月初五日，准工部来咨，内开：查打牲乌拉八旗，共丁四百余名，原设笔帖式二员，每旗领催一名。现因人丁滋生一千九百余名，笔帖式二员，领催各一名，恐有事故，不敷差遣。请再加添笔帖式二员，五旗每旗再添领催一名等因。奏准。来文一件。

康熙三十九年二月初四日，准工部来咨，内开：据乌拉总管穆克登咨称，近来人丁蕃盛，加以发到遣犯，共计二千余名。所有捕务，一切统归二十七名领催经管，因无顶戴，难期弹压。请由此二十七名领催内，放领催达七名，每名作为七品顶戴。如果差务奋勉者，该总管保送引见，以骁骑校升用等因。奏准。来文一件。

康熙四十一年十二月二十日，准都虞司来咨，内开：乌拉总管衙门自此每珠轩请添铺副二名，仍食打牲丁饷银等因。奏准。来文一件。

康熙四十九年正月二十八日，准都虞司来咨，内开：由忠亲王名下，撤出牲丁，拨给十二贝子、十三阿哥②名下。原每贝子拨打牲丁八名，每阿哥原拨打牲丁五名等因。具奏。奉旨：每阿哥亦给牲丁八名，下亏丁三名，共短丁三十九名，应拨此丁，或满或汉，速即造报到司，以凭核奏等因。来文一件。

注　释

①乌库哩，亦作吴库礼。满洲人。顺治十七年任昂邦章京（都统）。康熙元年改为将军，更总管官印为镇守辽东等处将军。

②阿哥，（1）满俗，彼此称呼曰"阿哥"，见吴桭臣《宁古塔纪略》。（2）清代皇子的通称。清代不立太子，只按排行，称几阿哥。到成丁时，才授以爵号。

雍正年紧要事宜

雍正元年八月十八日，准都虞司来咨，内开：为将果亲等王分拨牲丁，逐一分晰，迅速造报，立待核奏等因。来文一件。

雍正三年三月二十二日，准都虞司来咨，内开：查打牲乌拉原设笔帖式四员，委因近年差繁，不敷遣用。请再加添笔帖式三员，由该总管衙门自行拣放，等因。奏准。来文一件。

雍正九年四月初一日，准都虞司咨文，内开：据内务府大臣等奏，由内阁抄出，署理乌拉总管事务郎中富德、值年侍卫多柱等奏，据笔帖式札克萨等恳称，盛京、吉林乌拉笔帖式等，已蒙圣恩，赏给俸米。职等仰恳仿照吉林乌拉之例，按照所食俸饷，请领俸米等因。恳称前来。查乌拉总管衙门食俸之八品监生笔帖式一员，食饷之笔帖式六员，均无俸米。请照盛京、吉林乌拉之例，每员按每银一两，领米一斛，由本处仓储谷内，以米折谷核发。年终咨报内务府核销等因。奉旨：着总管内务府议奏。

臣等查雍正七年，奉上谕：查奉天笔帖式等官，仅有俸银，委无俸米，着赏给俸米，交部议奏。钦此，〔钦〕遵。查都京笔帖式所领俸米，均系稻米，奉天仓存俱系谷米，应咨行盛京户部三将军，由仓存谷内给领等因。虽经议准，乃奉特旨，兹着议奏，应请准照盛京、吉林乌拉之例，每员每年随所食俸饷，每银一两给米一斛。自本年秋季起，由该处仓储谷内，每一斛米折仓谷二斛关领。每至年终，呈报本府衙门核销等因。具奏。奉旨依议。钦此。

雍正十三年十一月初一日，准都虞司咨文，内开：王大臣等奏，为京内各殿部院，及京外热河等处，需员甚多，请旨将各外省衙门京员等，酌量裁撤，稍敷差派等因。将本署值年乾清门侍卫从此撤去等情。奉旨依议。钦此。来文一件。

乾隆年紧要事宜

乾隆元年三月十五日，准都虞司来咨，内开：总办事务王大臣等具奏，嗣后凡封亲王者，均行分拨外城居住，不准在内城等因。奏准，来文一件。

乾隆十一年九月初十日，为本署遵照乾隆九年侍郎兆惠[①]奏定条例、书籍行文，各刑命衙门备文请领等因。本署当即备文，由部请领律例书籍，并声明请立件作等情。行文一件。

乾隆十五年八月二十七日，为查咨覆事，兹准都虞司咨开，准礼部咨开，仪制司案呈准，镌印局移准翻译房咨，查管理乌拉创挖差使关防，系何品级，或文职、武职，再系何等官员，掌管勤办之处，逐一分晰查明，径送管理司，以凭转行拟篆等因，由总管内务府咨查前来。查本处掌管乌拉采捕关防总管绥哈那，系属三品武职，任司八旗采捕牲丁，应当各项采捕差徭，凡行各部院衙门等项文件，皆钤用此关防外，别无另有印凭之处。咨复总管内务府管理司查照，转行办理等情。行文一件。

乾隆十六年七月初八日，准都虞司来咨，内开：由内阁抄出，据护军统领衔总管巴格奏称，查乌拉周围均属旗民掺居，仍由该处出派骁骑校、笔帖式、领催内，拣其优干者，分界巡查，并着吉林将军不时严查，等因。奏准。来文一件。

乾隆十七年二月二十八日，准都虞司清文，内开：准内务府议奏，打牲乌拉总管巴格奏，窃查乌拉属界，连被水灾，致将房地冲成沟壕。虽蒙恩优赏，而该官丁等，(以)〔已〕形拮据。再查有牛具者，尚可耕种；而无牛具者，皆由铺商告借银钱，置买耕牛，月利甚重。是以仰恳天恩，请由内库赏借银二万两，每月每两作息一分，散给八旗穷苦官丁。仍俟发放俸饷时，照本扣回，利银作为恩赏。如官员喜事，照例给银八两；白事，给银十六两。

笔帖式、领催喜事，给银五两；白事，十两。珠轩达、铺副喜事，给银四两；白事，八两。打牲丁等喜事，给银三两；白事，给银六两。永作恩赏银两。如蒙圣主沦恩下逮，请赏借银二万两。除放之外，积至一千两，即抵交内库作本，仍将一年滋生利银给予红白恩赏。各数目每于年终查明造册，呈报内务府查照可也。来文一件。

乾隆十八年三月十七日，准吉林将军衙门来咨，内开：准总管内务府会奏，打牲乌拉采蜜牲丁，照捕珠之丁，按年每丁一律支给饷银六两等因。奏准，来文一件。

乾隆十八年四月十一日，本衙门咨报，为请领关防事。兹准贵司咨开，准礼部咨开，清厘司案呈准，镌印局移开：兹将管理打牲事务关防一颗，现已造成，相应移付仪制司，转知总管内务府，出具文领，派员赴部请领。其旧关防，以俟新关防领到开用后，遵照本部原奏，仍将旧关防照例镌字，咨送本部仪制司，查照缴销可也。等因前来。本衙门出具文领，遣派骁骑校窦宝往赴礼部，请领至日，希望贵都虞司转行礼部，希将新关防发交骁骑校窦宝领到。开用后仍将旧关防封固，借有差便呈送礼部，缴销可也等因。行文一件。

乾隆十八年六月二十日，咨报都虞司：于六月初八日，本衙门派员由礼部领到改造管理打牲乌拉关防一颗。即于是日开用，合将旧关防一颗，饬交笔帖式金奇希雅那呈送礼部，缴销之处。等因。行文一件。

乾隆二十四年四月初八日，准兵部清文，内开：总管内务府奏定，此后发往乌拉等处人犯，有无逃脱之处，按年年终咨报本府，以凭查办等因。来文一件。

乾隆二十六年四月二十二日，准都虞司清文，内开：署江西巡抚 [②] 常俊奏定，此后凡各省所奏事件，封筒务须钤用本任印信等因。来文一件。

乾隆二十七年三月十七日，准都虞司清文，内开：合将汉文折奏抄单咨行兵刑部议奏，严禁兵丁私行买卖弓箭、枪刀等械，及禁止典当军器等因。明定律例，奉旨依议。钦此。来文一件。

乾隆三十四年四月初六日，准都虞司来咨，内开：为乌拉牲丁三辈户口档案，三年派京员会同总管点查一次，其捕打东珠之珠轩永作，六十五珠轩，此外不准加添等因。奏准，来文一件。

乾隆三十六年七月十九日，准总管内务府谨奏，由军机处抄出，打牲乌拉总管索柱奏，本衙门应用纸、珠笔、墨，原（有）〔由〕两京户、工部请领。嗣据大学士殷吉山等奏准，各处由部请领纸、朱，概行停止。惟因生齿日众，公务增剧，各公所应需心红等项，即由奴才处总管等官员俸饷内，按年凑资银一百四五十两，备资心红公费。是以奴才拟请在本处街市添设牲畜税、斗税，特派员役，分局收输税银，备抵心红资需，有余充饷等因。据情奏请。奉旨：敕交内务府大臣议奏。钦此，钦遵。当蒙议覆：臣等查乌拉总管所奏，情节理宜，如奏拟办。但乌拉尚不抵吉林所属一隅，系内仆之区，其街面商贾，不过贸易平常，非比省会人烟辐辏，市廛兴腾。如立税输银，事必繁杂，难保不无不肖员役，借端苛求，需索地面，圈削旗民，实于生计有碍。所奏添税，臣等详查，碍难议准。其乌拉与吉林相距咫尺，所属一区，需用纸、朱等项银两，应由吉林将军需费内，从俭酌核拨给等情。是否之处，伏候命下，即行知该将军、总管照办遵行。谨奏。奉旨依议。钦此。来文一件。

乾隆三十九年十二月十二日，准户部清文，内开：合将汉文折奏抄单，咨行兵部，据都统安泰奏请，嗣后各处大臣、官员等，由驲递奏事件，俱令出具钤印，随咨交赍奏员弁同奏折，均交奏事官查明转奏。而免不肖之徒，指称某处大臣名姓，假托差员混行呈递。是慎重〔稽〕查之意，应如该都统所奏。奉旨依议。钦此。咨行各衙门遵照可也。来文一件。

乾隆四十一年二月二十三日，准将军衙门清文，内开：准兵部咨开，各省大臣等三年任满，奏请陛见。如奉旨勿庸来见，准下年再行另折奏请。钦此。来文一件。

乾隆四十三年五月初六日，准兵部咨开，内阁抄出，吉林将军富康安奏：打牲乌拉地方出派采取东珠之兵丁，遇比丁③之年，就近由吉林将军查办等因。具奏。奉旨："知道了。"钦此。来文一件。

乾隆五十一年五月十一日，准都虞司清文，内开：打牲乌拉除应进东珠、鲟鳇鱼差归吉林将军兼办外，其余各项贡差事宜，仍归该总管自行办理，以免繁牍等情。来文一件。

乾隆五十三年五月十一日，奉上谕：据穆和蔺奏，特参佐领关保随委验看。该佐领二目朦翳，不能视物，且年已衰老，并无别项劣迹，应行照例勒令休致，何致参处。此系穆和蔺不谙事理，殊属非是，着传旨申斥。嗣后各该处将军参赞等，如遇所属人员，有贻误地方公事，舞弊犯科者，自应据实参奏。若仅系年老力衰，患病不能供职者，照例勒令休致，不得应用特参字样等谕。钦此。来文一件。

乾隆五十六年十一月，准总管内务府清文，内开：为打牲乌拉五官屯充当仵作差使之子孙，如果差使奋勉、人才俊异者，着准当差以饷官升用等情。来文一件。

乾隆五十八年三月二十四日，准将军衙门清文，内开：内阁抄出，奉上谕，凡年班来京陛见之员，勿庸太早。俟封篆后，再行由任起程来京朝见等情。来文一件。

乾隆五十九年十一月初一日，准将军衙门清文，内开：钦奉上谕，凡外省副都统、总管等，三年任满，年班^④ 即行入朝朝觐，勿庸预先奏请，多繁案牍，将此通谕知之等情。来文一件。

乾隆六十年五月二十一日，准将军衙门清文，内开：准兵部咨开，凡年班入朝召见官员，将交印启程及由京回任日期，先行报部，以凭查核等情。来文一件。

注　释

① 侍郎兆惠，清代侍郎为正二品，与尚书同为各部的堂官。兆惠，字和甫。满洲正黄旗人，姓吴雅。乾隆七年（1742），任盛京刑部侍郎。事迹详《清代七百名人传》。

② 巡抚，官名。清代正式以巡抚为省级地方政府的长官，总揽一省的军事、吏治、刑狱等，地位略次于总督，仍属平行，别称抚台、抚军，又以例兼都察院右副御史衔，也叫抚院。

③ 比丁，凡八旗外任文武官员、各省驻防旗人、北部蒙古藩属、附京皇粮庄头，每年均有比丁之例。外任官员，由本旗都统行令该督抚，查考随任亲属男女人口、年岁及家丁若干名口，开报达部，外藩王公各因其地由盟长或将军都统查其人丁、军实，开报于理藩院存记。庄户由内务府遣司员周历查核。统皆谓之比丁。《周礼·小司徒》三年则大比。注云：大比谓使天下更简阅民数及其财物也。郑司农云：五家为比。故以比为名。是比丁之制，三代之成法也。

④ 年班，东三省将军、副都统等官，按惯例定期赴京朝觐皇帝，述职，谓之年班。《黑龙江外纪》卷五："将军、副都统三年轮觐，谓之年班，例皆十二月抵都，明春还镇，呼兰城守尉亦然。"另外，各少数民族上层人士，每当旧历年前，都要入京觐见皇帝，他们轮班瞻仰"圣颜"，年年如此，亦谓之年班。

嘉庆年紧要事宜

嘉庆四年三月二十九日，准户部咨开：为钦奉上谕，饬奏查、奏参和珅①欺君大逆二十条款等情。来文一件。

嘉庆四年十月初十日，准礼部咨开，仪制司案呈，现在恭纂实录，所有乾隆元年以来，旌表过八旗及各直省孝子顺孙、义夫、节烈妇女、寿民、寿妇、一产三男，并题准入及名宦、乡贤祀各姓名，均须按年增入。咨行该总管，即将乾隆元年起，至乾隆六十年（上）〔止〕，所有题准旌表之孝子顺孙、义夫、节烈妇女、寿民、寿妇、一产三男，并〔题准〕入及名宦、乡贤祀各姓名，逐一详细查明造册，送部转送纂辑。来文一件。

嘉庆四年十二月二十一日，准军机大臣②会议得议准：嗣后驻防省分，凡遇岁两科两试，如有情愿赴考，准其就近考试。俟取进后，再听其赴京乡试。查照人数多寡，酌定学额，一切章程交礼部酌核办理。于嘉庆四年八月十八日具奏。奉旨依议。钦此。来文一件。

嘉庆四年十二月二十一日，准吉林将军衙门咨开，刑司案呈，准盛京刑部咨开，准湖广等司内阁抄出，成亲王永等谨奏：为直隶各督抚严饬所属，嗣后一切刑具皆用官定尺寸颁发印烙。如有创设刑具，非法滥用者，即行严参治罪。又遵旨会同严审定拟具奏事。窃臣等钦奉谕旨，将洪亮吉所陈各条逐一研讯，将洪亮吉③亲笔供单恭呈御览。奉旨：洪亮吉着革职，交军机大臣会同刑部，严审定拟。具奏。钦此。

嘉庆七年七月十一日、准吉林理事厅④移开，七月初二日，蒙将军衙门饬交，准吏部咨开：考功司案呈本部，着拟章程，为造报各项钱粮文册，迟延、违限罚革条例。来文一件。

嘉庆七年七月十三日来咨，奉上谕，前蒙上皇高宗纯皇帝特降谕旨：令军机大臣会同兵部，将国初以来，殉节诸臣，未经得受世职者查明，各省应行补给恩骑尉⑤世职人员。来文一件。

嘉庆七年八月初五日，据吉林理事厅移开，七月二十八日，蒙将军衙门饬交，准户部咨开，准湖广司传付，内称先经吏部议覆，署湖南粮道⑥张映汉条奏一折：为查向来各省、州、县交代从中监交，遇有不肖之员，仓库有亏，每将谷石捏为民欠。来文一件。

嘉庆七年八月十九日，准将军衙门来咨，准户部奉上谕：嗣后各省满汉大员，赴都召见，虽无定限，亦应三二日内请训，刻即出京，抵赴本任。不

打牲乌拉志典全书

准沿途耽延时日，有旷职守。将此谕令，一体知之。钦此。来文一件。

嘉庆七年九月十五日，准将军衙门来咨，准户部咨开：嗣后留京防守及调赴外省将军、都统、副都统⑦以下人员，即照军营带兵出征例，以奉旨日起，准照新任支领养廉银两。将此通行知之。钦此。来文一件。

嘉庆八年闰二月二十八日，准将军衙门咨文，内开：前遵礼部来咨，嘉庆五年七月十八日，奉上谕，陕甘学政⑧松舒奏，宁夏、梁州两处应试旗童，旗射、国语多系生疏。查国语、骑射，乃为满洲根本，理宜勤加娴熟，方合体制。将此着各省将军、副都统，嗣后将各该管旗童等，随时尽心严考，务期骑射熟习。自教习之后，倘再仍前并不尽心熟学者，不但从此停止汉文考试，并将该管将军、副都统从重参办。钦此钦遵。前来应亟严饬各该管旗佐，一体遵行可也。来文一件。

嘉庆八年五月二十日，准军机大臣议奏：清查内外文武各员，应追分赎摊赔及工程核减等项银两。前经臣部清查未完，各款题奏，奉旨准限及咨部立限，由俸银内按季坐扣，仍按原限催交，合并声明。谨奏。请旨。

嘉庆八年五月二十三日，准将军衙门清文，内开：奉上谕，兹兵部带领引见之由营遣撤宁古塔云骑尉防御色克金保所奏履历，竟非清语，着交军机处询问，覆奏。据供，平日系在屯耕田农夫，多系汉人，因此将清语废（驰）〔弛〕等供。查色克金保现在为官，身担管教在下兵丁之任，岁在冲幼，将此交秀林，务将色克金保耳提面命，熟教清语。东三省系本朝根本重地，骑射乃兵之精锐。且吉林乌拉、宁古塔等处，皆系满洲，竟有不通清文如此，习以为常，并不讲求，此风日渐下流，若不整顿，将何所底止。将此行令盛京，吉林乌拉、黑龙江将军，严饬各该管地方官丁等，各于骑射及一切兵刃技能，勤加演练。务期清语娴熟，万不准疏忽旧例等谕。钦此。遵将上谕另录，咨行盛京、吉林、黑龙江将军知照外，暨咨行打牲乌拉知照可也。来文一件。

嘉庆九年正月十七日，准都虞司咨开，嘉庆八年十月初七日，由内阁抄出，军机大臣面奉谕旨：现届万寿节⑨内，所有内外各衙门，呈递奏折，或用黄折，或竟用白折，殊觉参差。嗣后每届万寿及年节内，应穿彩服之期，内外文武各衙门，如遇奏事，则用黄面白折。其庆祝及谢恩等事，则用红里黄折，以昭画一。钦此钦遵。来文一件。

嘉庆十一年九月十六日，为由部颁来大小（平）〔秤〕各一分、砝码各一分。委因年久，字迹不真，将旧（平）〔秤〕、码备文，随送珠差之便，送至工部，重新颁领。行文一件。

嘉庆十二年二月初二日，准都京工部来咨，据乌拉总管衙门报称：所用天秤砝码，前于乾隆二十一年，由大部领取。今已经用五十一年，砝码模糊损坏，两数轻重微差不符，应请改制。当即呈进珠差之便，将原领一千两重天平一分、砝码三件，一百两重天平一分、砝码二十八件，饬交差员赍交另制。当经部准，将旧天平、砝码等件，如数查收贮库。工部饬役重新制造，会合户部较准，仍饬该差员出具甘结，颁请到署等情。来文一件。

嘉庆十五年十月初三日，咨报都虞司内开：本署额设珠轩头目数目。查本衙门，采捕东珠、松子、蜂蜜，左、右翼八旗，上三旗额设珠轩头目五十九名，内镶黄旗分设珠轩头目二十名，正黄旗分设珠轩头目二十名，正白旗分设珠轩头目十九名。下五旗、王公、贝勒包衣额设采捕东珠珠轩头目三十五名，内正红旗分设珠轩头目七名，镶白旗分设珠轩头目九名，镶红旗分设珠轩头目五名，正蓝旗分设珠轩头目十名，镶蓝旗分设珠轩头目四名。捕打进上鲟鳇鱼及各色鱼尾，左、右翼八旗，上三旗额设珠轩头目六名，内镶黄旗分设珠轩头目二名，正黄旗分设珠轩头目二名，正白旗分设珠轩头目二名。下五旗额设珠轩头目十名，内正红旗分设珠轩头目二名，镶白旗分设珠轩头目二名，镶红旗分设珠轩头目二名，正蓝旗分设珠轩头目二名，镶蓝旗分设珠轩头目二名。

以上共有额设珠轩头目一百十名，每名每月食饷银二两。系约束打牲丁及带领采捕东珠、松子、蜂蜜、捕打鲟鳇等鱼之人，并非职官。

分管珠轩头目官员数目

采捕东珠、松子、蜂蜜八旗，每旗额设骁骑校一员，八旗共八员。左翼委署翼领一员。右翼委署翼领一员分管捕打鲟鳇等鱼，八旗左翼额设骁骑校一员，委署翼领一员，右翼额设骁骑校一员，委署翼领一员。补放此项官员，系总管会同吉林将军拣选，由总管衙门呈送内务府，带领引见。其珠轩头目之缺，系管理打牲乌拉总管一员，翼领二员，共同拣选补放。

嘉庆二十三年四月二十七日，准都虞司文称：嗣后奉旨记名[10]人员，一年内共补放若干员名，按年务于十一月二十日以前报部，以凭汇奏备核等因。来文一件。

嘉庆二十三年七月初二日，册报：康熙四十二年，因患水灾，于四十四年经总管穆克登具奏，请将在旧街东，向阳高埠之地，设立衙署，周围土筑城墙等情。移付吉林将军衙门兵司。移文一件。

注　释

①和珅，姓钮祜禄氏，字致斋。清满洲正红旗人。生员出身。乾隆时，由侍卫擢户部侍郎兼军机大臣。执政二十余年，累官至文华殿大学士，封一等公。为乾隆帝之宠臣。嘉庆初年，由科道诸臣的举发，列二十条大罪以告。嘉庆帝念和珅曾任首辅，免其肆市，赐令自尽。具体罪状，详《清代七百名人传》之《和珅》条。

②军机大臣，清代设辅佐皇帝的政务机构军机处。在军机处任职者无定员，最多时达六、七人，由亲王、大学士、尚书、侍郎或京堂充任，称为军机大臣，通称大军机。

③洪亮吉，字君直，一字雅存，号北江。清阳湖人，乾隆进士。嘉庆时，以上书言事戍伊犁。赦还后，自号更生居士。精通舆地学，善诗文，其学极博。著有《洪北江全集》。传见《清史稿》卷56《列传》143；江藩《国朝汉学师承记》卷4等书。

④吉林理事厅，乾隆十二年（1747）裁汰永吉州知州，改设吉林理事同知。内称，船厂地方永吉州，向隶奉天府，今既改设同知，归宁古塔将军辖，所有旗民交涉人命盗案，及从前知州应办民人刑名、钱谷杂税等项，俱令同知办理，详报该将军完结，其秋审并奏销等事，亦由该将军具题。(《清高宗实录》卷300页9)，这意味着吉林理事厅的正式成立，其职掌是多方面的。厅，为地方一级政权，一般是在府之下，州、县之上。

⑤恩骑尉，清代世职名。《清通考·职官考》："顺治九年诏：袭次已完之阵亡人子孙，赏给七品官世职，定名为恩骑尉。"

⑥粮道，官名。明清两代，均设督粮道，督运各省漕粮。简称粮道。

⑦都统、副都统，清代八旗组织中每旗的最高长官和副长官。八旗制度：每旗置"固山额真"一人，左、右"梅勒额真"（后改为"梅勒章京"）各一人。顺治十七年（1660）定"固山额真"汉名为"都统"，定"梅勒章京"汉名为副都统。职掌一旗的户口、生产、教养和训练等。又清在各省建置驻防八旗，设将军或都统为长官。一般将军与都统不并置，凡设将军处，其下置副都统。在若干地区，都统即为该地区最高行政长官。

⑧学政，学官名。"提督学政"的简称，亦称"督学使者"。清中叶以后，派往各省，按期至所属各府、厅考试童生及生员，均由侍郎、京堂翰林、科

道及部属等官由进士出身者拣派，三年一任。不问本人官阶大小，在任学政期间，与督抚平行。1906年改提学使。辛亥革命后废。按学政一词，源于《周礼·春官》"大司乐掌成均之法，以治建邦之学政"。

⑨万寿节，封建时代指君主的生日。《册府元龟·帝王部》卷二："后唐庄宗以光启元年十月癸亥生于晋阳宫……同光元年十月壬辰万寿节，百官斋会于开封府。"

⑩记名，清制，官吏有功绩，交吏部或军机处记名，以备提升。

道光年紧要事宜

道光十二年四月初十日，准都虞司咨文，内开：由内阁抄出，奉上谕，向来盛京五部①侍郎及各省将军、都统、副都统、城守尉、总管等，有年班轮替进京之例。嗣后着自到任之日起，扣满三年，奏请陛见，俱毋庸年班进京等情。来文一件。

道光十二年十二月初六日，准吉林将军衙门来咨，准户部咨开，广东司案呈：查道光元年，八旗都统会奏章程内称，旗人承继，应复旧例。于乾隆五十三年，刑部②续纂律例议，以乞养异姓，奏请删除。臣等伏思，但拘异姓乱宗之例，本宗有人而继，异姓为之乱宗。若本家实在无人，并未议及作何办理，遽然更章，不足以顺人情。其或年老无子，夫故无依，本族实无昭穆相当之人，困苦难堪，茕独无告，亟图祀续，不敢明言，遂致急不暇择，将户下家奴、民间子弟，私行抱养。犯法虽属宜惩，而究其苦情，实为可悯。今若改复旧例，准继异姓亲属，既为亲属，必其平日亲爱之人，不惟暮年有靠，血食可延，而且准其明继，转可不致私继。准以旗人继旗人，转可不致继民人，律例仍复其旧，人情可得安所等因。奏奉。朱批：所议俱妥，不必交部议覆。另降谕旨。钦此钦遵。其异姓之例，仍复旧制，总以本宗无人，方准请继，若本宗有人，异姓仍不准其乱宗等情。来文一件。

道光十六年五月内，准工部咨开，虞衡司案呈：前据打牲乌拉总管咨称，所用砝码，奉部颁发。仅自一分起至五百两止，正砝一副，并无副砝等语，应照例添铸副砝一副，计三十一件。本部当即移付值年之员，如式铸造。现已报称完竣，相应移咨打牲乌拉总管，备具部科文批及砝码、饭银二十四两，迅速即派员赴部请领。并将委员衔名及起程日期，先行报部备查等因。当经本署据情，今春出派捕珠差官二十余员，现在无员可委。以俟珠差旋竣，再行派员赴部请领。嗣于道光十七年九月内，派委署骁骑校玛金保，执持文领赴部请领。并请转咨兵部，给驮马驼运等情。行文一件。

道光十九年四月十三日，准将军衙门来咨：案查本衙门原设食俸大小官员履历，务期按年依限造册，咨报来省以凭报部等情。来文一件。

注 释

①盛京五部，清世祖福临初定北京时，盛京设昂邦章京一员及驻防官员兵丁若干，以为陪京保障。时未遑设文吏，至康熙初，丁口渐盛，其赋税刑名，拣练士卒等事，有饶于昔，因仿明南京之制，初设户部侍郎一员，继而次第设立礼、兵、刑、工侍郎各一员，陪京之制设备。其未设吏部者，以其地官员无多，仍由京中铨选，故不备。（昭梿《啸亭杂录》）

②刑部，始于汉，后代继续相沿。为清代六部之一，掌管国家的法律、刑狱事务，长官为刑部尚书。清末改为法部。

咸丰年紧要事宜

咸丰元年六月二十一日，准将军衙门咨开：为遵旨编查保甲，整顿捕务，力复旧章，行令各处按户清查、填写户口。但乌拉衙门向无办过门牌式样，碍难办理。饬派笔帖式阿克当阿，前赴将军衙门抄录，以凭照式刊刻，按户悬挂。来文一件。

咸丰三年四月初一日，准将军衙门咨文，内开：内阁抄出，奉旨，乌拉总管花凌阿奏，交捐输银八百两，即着赏收议叙。惟四品翼长花良阿，银一百两，不足议叙。其总管花凌阿捐银五百两，给予加一级；四品翼长禄权捐银二百两，给予纪录二次等因。奉旨依议。钦此。来文一件。

咸丰三年六月十五日，准吉林将军衙门来咨，内称：查乌拉总管、翼领，捐输助饷银八百两，饬令笔帖式松山等解送来省，如数兑收，报部归款等因。来文一件。

咸丰三年八月初九日，准户部咨开，奉上谕：各省三品以上职任官员，应领养廉银减扣二成，以资济筹库款等因。来文一件。

咸丰三年八月二十一日，准吉林将军衙门来咨，内开：准户部咨开，应征凉水泉租钱，自道光二十九年归该衙门自行经征外，其二十九、三十两年所收小租钱文，自应遵照奏案，划出报部充饷，何得擅行支给等因。应咨行乌拉总管衙门，将小租钱文，迅速解省，立待抵饷等因。来文一件。

咸丰四年三月初一日，准将军衙门咨文，内开：内阁抄出，奉上谕，沈兆林^①奏请，饬各属团练，保卫城池。嗣经吉林将军指明，乌拉城池亦应拣丁团练，护卫地面。当经本衙门声情，因盐、粮、资费无项备办，准由凉水泉大租钱内撙节动支等因。来文一件。

咸丰四年七月十一日，准将军衙门咨文，内开：准兵部咨称，本部具奏，所有应行公文，饬交提塘递送，难免不无迟延。且军兴以来，所有各衙门军务，遇有紧急文件，务须分别添注，马上飞递。限行里数字样以凭交驿转递，不致贻误等因。来文一件。

咸丰四年十一月初五日，准总管内务府文开，准御前军机大臣口传：据陕西道监（查）〔察〕御史^②宗室英华奏准，近来引见人员，多有不带对子、荷包、手巾等件，有失体统。着嗣后无论文武各官，一律佩带，不准废弛等因。来文一件。

咸丰五年十月十九日，准将军衙门咨开，刑司案呈：兹据乌拉总管咨称，嗣后凡有应科罪名，不至流徒案件，可否仿照各副都统衙门章程，经行审办之处等因。查该总管咨请，系为体归一制起见，应如所请，拟办可也等因。来文一件。

咸丰七年六月二十七日，准将军衙门咨开：案查前因军务浩繁，筹饷维艰，拟将通省出产，例无纳税者，查有三十五色，照依时价，酌拟抽课，设局试收。合将应收税务，各色减价，抄单晓谕。来文一件。

注　释

① 沈兆林，清钱塘人，字郎亭，道光进士。咸丰间曾任户部尚书。同治间出任陕甘总督。谥文忠。兆林工诗文，善篆隶，尤精刻印。有全集流传于世。传见《清史稿》421 卷《列传》208。

② 监察御史，官名。隋朝始置。唐御史台分为三院，其中监察御史属监察院，掌"分察百僚，巡按郡县，纠视刑狱，整肃朝仪"（《唐六典》），品秩低而权限广。明清废史台设都察院，通掌弹劾及建言，设都御史、副都御史、监察御史。监察御史分道负责，因而分别冠以某某道地名。

同治年紧要事宜

同治元年二月初七日，准内务府咨开，都虞司案呈，准兵部咨称，咸丰十一年十月初三日，内阁交出，兵部议政军机大臣面奉谕旨：嗣后京外各衙门，遇有清字奏事折件，均用满、汉合璧式样。钦此。相应传知兵部，迅即转传京外各衙门，并各旗营，及各路统兵大臣，一体钦遵办理可也等因。来文一件。

同治六年八月初六日，准将军衙门咨开，刑司案呈：窃因通行晓谕，严禁赌场、烟馆，定照新章，其窝赌及开设烟馆之处，即将房屋入官，仍治以应得之罪。旗人有犯，销除旗档，照民人一律办理等情晓谕。来文一件。

同治九年正月一日，准将军衙门咨文，内开：户部议覆，吉林将军富明阿奏，孤寡旗人，恳请照黑龙江成案，暂给仓粮，俾资养赡一折。臣等查例载盛京、吉林八旗兵丁内，鳏寡孤独①人等，每名月支养赡银一两等语。兹据吉林将军奏称，吉林仅有赏给阿勒楚喀、拉林京旗孤寡，每月养赡银五钱，按年支给，其余各处并未照例办理。近值军兴节次，奉调征兵既多，所有在营阵亡伤故兵丁，又未查给家嗣半饷银米，寡妻孤子，情堪悯恻。因请援照黑龙江孤寡旗人之例，每名月支仓粮四斗，按照吉林省现报粮价计之。不过核银数钱，与例载每名月支养赡银一两数目，尚属有减无增。应请准如所奏，将吉林鳏寡孤独人等，每名每月给予仓粮四斗，俾资养赡，以广皇仁而示优恤等因。来文一件。

同治十年十一月初三日，准将军衙门咨开，准工部文开，内阁抄出，御史②澄庆林奏，奉谕旨：查各直省督抚、将军、盐政官差、道库等处，应用斗、斛、官秤③、丈地弓尺④、天平、砝码⑤等项，行用年久，必有折损，轻重不一。自应遵照定例，查明报部，照例制造并应领委员赴部较对准确，再行颁请等因。本衙门当即请领。查所用斗秤、丈地弓尺，俱省城定式。惟公仓收放谷石，用斛二只，系康熙年间，遵奉部文，以信斗改斛，由盛京户部请领。其关领饷银，应需天平、砝码等项，于乾隆年间，由工部请领。于道光十八年，遵奉部文，添制副砝码一副，一分至五百两止，大小三十一件。委因颁领年久，参差不符，理宜声明颁领等情。咨报将军衙门。行文一件。

新领砝码粘单

一千两平一分	五百两砝码一件
三百两砝码一件	二百两砝码一件
一千两平一分	一百两砝码一件
五百两砝码一件	三百两砝码一件
二百两砝码一件	十两至一两砝码六件
九钱至一钱砝码九件	九分至一分砝码九件

查自康熙初年起，接准宁古塔将军衙门来文，均系咨行，系总管希特库

任内。

于乾隆八年四月三十日，接准宁古塔将军巴凌阿来文，本衙门改为剳行，系总管穆朱祜任内。

于嘉庆二年九月二十一日，复经吉林将军秀林来咨，改为咨行，系总管吉禄任内。

咸丰五年二月二十二日，接准吉林将军景纶来文，改为照会，系总管禄权任内。

同治五年十月二十七日，接准吉林将军富明阿来文，改为剳行，系总管巴扬阿任内。

同治十三年正月十七日，接准吉林将军奕榕⑥文开，查乌拉、双城堡总管，均系专阃大员⑦，嗣后本衙门应行各该处剳文，均着改为照会字样。其各该总管报省文件，亦即改为咨呈，以符旧制。相应备文，移付兵司遵照，转饬乌拉总管遵照。来文一件。

同治十三年十一月二十九日，准总管内务府咨开，由堂抄出，同治十三年十一月初九日，由奏事处抄出御前大臣面奉谕旨：嗣后各部院衙门凡遇呈递清字折件，均着缮写满、汉合璧。钦此。等因。抄出。相应剳仰乌拉总管遵照可也。来文一件。

注　释

①鳏寡孤独，《礼记》载："矜寡孤独废疾者皆有所养。"鳏，音官，通"矜"，指无妻之男。寡，指无夫之女。孤，指死了父亲的孩子。独，指无儿女的老人。这里泛指丧失劳动力而没有亲属供养的人。

②御史，官名。秦以前本为史官。汉御史因职务不同，有侍御史、符玺御史、治书御史、监军御史等。东汉后历代稍有变更，相沿不绝。至明清仅存监察御史，分道行使纠察。明代并有分任出巡者，如巡按御史、巡漕御史等。

③斗、斛、官秤，斗，口大底小的方形量器，有柄。斛，量器名。亦容量单位。古代以十斗为一斛，南宋末年改为五斗。秤，衡量轻重的器具。如：市秤、戥秤等。

④丈地弓尺，弓，旧时丈量地亩的器具和计算单位。一弓合一六米，三百六十弓为一里，二百四十方弓为一亩。尺，量长度的器具。

⑤天平、砝码，天平，用来衡量物体质量（重量）的一种仪器。根据杠杆原理制成。砝码，在天平上称量物品时衡定物重的标准。因天平类型的不同，所用砝码的质料和规格也各不同。

⑥奕榕，同治十年（1871）四月，实授锦州副都统奕榕，为吉林将军。光绪元年（1875）六月，因剿贼不力，革去吉林将军之职，发往军台效力。（《清穆宗实录》卷309页34，《清德宗实录》卷11页4）。

⑦专阃大员，即统兵在外的将领、办事在外的官员。《史记·张释之冯唐列传》："阃以内者，寡人制之；阃以外者，将军制之。"阃，门槛，这里指京城的大门。谓在京城以外专主军事。后因称统兵在外为"专阃"。

光绪年紧要事宜

光绪二年四月初一日，准将军衙门咨，准钦差刑部尚书，署盛京将军崇①咨开，照得本部堂具奏：奉天变通吏治章程②折称，盛京将军一缺，改为管理兵、刑两部，兼管奉天府府尹③事务。所有刑部及奉天府旗民一切案件，悉归总理，俾资整顿。另颁总督奉天旗民地方军务关防一颗，并加兼理粮饷，以便管理金银库印钥之处。并请将奉天府府尹一缺，加二品衔，以右副都御史、行巡抚事，旗民各务悉归专理。并变通州、县各官，以资治理。来文一件。

光绪三年十月二十六日，准将军衙门咨文，内开：前准户部咨驳吉林奏请添设煤窑四座。查咸丰年间，将军固④奏，开二座，尚未核准；复准前任将军景纶查明，边外地旷，一旦开采煤窑，易于聚匪，致滋流弊，奏请封禁在案。今若增设，开采之始，必多聚集丁夫，其间良莠不齐，既虑难周。今吉林地方，伏莽尚未净绝，思患预防较之昔年，尤当加意。所请增设煤窑，应饬该将军，一律封闭。如有私挖，一经发觉，即行惩办等因。奏驳咨行前来。当经拟定（稽）〔稽〕查章程，责令各该管地方官，务于秋、冬两季，实力（稽）〔稽〕查，一有私挖，即获解省究治，等因在案。现届冬初，正值煤窑兴工之际，应即派员带领兵役，分往属界，会同各该管地方官，实力巡查。一有偷挖者，务将煤斤、家具等物封禁，交该地方人妥为看守。将奸商卖煤账目，及山主嘎善达乡地，一并拘获解案。其煤窑关系风水庐墓，故定有不准越界之条。其旧有煤窑三座，如有越界私挖，即将商人解省究办，并取看煤之人，不准短少甘结，一并禀明，毋得扶同徇隐，得贿疏纵，致干究戾等情。来文一件。

查本署公用银一百四十两，由省库关领。自咸丰四年起，省库发给钞票七十两，每两折给现银二钱五分。其应领现银七十两，按照八成发给，核计按年仅领银七十三两五钱。惟近年公务冗繁，加以银价抵微，实不敷公用等情。咨报。于光绪三年十月二十五日，准将军衙门咨，准户部咨开：查吉林等处衙署，公用银两〔拮〕据，该将军声请免搭一半票银，按八折实银支给。既据声称，办公不敷，应如所咨办理。至该省一切搭票放项，均不得援以为例，以示限制。仍将用过系数造册题销。相应咨覆吉林将军，转饬遵照办理等因在案。嗣于是年十二月十四日，复准将军衙门咨：据乌拉总管衙门⑤咨称，查本衙门按年应领衙署公用银一百四十两。前于未奉部文以先，照依银票各半搭折，核计领得公用实银七十三两五钱。兹奉奏准，一律按八成实银支给等因。本衙门自应遵照补领公用银三十八两，呈请饬发等因。详核折减数目相符，仍应找领实银三十八两。如数由本衙门库存税银项下，提出饬交承领。俟接收到日，咨覆备查可也。

光绪四年九月初八日，准将军衙门咨文内开：查前据户司掌关防等官禀称，窃职等遵奉宪谕，饬将本省应征各铺日厘捐项，设法变通。及收厘捐，照依各斤卖钱之数，由买主名下，每吊增捐一厘。当经该商等公同核议，情愿停止日捐，改收厘捐，均归该商等径行注账，增摊捐项，以备接济饷需等因。当奉宪批：查日厘捐一项，昔年奏设，原为抵充饷需。嗣因铺户关闭者多，尔该铺商，亦均深明大义，情愿变通办理，停止日捐，另抽货捐。自应准照所请，分饬各城、厅，一体照办。仍候各城报齐汇核具奏等。谕饬交到司，遵将各省属内外村镇各行铺户，权拟变通抽收日捐改收厘捐各缘由，刊刷告示，分发各处，一体张贴，晓谕遵行等因。来文一件。

光绪五年十月十四日，准将军衙门咨文，内开：据委员道衔、分省补用知府余沛思禀称，窃卑府当蒙宪札谕令，前往各城、厅、集镇，会同该地方官将斗支化私为官，抽收税课，各就地方情形，妥为筹办。等因奉此。卑府遵即驰抵乌拉街，会同总管邀集商民、乡地人等，谆谆开导，妥为筹办。兹据该商民、乡地等声称：现值军宪治乱之际，正宜小民急公之时，奈因乌拉街向无官斗、官秤，又兼近岁收成欠薄，粮价昂贵，买卖粮石无多，仅将光绪四年正月初一日起至年底止，每家所买各色粗细粮石，按照三等开缮清单，共同呈明。情愿仿照省城筹办斗、秤各等情，禀复前来。查该处大小铺户所呈，上年买粮单张，粗粮俱多，细粮所买无几，分别核算，统计一万石有奇。是以按照粗粮，每斗市钱十文，细粮每斗二十文，小麦三十文，由买主名下抽收。核计每年以市钱一千吊作为定额，并卖主名下抽收二文，以作斗夫工食之用。并酌立官斗四支，烙印火号，亦归该公议会雇人经量，并在财神庙前设立粮市，各缘由禀请查核等因。当奉宪批：查乌拉街买卖粮石，应抽斗税，即据该守查明援照，分别粗、细、小麦三项，以十、二十、三十文，按斗抽取，各商民均愿遵依，自应准照所请。惟年景之丰歉靡常，斯粮食之多寡不等，未便以每年一万石抽收斗税钱一千吊，作为定额。应由该总管转饬经手乡约等，认真抽取，尽收尽解，毋稍隐漏，以济饷需等谕。照会打牲乌拉总管衙门，即行出示晓谕，一体遵照可也等因。来文一件。

光绪七年四月二十三日，准钦差督办宁古塔等处事务吴大澂咨开：窃本督办于光绪七年四月初八日，奉上谕，吉林之三姓、宁古塔、珲春等处，防务尤关紧要。该将军驻扎省城，相距窎远，恐难兼顾，所有防务，即着责成吴大澂督办，并将各该处屯垦事宜，妥为筹办等因。钦此。当即遵旨，换刻木质关防一颗，即于四月十八日开用，除将换用关防日期，恭折奏报等情。来文一件。

光绪七年五月初七日，准将军衙门户司移称：各处应交斗税钱文，分为春、秋二季呈交。惟查乌拉街市，每年应抽斗税钱一千吊，收齐送省以济饷需等因。兹据查街处翼、校等报称，据乡约刘振等恳称，窃因五年十月间，奉准将军委员前来本街设立官斗四只，按年包纳斗税钱一千吊整，作为定额。惟量斗工人十一名，核计工费钱一年必需五百余吊，商等会议恳请，裁撤斗工以节虚糜，而免受累等情。恳称前来。职等未敢擅便，理宜呈请衙门核夺等情。本衙门惟查所抽斗税，前系省员定拟，未便将斗夫擅裁，以归包纳等情。相应备文，报明将军鉴核，示覆遵行。

复于是年六月初六日，准将军衙门咨文，内开：案据乌拉总管衙门报称，惟经理抽收斗税，工人糜费过重，请由众粮商自行经收，裁去斗工，以免受累等因。当奉宪批：准照该商等所请办理，以免受累而恤商艰等谕。照会乌拉总管衙门，遵照严饬该商等，妥为经办可也。

嗣于八年十月初六日，准将军衙门咨文，内开：惟查斗税一项，现遵奏案，全行移交吉林分巡道⑥衙门经管。嗣后各该处征交斗税钱文等项，均归吉林道署。除移知吉林道知照外，相应照会乌拉总管衙门查照等因。案查应交春季斗税钱文，业已送省呈交户司查收讫。兹奉省文，嗣后本街按年斗税剳饬查街处员弁等，转饬乡约、铺商等，自行应期送省呈交道衙门查收之处。合并报明将军衙门查核。行文一件。

光绪七年七月二十二日，准将军铭安咨开，奏称吉林地方，积弊甚深，亟应力图整顿，量为变通。若不添设道⑦；府⑧、州⑨、县⑩，不足以讲求吏治。除省城应否添设巡道，及吉林厅改为府治⑪，长春厅改为同知⑫，一切未尽事宜，奴才尚在随时体查情形，悉心筹划，妥议具奏。请将阿勒楚喀、苇子沟地方添设宾州厅 ⑬ 抚民同知一员；欢喜岭地方添设五常厅 ⑭ 抚民同知一员；阿克敦城地方添设敦化县 ⑮ 知县一员。并添设县丞 ⑯、经历 ⑰、巡检 ⑱、教谕 ⑲、训导 ⑳ 等官，以资治理而裨地方。来文一件。

打牲乌拉总管奴才云跪奏：为署吉林将军副都统玉亮，因病出缺。奴才距省较近，不敢拘泥，谨此恭折，由驲陈奏，仰祈圣鉴事。窃因署吉林将军玉亮于七月初四日已刻，因病出缺。其前奏调阿勒楚喀副都统富和来省襄办旗务，尚未到省。所遗印信，交署堂主事喜成包封入库等情。奴才遽闻之下，不胜惶悚。第思将军镇摄通省，关系匪轻。吉林虽有分巡道、协、佐等员，向格奏案。若待富和到任，未便迟延时日。是以乌拉距城七十里，奴才曷敢（膜）〔漠〕视度外，置之不闻。不揣冒昧，惟有据情恭折，由驲四百里代奏，伏乞圣鉴，为此谨奏等因。查此折件，于光绪九年七月初五日戌刻恭折地驰驲由四百里，具奏拜发，借用吉林将军衙门排单、滚单，钤用本署印信，于初七日已刻，由省交站。至十六日午刻，军机大臣奉旨：知道了。订封，由兵部火票饬驲，至二十五日卯刻到乌。跪接折阅。惟事关紧急，折奏未便湮没，是以照抄原折，及用过排单、滚单式样，均经注明档案，以便（稭）〔稽〕查，而期遵循。特此注明。

光绪十年五月十五日，呈报内务府：兹查本衙门采珠三旗户口，原属编隶于都京总管内务府佐领、管领下。自嘉庆十五年，遵文更换以来，至本年已逾七十余载，未曾行咨更换。本署三旗户档，仍注上年佐领、管领名目，每凡官员升迁，及乡试之年送考，其佐领、管领，实难查（稭）〔稽〕，往往贻误。是以本署援案报请宪台衙门饬司，希将上三旗现时佐领、管领名目查明示覆，以凭照换等情。行文一件。

注 释

①署盛京将军崇，即崇实。满洲镶黄旗人。历道咸同光四朝。同治十二年（1873）补刑部尚书。光绪元年（1875）正月，偕内阁大学士岐元，前往奉吉两省查办马贼，四月署盛京将军。（《清德宗实录》卷3页9，卷8页4）

②奉天变通吏治章程，光绪元年（1875）十二月乙酉，由军机大臣六部九卿会奏，业经明降谕旨照准矣。（《清德宗实录》卷24页8）

③奉天府尹，清初，盛京地方于顺治十年（1653），首设辽阳府，十四年（1657）改为奉天府，设府尹一人，管理汉人民籍和田赋。乾隆二十七年

（1762）规定由盛京将军节制。乾隆三十年（1765）为军民分治，改派盛京五部侍郎一人兼管。至光绪二年（1876）改革奉天吏治，又改由盛京将军兼管。（《光绪会典事例》卷23）

④将军固，即固庆。道光三十年（1850）以杭州副都统固庆为吉林将军。咸丰三年（1853）正月，"吉林将军固庆，于查拿私硝一案，意存消弭，咎无可辞"。照部议革职，"以示惩儆。"（《清文宗实录》卷83页28-29）

⑤乌拉总管衙门，全称打牲乌拉总管衙门。是清廷在乌拉地方设置的采捕机构，上属北京内务府，吉林将军兼辖之。专司采捕庙坛陵寝四时祭品。设总管一员、四品翼领二员、五品翼领四员、骁骑校五员、笔帖式七员、仓委笔帖式二员、领催二十四名、珠轩达一百一十名、采蜜领催三名、官庄领催一名、打牲丁三千九百九十三名、铺副一百三十八名、铁匠二名、仵作二名、弓匠一名。（《永吉县乡土资料》53页）

⑥吉林分巡道，光绪七年（1881）十二月，吉林将军铭安奏请，在吉林省城设道一缺。光绪八年（1882）五月上谕："此次吉林添设道缺，着作为吉林分巡道，请旨拣放。"不久铭安奏荐顾肇熙担任此职。管吉林府、长春府、农安县、伯都讷厅、五常厅、宾州厅、双城厅。（《清德宗实录》卷140页7，卷146页13-14）

⑦道，行政区划名。明清时，在省、府之间所设置的监察区。有分巡、分守等道之别。长官称道员。

⑧府，唐至清代行政区划名称。明清隶属于省。府是宣布国家政令的主要衙门。

⑨州，地方行政区划名。州是府属行政单位，或因地特设，或以繁要之县改设，其规制如县。不属于府而属于省的，则称为直隶州。

⑩县，地方行政区划名。清代知县衙门，掌一县之政令。一县地方之赋役、诉讼、文教诸事，都由知县衙门办理。

⑪吉林厅改为府治，吉林府知府一员。雍正四年设永吉州知州一员。乾隆二年增设理事通判一员、州同一员，十三年裁永吉州。光绪八年理事同知改升知府（道署官册）。乾隆十二年谕，据宁古塔将军阿兰泰奏称，永吉一州设在吉林乌拉，系宁古塔将军所辖地方，该州向隶奉天府，一应办理旗

民事，多至掣肘，着照所请，永吉州改设理事同知管理。光绪六年将军铭安奏准，吉林厅理事同知一缺升为府治，改设知府名曰吉林府。仿照热河承德府、奉天昌图府之例，仍管地面词讼、钱粮各事。（《吉林通志》卷60）

⑫长春厅改为同知，嘉庆五年设果〔郭〕尔罗斯理事通判一员，驻长春堡。道光五年移驻宽城。光绪八年改设抚民通判，十五年改升知府（道署官册《吉林通志》卷60）。嘉庆五年吉林将军秀林奏设长春厅，置理事通判，驻邑南之新立城。道光五年通判常喜始移治宽城子，建置衙署于四道街。光绪八年改理事通判为抚民通判，十五年撤厅置府。民国二年改为一等县。长春厅改为同知，即指由嘉庆五年（1800）的长春理事通判，到光绪八年（1882年）改为长春抚民通判。（参考《长春县志》卷之二《舆地志》）

⑬宾州厅，即今黑龙江省宾县。在黑龙江省南部，松花江南岸。现在宾州镇，旧名苇子沟。清光绪八年（1882）设宾州厅同知，后升府，1913年改县。

⑭五常厅，光绪八年（1882）设五常厅，1908年改厅为府，1913年改五常县。

⑮敦化县，阿克敦、敖东城、鄂多哩，皆满语音之附会。一般认为在今敦化县内。光绪八年设敦化县。

⑯县丞，清代县丞为正八品官。县的长官是知县，县丞则是县的佐贰官，分掌钱粮、户籍、税务等。

⑰经历，官名。明清之布政使司、按察使司均设经历，职掌为出纳文书。县经历亦然。

⑱巡检，官名。明清州县均有巡检，多设于距城稍远之处。县属巡检，如同州属巡检，在要害地方设巡检所，盘查往来。

⑲教谕，学官名。元明清县学皆有教谕，掌文庙祭祀，教育所属生员。

⑳训导，教诲开导之意，训导之官也。明清府、州、县皆置训导官，掌协助同级学官教育所属生员。

卷　六

设产硝

乾隆四十三年十月十五日，吉林将军富康安奏：查吉林历年官兵春、秋操演及围猎等事，应用火药，皆由盛京领取。兹查吉林乌拉现产硝土，是以奴才踏勘城北山涧得水之区，建修火药库六间。请将吉林等处需用火药，就近采买火硝。仿照盛京之例，觅匠配造存贮，以便急需，并派专员监查，而杜偷卖。但吉林只产硝土，而硫磺、黑铅等物无处购买，仍请准由盛京买运等因。奉旨依奏。钦此。

咸丰二年十二月二十九日，准吉林将军衙门来咨：内驳据报乌属界内所产土硝，准令收熬出售，历久不禁。乾隆四十三年奏准，有案可查等情。查原奏仅称硝由吉林采买，磺由奉天领取，派员建造官药，恐其民人借得硝磺配药滋事，并无不令禁止之语。视其前后办理，显有矛盾等因。来文一件。

定例稽查火硝

咸丰三年六月十七日，准将军衙门咨文，内开：内阁抄出，钦差大臣兵部侍郎宗室恩华、赵光奏，遵旨查办蔚芙等私硝，审明定拟一折。咸丰三年正月二十日，奉上谕恩华、赵光奏，遵旨审办私硝一案①，分别定拟一枳，此案已革佐领依禄，于委查私硝（辙）〔辄〕敢听受多赃。虽畏罪禀报，将银两全数呈出，仍应按律从重问拟。依禄着发往军台效力赎罪。余着该部议奏。钦此。本部会议得据钦差大臣兵部侍郎宗室恩华、赵光奏称，窃臣等于咸丰二年十一月初六日，奉上谕：着派恩华、赵光驰驲，前往吉林查办事件，所有随带司员，着一并驰驲前往。钦此。

又于十四日，承准军机大臣字寄②，奉上谕：前因固庆、琦忠奏，审讯私硝一案，并参奏主事各折片，当有旨派恩华、赵光前往查办。兹有固庆以前折未尽情形，复行参奏。着该侍郎等，按照内各情，一并查核，秉公办理，毋得稍有不实、不尽。原折着抄给阅看。将此谕令知之。钦此。臣等遵即率同随带司员、兵部候补主事呼震、刑部候补主事陈立，于十一月二十七日，驰抵吉林，将全案人证卷宗提集，逐细检阅。查此案，以佐领依禄是否得赃为最要关键。而囤贩私硝各节，亦须研究实情。先将各硝犯提讯，均供出畏罪行贿情事。张瑞亦供出为众硝犯贿求，依禄应允收受，嗣复畏惧，将银退出各情。依禄先不承认，经臣等于本年正月初四日恭折奏闻，将依禄革职严审，始据供认：听允行贿，得赃后，畏罪退出属实，臣等亲提众犯，复加研鞫，恐贿银不止此数，尚或有不实不尽，连日逐名隔别严讯，加以刑吓。各供历历如绘，俱尚吻合，似无遁（饎）〔饰〕。梁月润现已投案，王希宽弋获无期，应行拟结。将依禄依律拟徒，请旨：发往军台③效力赎罪，张瑞、蔚芙等十犯依例分别以流徒等因，具奏前来。除已革佐领依禄业经奉旨发往军台效力赎罪毋庸议外，查例载官吏受财者，计赃科断，有禄人枉法，赃八十两绞监候。又例载，凡以财行求及说事过钱者，皆计赃，与受财人同科。无禄人减一等。有首从者，为首，照例科断；为从，无禄人减二等。又内地民人，煎挖窝囤兴贩硫磺，数在十斤以下，杖一百；十斤以上者，杖六十，徒一年；二十斤以上，按照五徒，以次递加；五十斤以上，杖一百，流二千里；八十斤以上者，杖一百，流二千五百里；一百斤者，杖一百，流三千里；多至百斤以上，发近边充军。若囤积未曾兴贩，减一等。又例载，闻拿投首之犯，于本罪上减一等各语。此案张瑞身充乡约，辄敢代硝，蔚芙等向依禄贿求，自应按律问拟，分别流徒折责等语，均应所奏办理。逸犯王希宽，应令吉林将军严缉，务获究办。再该侍郎等奏称，该将军固庆、副都统琦忠，由臣等另行参奏。署刑司佐领保廉于委审案件，未能究出依禄受赌贿各情，殊属瞻徇。应与失查私硝各职名，一并请旨交部，分别议处等语。兵部查佐领保廉与委审案件未能究出受贿各情，殊属瞻徇，应照瞻徇例，降二级调用，毋庸查级纪抵销。该员系世管佐领④，照例每一级折罚世职半俸，三年抵免，降调世职。至失查私硝各职名，应令该将军查明送部，再行核议等因。咸丰三年三月二十三日奏。本日奉旨依议。钦此。来文一件。

注　释

①兵部侍郎恩华、赵光审办私硝一案，其原委详《清文宗实录》卷82页2、37、38、39，卷83页28-29。卷85页36。事在咸丰三年（1853）一、二月。

②军机大臣字寄，军机大臣传达皇帝旨意，分为"明发上谕"和"字寄"

两种。字寄即是寄信，或称为"廷寄"。明发，由内阁发表；字寄，则由军机大臣钤印后，分寄各省。乾隆时只由领班军机大臣一人出名寄出，后始改为军机大臣不著姓名。字寄用军机处信封，上书军机大臣字寄卷某官开拆，或传谕某官开拆，皆由四百里或六百里文书寄出。(《簷曝杂记》卷一，《廷寄》；《清史杂考》附录一，《谈军机处》)

③军台，清制，驿递之设于西北两路者为军台，专管军报和文书的递送。总数凡一百数十，分统于阿尔泰军台都统、定边副将军台等。凡官犯事发往军台效力者，令每月缴台费银若干两，三年期满，请旨释还。(详《清会典》)

④世管佐领，凡新归化者编为一旗（如珲春库雅喇归化编为三旗甲兵之类），由归化人内举一人为佐领而世袭之，谓之世管佐领。(《珲春乡土志》卷六《武备》)

设硝店

查设硝店，于咸丰三年八月初五日，准吉林将军衙门来咨，准工部谨奏：臣等查该将军等原奏内称，咸丰三年三月二十日，奉上谕：恩华、赵光奏，打牲乌拉地产硝土，请定章程等语。着吉林将军会同打牲乌拉总管，体查情形，妥议章程具奏。钦此。遵即会同查得乌拉地方，无业旗民藉售硝土为生，向无禁令。从前设有硝达、硝户，后因兵丁差繁，将硝达等裁撤，归于铺家采买。此项硝土，上关官用，下系旗民生计，诚难概行禁止，然有不可不明定限制，以杜匪人私贩之弊。现在体查情形，悉心酌议。硝达本系平人，难资弹压。硝户另有繁差，势亦不能兼顾。既经设后复撤，毋庸纷更。应在乌拉街市专设官硝店一座，择殷实铺商承充。除官用外，其余民间买硝，照例每次不得过十斤之数。责令该官店将每日进出斤数若干，买自何人，售于何处，登账呈报总局衙门查验属实，发给印照收执。令其至出售地方官处，呈照报明，复验斤数相符，并无情弊，将照咨送查销。其在本地使用者，一律报验给照，用毕就近送销，以免弊混。并出示晓谕，此后不准私设私卖。该店所立账簿，每月送总管衙门核对。仍劄饬乌拉协领①、吉林同知②，并由该城出派界官委员，督同乡地一体（稔）〔稽〕查。将有无私贩之处，按月结报将军衙门查核，倘有故违禁令，别经发觉，将私贩人照例治罪，失查各官参处等语。臣等详加核议，硝斤为军火要物，非明定章程，难期慎重。查例载河南省设立硝店，按照定价，公平交易。遇有采办官用硝斤，验明印批发售。

如无官给印批，不许丝毫擅卖。州、县仍不时亲身（稺）〔稽〕查。于年底将店户收发数目，分晰造册出具，并无偷漏情弊，印甘各结，送部备查。今打牲乌拉地产硝土，既据该将军等会议章程奏请，在于该处地方，专设官硝店一座，择商承充，自系体查地方情形起见，且与豫省设立硝店之例相符，应如所议办理。但吉林地属边远，旗民萃处，若不严加防范，流弊易生。硝斤系配造官药之物。至于民间所需，原非紧要。既欲禁其私买，宜先杜其私贩。嗣后民间买硝之人，必须查明来例，取具铺户保结，方准买用，仍不得逾十斤之数。至产硝处所扫土煎熬，虽系旗民生计，而（稺）〔稽〕查不密，私贩既为私买之阶，应责成地方官严行防查。有犯必惩，以防偷漏而清弊源。并令该将军，于每岁年终将呈缴过官硝，及售卖匠铺人等硝斤各数目，分晰开明，暨取具并无私买、私售，印甘册结报部查核。所有臣等核议缘由，理合恭折具奏。本日奉旨依议，钦此，等因。来文一件。

注　释

① 乌拉协领，即乌拉协领衙门的首席官员，三品衔。管理驻防旗兵修筑城池之事。下属有佐领、防御、骁骑校、关防、笔帖式等官，协助办事。"乌拉协领各官设于乾隆五年，系为分防起见，均由吉林移驻与总管所治，截然不同。故会典事例、吉林驻防卷内备记乌拉协领各官设裁始末，而打牲乌拉员役别自为卷"。（《吉林通志》卷60《职官三》）

② 吉林同知，即吉林理事同知的简称。乾隆十二年裁汰永吉州知州，改设吉林理事同知。乾隆二十八年吏部议准，吉林将军恒录奏称，吉林地方，向设理事同知一员、通判一员。凡旗民案件，俱同知办理，通判既专司事务。（《清高宗实录》卷684页16）

设硝达

查设硝达，于咸丰三年九月二十一日咨报将军衙门，于本年八月间，准省文内开，准工部咨开，本部议复，内阁抄出，吉林将军景〔纶〕等奏：乌拉地方售卖硝土，官为经理章程一折，等因具奏。奉旨依议。钦此。相应恭录原奏，咨复吉林将军，钦遵办理，等因前来。相应抄录原奏，粘连文尾，咨行乌拉总管衙门，遵照办理可也等因。遵将原奏粘单，剳饬尔查街处员弁等，务须遵照部议事宜，将本街各铺店内，妥择殷实铺店一处，选定可靠妥协商人承充。仍将选得某店字号，承充商人姓氏，速即呈报，以凭给照办理可也。旋据该员等呈称，职等遵劄，将本街乡地传齐，共同议定北街路东泰祥店。惟经事务，必须家道殷实，素为老诚之人，拣选本街商民万春，堪可承充，等因咨报。行文一件。

设买硝执照

查设买硝执照，于咸丰三年十一月二十五日，案准工部奏准，奉旨妥议章程，着在该处地方专设官硝店一座，择殷实铺商承充。查此项硝土，上关官用，下系旗民生计，诚难概行禁止。然不可不明定限制，以杜匪人私贩之弊。又查例载，河南省设立硝店，按照定价，公平交易。遇有采办官匠，硝斤验明印批发售，如无官给印批，不许（系）〔丝〕毫擅卖。至民间买硝之人，必须查明来历，取得铺保，方准买用，仍不得过十斤之数。责令该官店，将每日出入斤数若干，买自何人，售于何处，登账呈报总局衙门，查验属实，发给印照收执。令其至出售地方官处呈照报明，复验斤数相符，并无情弊，将照咨送查销。其在本地使用者，一律报验给照，用毕就近送销，以免弊混，仍责成该地方官严行防查。有犯必惩，以防偷漏而清弊源，等因准此。本衙门在街市专设官硝店一座，择殷实商民万春承充。遇有采办官用硝斤，按照时价出售，并验明印照、硝斤数目发给。如无官给印照，不许擅卖（系）〔丝〕毫。倘有故违者，照例治罪。其民间及匠铺人等，办买硝斤，每次不得过十斤之数，令其自寻铺保，至该管处报明，系某处旗民，发给执照，至硝店验明，发给硝斤出售。将照报官查验斤数相符，呈缴总局衙门查销。其在本地使用者，一律报验给照，用毕就近送销，以免弊混。倘有故违禁令私售，别经发觉，将私贩之人，照例治罪，其失察各官，参处不贷勿违。特照。

同治九年十一月十六日，准将军衙门咨文，内开：于本年闰十月初三日，据乌拉总管衙门报，据查界六品蓝翎委章京德寿禀称，十月十五日，在属界侯家屯，访获扫熬硝斤，运至省城售卖之旗丁侯安顺、傅保全、英山、傅富来、侯贵海、侯丁锁、傅得顺，民人王万仁等八名送省。并据协领衙门报，据查界骁骑校贵福等禀称：拿获私卖火硝之马太收、披甲傅英林、旗丁苏全顺等三名，连查起发单一并送省拟办。前来提讯侯安顺等供称，伊等曾在省城北关庆合店卖过硝斤等语。随饬差将庆合店执事人孟自操传获到案。当经叠奉宪批，交刑、工司会同认真惩办等谕。遵即提犯研审，据侯安顺（即）〔及〕侯宗禄各等供反复究结，委无另有不法，及私贩硝斤卖与他处等情。案无（遁）〔饰〕，应即拟结。

溯查咸丰三年，前任将军景〔纶〕等遵旨会议，打牲乌拉地产硝土，向所不禁，奏明并无设立硝达、硝户等名目。是乌拉地方原不禁其煎熬，该犯侯安顺等九名，扫熬硝斤，并无违犯，自不得以私行煎挖论。至其所贩硝斤，傅得顺、侯丁锁系径赴官火药局售卖，侯安顺等七犯，系卖硝与庆合店，而庆合店仍转卖与官火药局配造官药。查律例内，并无私贩硝斤，仍系配造官药，作何治罪。明文若将该犯侯安顺等，照兴贩例治罪，似与内地民人私贩硝斤，并未卖给官局者无所区别，自应酌量减等问拟。

查咸丰三年奏明，在乌拉街设立官硝店，令该处旗民所熬硝斤，均运官店售卖，何得故违定制。除失查之官，火药局总理协领富尔丹、工司掌关防副都统衔协领贵昌二员，应请各记过一次，及经理官火药局办事荒谬之委笔帖式双禄，业已革去委笔帖式披甲并枷号一月外，应请侯安顺、傅保全、英山、傅富来、马太收、侯贵海、傅得顺、侯丁锁、苏全顺、孟自操等十犯，均照违制者杖一百，律拟杖一百。系硝犯，应从重，请将侯安顺、傅保全、英山三犯酌加枷号二十日。傅富来、马太收、傅得顺、侯丁锁、侯贵海五犯酌加枷号一个月。苏全顺所贩硝斤较多，酌加枷号四十日，枷满鞭责发落。孟自操系属窝囤，照兴贩应减罪一等，请免枷号，杖责发落。民人王万仁，讯系与傅富来佣工，旗丁英林系与侯丁锁家佣工，并无同贩硝斤情事，应请免议，即行省释。起获硝斤业已入官。失查私贩出境之乌拉各界官，本有应得处分。惟虽失查于前，尚能检举于后，应请免其置议。界官贵升、贵福，前因查界不清，由乌拉协领呈报，奉宪批：贵升、贵福，俱着摘去顶戴。案经讯明，并无别情，应请赏还顶戴，各予记大过一次，以示薄惩。送案发单等件，存公备查。该犯侯安顺等，所得卖硝钱均已化费，赤贫无力呈缴，请免着追，是否允协。除将审拟缘由呈堂立案，并札知乌拉协领，移付兵司外，合亟剳仰该总管遵照可也。来文一件。

同治九年十一月十六日，准将军衙门咨文，内开：据乌拉总管协领两衙门呈送，旗户侯安顺等在省北街庆合店私贩硝斤等情一案，当奉宪批：交刑工司，会同严定章程，将前弊从此永远革除，并私硝之犯，收买之庆合店及失查各官，一并拟议，妥办呈堂存案等谕，饬交到司。职等溯查咸丰三年，严禁私硝，奏准章程。在乌拉街市设立官硝店一座，择殷实铺商承充。除官用外，其余民间买硝，照例每次不过十斤之数。该店所立账簿，每月送总管衙门核对，按月结报将军衙门，查核一切，均遵旧制，无事纷更。

至本省奏设之官药局，需用硝斤，请由将军衙门出咨，迳赴乌拉官硝店购买。经该总管衙门派员验明，每次所买斤数，仍给印照，运省请验无异，将照缴销，不准夹带私买，并不得将越境贩卖之硝，私买配造官药。其省城及外城，各项铺户，以及乡村市镇，概不准容留硝犯，私自买卖硝斤，违者照例治罪。至官局配成火药出售时，旗户捕牲习艺买用，仍以该旗移付官局，每次每名不得过五斤之数。厅役丁勇及民间办团，呈明地方官查实，取结移付官局。每名准卖一二斤，按月由官局核总，移付工司，年终加结报部，以免其中蒙混等弊。如此详定规制，庶及稽考，愈加周密，而私贩弊端，可以永杜，且于公私两有裨益。合将职等会同详拟，严禁私贩硝斤章程，是否允协，未敢擅便。理合具禀呈请宪鉴核示遵行，等因禀明。除另拟严禁私硝告示张贴晓谕外，相应呈请剀饬乌拉总管，一体遵照办理可也。来文一件。

同治九年十一月十八日，准将军衙门咨文，内开：为出示剀切晓谕，严禁窝囤、私贩焰硝定例，摘录数条于左：

一、窝囤兴贩硫磺十斤以下，杖一百；十斤以上，杖六十，徒一年；二十斤以上，以次递加；五十斤以上，杖一百，流二千里；八十斤以上，杖一百，流二千五百里；一百斤，杖一百，流三千里；百斤以上，发近边充军。若甫经窝囤，尚未兴贩，减兴贩罪一等。焰硝，每二斤作硫磺一斤科断，硝磺入官。邻保知情不首，杖一百；不知情，杖八十；挑夫、船夫知情不首，减本犯罪二等；知情分赃，与犯同罪。如合成火药卖与盐徒，不问斤数多寡，发近边充军。

一、凡奸民私行合成火药，在十斤以下者，发近边充军；十斤以上者，照私铸红衣等大小炮位例处斩，妻子缘坐，财产入官。如将硝磺济匪，以通贼论。知情故纵及隐匿不首，并与犯同罪。

以上条例，各宜触目警心，如所畏惧。旗民、硝户人等，不准私行越界卖。并责成各该地方官及界官等，严密查拿，有犯必惩。经此次出示严禁之后，倘敢抗违不遵，再有私贩等弊，一经查出，或被告发，不惟将该犯等，照例严行惩办，并将失查之该管各官弁严参不贷，尔等慎勿以身试法，自贻后悔也。

至民间银匠、药铺、染房、花炮作房需用硝磺，及团练习艺、捕打牲畜等项，需用火药，均仍照旧章，自赴乌拉官硝店及省城官药局，按例定斤数买用。均不得稍违定章，自干罪戾，各宜凛遵勿违。特示。

煎熬火硝执照

查设煎熬火硝执照，于同治十年九月十五日，照得火硝乃系乌拉界属所产之物。旗人煎熬，以为生计，上关军火之利器，凡操练、缉捕、防团，全赖火药而成功。然所禁者，尤恐旗民不肖之徒，希图重利，擅将火硝私售与匪人为害。是以前经钦差奏明，在乌拉街市设立官硝店以备省中配造火药、操练教团之用。当经户部拟定私贩火硝律条：一凡旗民人等，囤积、兴贩、私运出境，济与匪人火硝，十斤以下者，杖一百；十斤以上，以次递加；至百斤者，罪至流徒。邻佑并挑夫、车船等处，知情不首，照本犯减二等治罪。至私合火药，在十斤以下者，发近边充军；十斤以上者，照私铸红衣炮位例处斩，妻子缘坐，财产入官。知情故纵及隐匿不首，与犯人同罪，等因在案。理合呈请札交各界员遵照。嗣后本署旗户内，如有承充扫土熬硝者，开写旗佐花名，呈请衙门发给执照，以为官硝户。如无执照，偷熬火硝者，立即拿获，送署究办。如此分别该界员等，易于稽查。所有熬成硝斤，无论多寡，即行运赴官硝店售卖，以杜囤积、私运、私售，而杜弊端。日后该硝户如不煎熬，仍将执照呈送衙门缴销可也。

光绪五年十一月十一日，准将军衙门咨文，内开：于本年十月二十二日，准刑部咨开，所有前事等因，相应抄单行文，计单开据署吉林将军铭安咨称，乌拉总管衙门呈送吴全英等私贩火硝一案。此案旗人吴全英，在乌拉总管衙门领照熬硝交官，（辙）〔辄〕私自售销一百八十斤，并代赵德林等售卖，共八百四十斤。查焰硝为乌拉土产，该犯即在该衙门领照熬硝，未便科以煎挖之罪。惟敢将熬就之硝一百八十斤，私行兴贩。照例焰硝每二斤作硫磺一斤，科断核数八十斤以上，自应按例问拟。吴全英除代买火硝未成不议外，合照兴贩硫磺八十斤以上，杖一百，流二千五百里。例拟杖一百，流二千五百里。系旗人，照例折枷满日，鞭责发落，案系拟流折枷。该犯所供，亲老丁单，应否查办，听候部议。旗人陈富来、奚六十四为吴全英拉车作伴，均不知私卖情事。惟当时并不细加查问，究属不合。应比照邻保不知情杖八十例。拟杖八十，鞭责发落。吴全英之父吴臣，图脱子罪，诬控赵五狗卖硝，咎有应得。姑念年逾七旬，双目俱瞽，且其子业已作罪，从宽免议。赵德林托吴全英代卖火硝二百八十斤，本干例拟，业已身死。于并无卖硝之赵五狗，均勿庸议。逸犯郭洛添等，仍饬严缉获日，另结起获。车马饬还，火硝入官，相应咨达，等因前来。据此，吴全英等应如所咨办理，吴全英系旗人，所得流罪，业经照例折枷。该犯供称：亲老丁单之处，应毋庸议。余如所咨办理，仍令照例汇题，并令饬缉逸犯郭洛添等，务获究办。相应咨复，等因准此。除将吴全英着照例枷责外，相应照行该总管衙门查照可也。

打牲乌拉地方乡土志

金恩晖　梁志忠 校释

《打牲乌拉地方乡土志》序

管理打牲乌拉地方总管加四级纪录八次云生等，为遵查叙典造册咨报事。印务处案呈，于十五年十二月初七日，准将军咨开：案查前准会典馆行知，测绘全省舆图，经派员前往，周历测绘，业经照会贵衙门查照，选派熟悉地理之员，帮同履勘，并饬吉林道在省设立志书局，以凭辑成志书，随图呈进在案。

惟查吉林此次办理志书，事属创始，而幅员辽阔，闻见难周，载籍极博，考订不易。况各处古迹、事实，向无人焉为之记载成书，一时博采旁搜，难免挂一漏万。相应备文照会。

为此照会贵衙门，请烦查照。文到之日，另行多派妥员，分途采访。务将所属界内所有圣制、纶音、天章、坛庙，并建制、沿革、疆域、形胜、山川、城池、关邮、津梁、船舰、户口、田赋、职官、学校、官署、选举、兵防、名宦、历朝人物、国朝人物、忠节孝义、文学、隐逸、流寓、方伎、仙释、烈女、祠祀、古迹、陵墓、风俗、物产、杂志、历朝艺文、国朝艺文，一切应列志书者，详细确查，定限三个月内，一律咨送来省，以凭考核，纂修。幸勿漏遗，望速施行，等因前来。

本衙门遵即派委五品翼领全明、骁骑校恩庆、来喜等，遵照文内名目，逐一确查实迹，赶紧造册报省，以凭汇总纂修等情。兹据该员等声称，思查办会典一节，乃系本署初创，向无成案可遵，若在匆忙之中，诚恐遗漏事迹。应即分途采访乌境古今事迹，并查本署自国初设立庙宇、城垣、衙署、仓廒、官职、所属界址，务期采访确实。各项事宜逐一登注造册呈复等因。

本衙门当将该员等所访古今事迹并查本署案件，载列志书者，详细摘叙，造具清册二本，呈请钤印，附封备文咨送，以凭纂修等情。据此，拟合咨送将军衙门查核施行，为此合咨，须至咨呈者。

右咨呈

镇守吉林等处地方将军衙门　　　骁骑校　　　乌音保对

　　　光绪十七年七月初一日　值月笔帖式　　廉　峻写

打牲乌拉总管衙门，为遵文将本境界址内事宜，采访各节，缮造清册，咨送将军衙门查核施行。须至册者，计开：

圣制

查咸丰十年，文宗皇帝颁到城里关帝庙御书匾额一方，其文："万世人极。"

又于同治五年，城外关帝庙，穆宗皇帝颁到"岩疆保障"匾额一方。均奉悬挂正殿中间，永垂万世。

查光绪十一年四月二十五日，内阁奉上谕：上年恭遇慈禧端佑康颐昭豫庄诚皇太后，五旬万寿，迭经降旨，覃敷闿泽。

兹据兵部暨杨昌浚查明，领队大臣萨凌阿老亲年逾八旬，允宜一体施恩。该大臣之母王氏，着赏给御书匾额一方，其文"爱日舒长"。并赏给紫檀三镶玉如意一柄，八丝贡缎一件。

又领队大臣魁福老母年逾七旬，允宜一体施恩。该大臣之母常氏，着赏给御书匾额一方，其文"金萱锡瑞"。均奉悬挂。赏给紫檀三镶〔玉〕如意一柄，八丝缎一件。

纶音

雍正十年，特奉上谕：乌拉牲丁甚属蕃盛，已至二三千名，俱系采捕行走，惯习苦练。由此丁内，拣其强壮者，选挑一千名作为精兵，遇有调遣，以便急用。其乌拉与吉林切近，将此兵应交将军常德与总管等操演训练、熟习，放何品级官员等事，着常德定议具奏①。钦此。

天章（无）

坛庙

关帝庙，一在城里总署东，于康熙四十九年建修。正殿三间，后佛殿三间，东西两廊各三间，钟鼓楼二座，马殿三间。春、秋遵文致祭。

城隍庙，亦在公署东，于道光二十二年建修。正殿三间，东西两廊各三间，马殿三间。

观音阁，在城北门外路东，于道光二十年建修。正殿三间，东西两廊各三间，山门一间。

娘娘庙，在城西北古城内、小城高台上，于康熙二十九年建修。正殿三间，前有圆通楼一座，东西两廊各五间，山门三间。

以上四庙，皆系总署官庙。按年派员经理香火、岁修等事。

关帝庙，一在城西北五里许旧街，于康熙二十四年建修，正殿三间，东西两廊各三间，后佛殿三间，东西偏殿各三间，钟鼓楼二座，马殿三间，山门外戏楼三间。同治五年，有马贼作乱，渐入乌境。关圣帝君显神威，睁眼光，立平贼匪。是曰："泥马汗流，钟鼓齐鸣。"人皆不敢仰视。至今英灵赫濯，迥迈寻常。

财神庙，在城外西北隅，于乾隆二十八年建修。正殿三间，东西两廊五间，山门三间。

药王庙，在城外西南隅，于乾隆三十年建修。正殿三间，后殿三间，东西两廊各五间，山门三间。

此三庙香火、岁修等事，均归公街商人经理。

建制

敕立内大臣②、光禄大夫③、驻防阿尔泰等处地方将军神道碑，于乾隆丙戌岁④次五月甲寅吉旦建造。孙福兆总管打牲乌拉正三品加一级男穆朱祜敬立。

沿革

《免税碑文》曰：

打牲乌拉总管衙门为恭布皇恩永遵勿替事。

窃以本衙门，自顺治初年，由内务府拨设以来，建衙署为分隶之公庭，别地面，为打牲之区处。管界周围五百余里，严禁山河，原资采捕。抚恤丁壮，正备差徭。故凡诸殿贡品以及案牍、俸饷，均系本总管自行经理、关领，委非别有节制。

嗣因公费停领，无款可筹，曾于乾隆三十六年，奏请在本街市设立牲畜斗税，以备心红、纸张之需。奏奉谕旨：交内务府大臣议奏、当经议覆：以乌拉僻居蕞尔，不抵吉林一隅。街市商贾，俱系平常贸易，迥非省会可比。若立税输，势必繁扰。所奏添税，碍难准行。其所需纸朱等项，应由吉林将军酌核给发等因。奉旨依议。钦此。

本衙门遵行奉守，迄今百有余年。虽咸丰、同治年间，饷悬无措，势出万难，亦未敢违制生枝，可苟行新法。前因本省创税之际，援案声明，实非梗阻。彼时随将税务撤回，正未明遵前旨。

查本衙门，乾隆年间，得被先皇旷典，未能按界明宣。日久年湮，致有越税之事。是以报请内务府，谨按所管界内，乌拉街、溪浪河屯、大白旗屯、七台木屯、缸窑屯、两家子屯乡下集镇六处，并蒙天恩，赏给乌拉两署津贴，当差。凉水泉、土桥子、兴隆镇等处，一并勒石铭恩，俾免再行滋扰。但此案未敢擅专，理合呈报等情。当蒙内务府咨覆，除由本府存案，据咨行知吉林将军外，相应咨行该总管查明可也，等因前来。

本衙门既属内府之分司，殊非外旗之可比拟，合明宣以彰定制，则先皇之厚泽深仁，庶可家喻户晓也于戏，巨典煌煌，历千秋而不泯；覃恩炳炳，耀百世而常新。铭诸碑，以息更张，简章可据；勒于石，以昭法守，铁案难移。管属各有专司，职守实难侵越。官箴宜肃，国法无亲，历斯任者，其慎之，凛之。勿违。钦此。

《贡山南界碑文》曰：

打牲乌拉总管衙门为勒碑刻铭，以垂遵照事。

粤惟皇朝发迹于白山，钟灵于黑水。声教暨朔，福佑大东。松生凌节之奇，不等苞茅贡楚；鱼产细鳞之品，何须蜃蛤称齐。是以三陵贡献，列圣蒸尝，悉于是取之，顾珍错虽胜乎遐荒，方物仍严夫斯土。今既画我封疆，以休养而生息；岂宜任尔蠢野，复蹂躏而奸偷。溯查本衙门管下产贡山河，历年采捕松子、松塔、蜂蜜、细鳞鱼，腊以备上用。嗣由咸丰年间岁禓，吉林省奏请放荒，又于同治九年间，复经五常堡协领[5]，假以无碍闲荒，出放随缺官地[6]，几乎随山刊木，尺土皆耕。本衙门即欲折达天听，原其为军民念切。今据省员会议，拟将贡山北面，挖立封堆，安设内卡。外营两署分派官兵巡守。其南面，由平底沟起，向西至松蓬，会冷风口，东至土山子为界。其北，至臧艕岭。以前虽系吉林禁山，以该站采捕之区，未便分拨两处。自此以后，南由该站看护，北归乌拉稽查。所有树株、河口，除封禁条示外，犹恐凌躐刁民，公私阆识，家国不分，数罟斧斤，仍前盗取。

是以于教谕已申之后，特勒丰碑，曒然昭示，务期家喻户晓，一体遵循。俾知朝廷祭品为尊，凡出荒事，不过念尔民瘰苦，勿得扰害河山，致干漱典。本宪仍不次亲巡，凡监守官军与附居民众，尚其披读，勿忽。

《贡山北界碑文》曰：

乌拉总管衙门为勒碑刻铭，整理河山事。窃以徂徕新甫，材重鲁邦，蠙珠暨鱼品重贡，故时入山林，例遵王制，法严数罟，职贵虞衡。矧维皇朝根本重地，祭仪尊九祖，归内府以分司；贡品献五陵，严外荒而统制。此不宜以分疆错壤而拘规也。今既严禁，地方无难，确申诰诚。

查本衙门专司祭品松塔、蜂蜜并细鳞鱼、干鱼，所有应捕之处，本署每年按季督查。惟前于同治年间，经五常堡报请，假以无碍闲荒，藉作随缺地亩。然北界大王矼子；西界以邢国珍所领之地；南界以老黑沟、大青顶子，至宋维坤所领之荒；东至拉林河止。当出荒时，准辟其土地，未及指以山河也。执意不法愚民冯才等，藐视王章，勾通监守，盗砍产贡红松，不下三四万颗。又其党栏河设缂、设甬，不时网取祭鱼，渐于上用有乖。本署既严惩办后，嗣经报明爵帅，当蒙委协领，会同乌拉翼领、五常厅[7]等官，查验其随缺地亩，已由禁地之霍伦川出放足额，安得以贡树、官河，视为可居奇货。惟此会同议，拟请将当川应开荒地不计外，凡属朝廷祭品所需，其山河应即收回，仍归乌拉采捕。惟沿川居民，或有未尽知悉，自此示后，所有八台岭、帽儿山、雷击矼子、烟筒矼子、棒槌矼子、沙松岭西背，一概大小树株，不宜盗砍；沿山地亩不准再垦；更有山内拉林、霍伦、舒兰、珠奇、石头、柳树、黄泥、三叉河等口，大小鳞族亦不宜肆行偷摩。今特立石碑，永远遵照。虽年湮日久，无摧败于风雨；庶读法悬书等高悬夫日月。国法无私，各宜谨懔，其谕取滋，一体闻知。

《贡江碑文》曰：

打牲乌拉总管衙门为恪守封疆，勒诸贞珉事。窃咋土而崇国体，任倚屏藩分疆而睦邻封，谊联唇齿，此国家之成宪可鉴，边陲之经界綦严也。溯查本衙门设网捕鱼，每岁冬间，本总管奏明出边，督率官弁、兵丁等，采捕鳇鲟鱼，并五色杂鲜，挂冰运署，报明将军，会衔分二次呈进。恭祭坛庙之要贡，委非内庭口味可比。

嗣因边里人烟稠密，水浅鱼稀，前于乾隆二十六年，经本省将军奏明，由边外起，南至松江上掌，下至下红石矼子、石子滩等止，其间沿江均为捕贡、晾网之区。由望坡山以下，老江身分出一岔，名曰巴延河。河西原设鱼圈一处，鱼营二所，派员看守。惟因埋栅鱼圈，需费甚巨，即令看圈官丁，在江干佐近旷地留养。条枝高大者，作栅圈障杆；细小者，为看营柴薪。按年派员上下川查，严禁私捕，侵占地址，如此办理，百有余年。敬谨奉行，委无异说。无如愚氓窥伺通场为沃土，觊觎条甸如利薮，从未歇心，迭有案据。兹遵郭尔罗斯公报请本省将军，请将巴延河附近通场撤回，招佃输租。当经省派委员协领全福、乌拉翼领富庆，会同蒙古二品顶戴花翎梅楞吉祥等会勘。将巴延河东岸两岔分派之间，俗名巴延通，此通以北连脉，又名黄花岗、浅碟子、鲇鱼通等处拨给蒙古公经营，并巴延河西岸，鱼营荒甸一段，自西南第二封堆起，斜东北长七里余，由中分界，南归蒙公，北归乌署，各得一半。其巴延河西五里通、张家湾、一捉毛、老牛圈、并鱼圈后花园通及杨家湾等处，拨给乌拉，永为捕贡之区。至于家套，仍断归登伊勒哲库站经理，与北公输租，如是拟办均以乐从等情。绘图禀请爵帅将军，希批示，着照所议办理。

是于十三年四月间，经本衙门署总管富庆，会同蒙员吉祥，分定界址，永绝葛藤。旋蒙郭尔罗斯公来咨并函，内云：除归蒙公之巴延通，业已招佃开垦输租外，其拨给乌拉附圈左右南荒场，亦令自行招佃开垦，所收租赋，津贴鱼务，以补撤出作养条场之资，永无争竞。等因遵此，足徵公爷上崇国贡，下便民生，鸿恩远沛，乌郡难名。诚恐年湮代远，罔识遵行，故勒铭永志，以清蒙乌之接界，而杜永远之争端，永垂不朽云尔。

疆域

乌拉地居，在京师东北二千三百七十里，至吉林省城东北七十里。东至窝机口子东老封堆为界，七十余里；南至依罕阿林河口止，三十五里；西至石灰窑五十里；北至五里桥子九十余里；东南至靠山屯东老封堆为界，七十里；东北至四道梁子东老封堆为界，一百三十余里；西南至三家子屯，四十里；西北至八家子屯，八十里；周围界址，共五百六十余里。均属与吉林分界。

形胜

远迎长白，可谓五城锁钥；近绕松花，乃是三省通衢。

山川

凤凰山，在城东北四十里。层峦叠嶂，诚为诸山之冠。相传昔年曾有凤凰，栖止于上，至今西北隅巨石，爪迹宛然。其发源嫡脉，自长白蜿蜒而来，郁郁葱葱，遂与龙潭山比肩为伍，诚乌郡之镇山也。其上历塑玉皇大帝、太上老君、关圣帝君、孚佑帝君各庙，香火之盛，甲于一郡。其西南有石洞一处，每遇天阴时，常有云雾迷漫，洞口邻近居民，如有病灾，焚香祷祝，立刻有应。山迤东立壁，亦有石洞一处，内有蟒虫，时常在西南溪边饮水，神形难略，变幻无常，行动风从，实难切近。山上旧有茅庵三间。山之西，旧有茅庵三间，自古羽化登仙者，不知几何人也。又每遇甲午庚申日，阴云密布，闻有木鱼之声，音韵缥缈，闻望依稀。寺中花木甚繁，春秋无虚日。杏、李、桃、梨之属，亦多北地所无，以故游人接踵，每艳称之。

尖山子，在城西北四十余里。山峰独峙，高耸云霄，其钟灵毓秀，遂与伐士兰峰接脉而来。尝有风鉴所言，此山文笔插天，最主科名之盛，诚乌郡之宝山。

额阿哈达峰，在城西北四十里。其峰，每见云出，雨将至矣。其巅，向阳方位有一石洞，内隐一虫，胁生四足，恍似虬类。山北根下，有一泉，名曰甘泉。距石洞五里许，每岁端阳日，常见其虫自洞而出，头入甘泉饮水，而尾在洞畔盘缳。彤云迷漫，瑞霭纷腾。每遇岁旱，佐近居民至洞祈祷，无不立需甘霖。

锦州哈达山，在城北二十五里，南靠松江环绕，北接尖山相连，层峦叠嶂，削壁嵯峨，其山旧有古城遗址犹在，前有一石，其形似人。

锦住峰，在城东，高七十五丈。

团山，城东二十三里，小溪河之北，高五十四丈。

牛山，在城东南，高三十丈，起脉于门峰，高一百七十二丈。

古路岭，城东南，三十里，上建娘娘庙一所。

大砑子，城东南三十里，又名色哈里哈达。

猴石山，城南四十里，其上有石，形似猿猴。

太平山，城西二十里，上建关帝、娘娘庙二所。

九泉山，城西北二十里，上有仙人洞，脊有九泉，冬夏长流。

万宝山，城西北七十里，上建关帝、娘娘庙二所。

聂什玛峰，城西北四十里。

老牛星山，城西北五十里。

撒尔达山，高七十七丈。

弗河库山，城西北三十五里，高二百三十二丈。

伐土兰峰，在城西北，高二百十二丈，松花迤西，大小山峰，俱由此山发脉。历年应节采捕松子、蜂蜜，捕贡山场著名。

大土山、老黑沟、鹹艕岭、榆树沟、埋台顶子、太平岭、万寿山、青顶子、三达河、大王砑子、磨盘山、四合川、三岔岭、铃当岭、马兰沟、八台岭、雷击砑子、帽儿山、烟筒砑子、棒棰砑子、珠奇山、杉松岭等山，俱在本城迤东，与吉林五常厅接界之区，本署安设三旗营房，三处勒碑，两座协署，添设卡伦，按年出派官弁、兵丁，以期巡守。

松阿哩江，自南而西北流，环绕如带，即松花江也。

小溪浪河、噶哈河，自东西流入。

敖河、其塔木河归入札星阿河，自西南流入。通气河，自西流入。

捕珠上下各河口：

伊吞河、柳春河、三吞河、佛乡霍河、法河、书敏河、吉尔萨河、滚河、辉发河、恰库河、托哈那尔珲河、紧河、额和讷音河、大图拉库河、尼雅穆尼雅库河、霍通尼河、富尔户河、萨穆溪河、色勒河、穆钦河、斐依户河、拉法河、温德亨河，以上俱系奉天、吉林所属。

噶哈哩河、鄙勒珲海兰河、布尔哈图河、珠鲁多珲河、玛尔呼哩河，以上俱系宁古塔所属。

海兰河、萨尔布河、舒兰河、阿穆兰河、乌苏珲河、倭肯河，以上俱系三姓所属。

阿勒楚喀河、拉林河，系阿勒楚喀所属河口。

绰罗河、呼兰河、通肯河、西北河、吞河、多毕河、二批河、霍勒斌河、孙河、阿尔钦河、占河、呼玛尔河，以上俱系黑龙江爱珲所属。

妥新河、绰勒海、吉金河、雅勒河、阿伦河、努敏河、毕拉河、泽裴音河、胡俞尔河、甘河、达巴库哩河、固里河、嫩江源、那俞尔河、鄂多河、讷莫尔河，以上俱系齐齐哈尔、墨尔根所属。

堵罟鳇鱼各河：

原先采捕鳇鱼，在吉林城南松花江上辉发河、吉尔萨河、佛多霍河、交哈河、斐胡河、穆钦河、色勒河、萨莫溪等河。前于咸丰年间，因金匪狡扰，报明移在本署捕。

贡山内大小河口之山，东河、舒兰河、霍伦河、珠奇河、拉林河、溪浪河、三岔河、牡丹江、大石头河、都林河、黄泥河，以上各河虽在贡山界内，均系吉林五常厅所属。

蓄养鲟鳇鱼渚：

龙泉渚，在松花江之左。系吉林所属界内，建有官房一所，按年派官看守。

巴延渚，在松花江之右。系蒙古札萨克公所属，界内前建有捕鱼总营一所，派官值年看守，历年冬至以前，务将进贡鲟鳇及各色鱼尾，俱运此营，挂冰妥协，总管由此发贡。

长安渚，在松花江之右。系蒙古札萨克公所属，界内建有官房一所，派官值年看守。

如意渚，系陶赖昭站通场。该站西南十里许，官房一所，此处一人看守。

以上四渚，均系蓄养鳇鱼之区。

城池

乌拉旧城，设自顺治初年。嗣至康熙四十二年，因旧城屡被水患，于四十五年，奉旨迁移在旧城迤东，高埠向阳之地，修造城垣一座。土筑城墙，周围八里，每面二里，各设城门一座。以东、西、南、北为名，每门设堆拨房一所，中设过街牌楼二座。城里分布，旗仆占居，不准客留浮民。其商贾集镇，均在西门外，立为南、北、东、西大街，中设查街处一所，以免旗民混杂，而重风化。坎离二宫，建立牌楼二座。

关邮

金珠站，在城东南十五里。苏兰站，在城东北五十里。

津梁

城南八里哨口，旧设官摆渡一处。向系总、协两署，按年各派官一员，在彼值年经理。城南二十五里旧屯，设有摆渡一处。城西南八里聂斯玛屯，设有摆渡一处。城西北十五里打鱼楼，设有摆渡一处。东北三十五里四家子屯、四十里塔库屯、四十五里布尔哈通屯、五十里溪浪口子屯、七十里哈什玛屯，此五屯俱在城东北，各设摆渡一处。以上九处，均系佐近村屯，自行捐造。

城西二十二里洛家屯，旧有大桥一座。西北十五里打鱼楼屯，大桥二座。北二十里汪旗屯，大桥一座。三十里十家屯，大桥一座。六十里张家庄子，大桥一座。九十里七台木屯，大桥二座。东北三十五里四家子屯，大桥一座。四十五里嘎牙河屯，大桥一座。八十五里明家桥子屯，大桥一座。九十五里闵家大桥屯，大桥一座。八十五里东孤家子屯，大桥一座。共大桥十三座。

船舰

乌拉原设捕珠所用大船七只，向在吉林水师营备，又用小舣艐三百九十九只，内有同城协署四十只。恭奉谕旨：捕打之际，始行请项砍造，以便使用。旧有船库一所。

户口

乌拉所属地面，除在省旗人丁，并拨归协署户口以及社甲民牌数目不计外，仅按总管衙门采珠、捕鱼八旗册内，现今生齿男、妇、子、女四万余人。

田赋

乌拉官庄，在城西北八十里。于康熙四十五年所设。尤家屯官庄一处，张家庄子屯官庄一处，前其台木官庄一处，后其台木屯官庄一处，蜂蜜营屯官庄一处，共官庄五处，名为五官屯。按年共应额征官粮仓石三千零二十四石。除官庄征粮备用外，其余旗地，并无赋额。

查喀萨哩荒地，在城东北一百三十里，共熟地一千七百垧。按年额征租钱八百吊，津贴五官庄牧牛月班之需。

凉水泉荒地⑧，在城东北二百里许，共熟地一万四千垧。历年额征租钱八千四百吊，津贴差务之需。

职官

总管一员，翼领二员，分为左右两翼，其翼领与总管勷办事务。五品翼领四员，其五品翼领四员，各分管采珠、捕鱼。一翼四旗，骁骑校十五员，管理采珠八旗，每旗各一员，四路界、五官屯各一员。笔帖式七员，内仓官一员，满教习一员，七品章京四员，七品骁骑校七员，仓场笔帖式二员，委官十四员，恩骑尉一员，领催二十四名，珠轩头目一百十一名，食珠轩头目饷银采蜜领催三名，经理官庄、领催一名，铺副一百三十八名。食铺副饷银铁匠二名，仵作一名，打牲丁三千九百九十三名。食饷打牲丁银弓匠一名，学习仵作二名。

学校

乌拉官学，在城中过街牌楼东。设自雍正七年，向由八旗子弟内，拣挑十岁以上、性质明敏者百余人。分设左、右翼官学，建修前三间，为汉学，后三间，为满学。由各该旗拣其学问优长、骑射熟习之人，出派一名，令其训教读书，学习骑射以备选拔应差，按年出派官一员，笔帖式一员，专为管理、稽查功课，以免疏懈。嗣于同治九年，经吉林将军富⑨奏设满教习一员，其汉学，仍拣学问优良者选用。周围土筑院墙，板门楼一座。

官署

总管官署，在城里十字街东，原照依副都统衙门式样修造。大门三间，仪门一座，川堂三间，大堂五间，内中间上供设龙牌。其川堂后，设印务处五间，左设银库、更房各三间。右设松子、细鳞、乾鱼等库四间。川堂前，各按脚色分设采珠左、右翼八旗办事房，各五间。中建仪门一座。仪门外，分设东、西捕鱼两翼办事房，各三间。大门大间。大门前，照壁一座。城东北隅，设有仓廒，按照地支十二字编立，外加春、夏二字，每五间一字，共计七十间。仓储额谷两万石，除奉谷等款外，随饷出粜，备修工程。其院周围土筑群墙，东西建修看守、更房各三间，大门一间。

城西北十五里，松花江左岸，旧有二层鱼楼一座，向为存贮本署捕打冬鱼大网。原设鱼楼三间，东、西陪房各三间，门楼一座，周围土筑群墙，按年派人经理，并在此修补大网。

选举

　　镶白旗显亲王包衣文懋佐领下，满洲赵富隆阿，于同治四年入学，十三年补廪膳生，光绪八年壬午科顺天乡试，中式第七十六名举人。正黄旗五品翼领全明管领下，汉军成多禄，于光绪四年入学，九年补廪膳生，十年考取乙酉科拔贡。⑩

　　乌拉所属地面，北红旗屯民人杨诚一，于同治甲子科中举人，戊辰科进士，现任永年县知县。

兵防

　　乌拉向无驻防官兵。于乾隆五年，经总管会同吉林将军奏准，将雍正十三年，特奉上谕牲丁内，挑此千兵，在乌拉安设衙署，添官管辖。分立两翼八旗，乃与总管衙门合并，捕打东珠、细鳞、鲟鳇、五色杂鱼、松子、蜂蜜等差，按三分之一呈交。俟闲暇之时，令其该管官等，操演骑射。初设协领二员、佐领十员、防御八员、骁骑校十员。嗣于乾隆二十五年，吉林将军奏，裁佐领二员、骁骑校二员。又于三十年，裁撤协领一员、防御四员。又于嘉庆二十三年，裁撤骁骑校一员。嗣于乾隆二十五年，裁兵三百名，拨归宁古塔、珲春二处。又于同治八年，奏添满教习一员，现今协领一员、佐领八员、防御四员、骁骑校七员、笔帖式二员，甲兵七百名。

名宦

　　镶黄旗满洲姓傅查氏穆克登，公以弱冠⑪，圣祖仁皇帝召为侍卫，出入省闼⑫，十有余载。太翁殁，公袭总管。己亥岁，以副都统从事西陲⑬。庚子进为前锋统领，擒虏三千六百人。雍正乙巳⑭，授为驻防阿尔泰等处地方将军，钦赐衣帽、鞍马、甲胄、帑金一万六千。壬子⑮又进爵内大臣，驻巴尔坤地方三载。讵意逮三略之甫筹，伤一星之先坠，讣音驰奏，宸眷弥深，内府发金，礼员致祭，前职荣袭于冢子，茂勋显著夫汗青。公生既尽瘁于边廷，殁复恩锡于立垄，实国家之旷典，人臣之极荣。勒瑉珉以纪勋，垂千古而不朽，赠光禄大夫，勒碑著功于墓侧。

　　额勒登保⑯，正黄旗满洲人，于嘉庆七年十二月十六日，奉上谕：额勒登保总统师于公忠懋著，谋勇兼优。前此平定苗匪时节，经赏给侯爵。嗣因剿办邪匪迟延，暂予降黜。自膺经略重任，运筹决胜，悉中机要，躬亲行阵，与士卒同，劳苦用能，屡获渠魁，扫除苗孽。业经节次加恩晋封三等侯爵。兹三省全奏底平，厥功殊伟。额勒登保着晋封一等侯，世袭罔替，并授为御前大臣，加太子太保衔，赏用紫缰，以彰殊赐。钦此。

嘉庆十年八月二十二日奉上谕：朕恭谒三陵礼成，本日驻跸盛京，此次举行一切典礼，渥敷恺泽，吉事有祥。因念额勒登保久历戎行，克敌致果，前因平定苗匪，仰蒙高宗纯皇帝赐以通侯之爵，旋因剿办教匪迟延除爵，仍令带兵打仗，屡立剿功。嗣经界以经略重任，伊备加感奋，数年之间，扫荡凶渠，俾以川、楚、陕省地方，咸臻宁辑，厥功甚伟。且能实力公正，操守洁清，众口交称，实堪加尚。前于大功告蒇时，业经爵封一等侯，授为御前大臣。此次因积劳抱病，不克扈从前来，朕仰付列圣赐酬元勋，并将其后裔量加恩擢，以奖前劳。言念荩臣宜膺殊锡。额勒登保著加恩晋封三等公，以示朕锡类酬庸，有加无已，致意钦此。

嘉庆十年八月二十五日，奉上谕：御前大臣、领侍卫内大臣、都统、三等公额勒登保，秉志忠诚，夙娴韬略。从前朕在藩邸时，充谙达^⑰有年，小心勤慎。曾出缅甸、金川、石峰堡、台湾、廓尔各等处，久经行阵，累立战功。嗣又平定苗疆，蒙高宗纯皇帝锡封侯爵。旋因教匪滋事，简卑戎行，始以迟延获愆，终奋勇先捷。自朕授为经略大臣，实力督师，冲冒霜雪，屡阅寒暑，身经百战，艰险备当，将数万凶渠扫除净尽，三省地方咸臻安辑，实能为国宣劳，且其宅心公正，力矢清操，中外满汉臣工及外藩蒙古等即素不相识者，亦不无闻言，尤为不可多得。是以迭加恩奖，仍锡通侯，授以御前大臣，晋加宫保，并赐双眼翎、紫缰，用昭殊锡。此次感患痛症，即因积劳所致。月前启跸时，伊正当乞假，不克扈从前来，朕怀日切萦怀，屡令留京办事王大臣等往看疾壮，谕令安心调养，并亲解佩囊，寄京赏给。昨谒陵礼成时，晋封三等公，复令乾清门侍卫庆惠前往看视，赏赐荷囊、玉牒、鹿雉等件，方冀日渐痊愈，长被恩光。今据留京王大臣驰奏：额勒登保于月之二十一日溘逝。披览遗章，实深震悼。念其一生忠荩，不禁涕泗交集，允宜宠锡饬终，以示酬庸。额勒登保除赏给陀罗经被外，着成亲王带领侍卫十员，前往奠酹，并赏给广储司库银五千两，着派总管内务府大臣广兴为经理丧事。朕于回銮后，以九月二十七日，亲临赐奠。并着庆惠到京后，赏赐物件，陈之墓前，烹饪赐酬，并加恩立祠，岁时赐祭。着禄康于地安门外，相度地基，动用官项，营建祠宇，所有工程，即着禄康督率办理。伊子谟尔赓额尚在襁褓，着袭封一等侯爵，给予半俸。所有额勒登保历年降革罚俸处分，悉予开复。其应得恤典，仍着该部照三等公例具奏。再额勒登保祖坟，系在吉林，此次朕诣盛京，伊本思扈跸而来，请假修理坟墓，建立碑座。今通递焉祖谢，未遂乌私，着将军秀林查看伊家祖坟修理，并为立碑，以示朕笃念勋臣，泽及泉壤至意，钦此。

锡封御前大臣、领侍卫内大臣、太子太保、理藩院尚书、正蓝旗汉军都统、三等公、世袭一等威勇侯哈郎阿，正黄旗，满洲人，由世袭一等威勇侯出师西征。战必胜，攻必取，扫尽妖氛，西南宁靖，进官御前侍卫，奉事大臣，镶红旗都统，镶黄旗护军统〔领〕。世袭罔替一等威勇侯，任卒。

贵升，字辅南，正白旗，满洲人。于咸丰年间，由行伍从征南省，屡建奇功，秩晋头品呼敦巴图鲁，官升协领。阵战捐驱，敕封振威将军，赐葬，祭银千两。世袭骑都尉兼云骑尉，生前立功处所，并原籍地方建祠。

人物

镶黄旗，满洲姓傅查氏，穆朱祜，由三等侍卫升总管，赏戴花翎，性坦和。

正黄旗，满洲姓阎查氏，索柱，由翼领累升吉林副都统，性果毅。

正黄旗，满洲姓阎查氏，吉禄，由仓官任满，保送引见，照例归京当差。后升郎中，累升至吉林副都统，兼理乌拉总管事务，其人惟清、惟慎，性忠敏。

正红旗，满洲姓瓜尔佳氏，巴扬阿，由骁骑校累升总管，历署吉林副都统。为人寡言语，性忠诚。

正白旗，汉军姓依尔根觉罗氏，禄权，字万钟，由四品翼领任内，经吉林将军保奏，署理双城堡总管事务。治政精勤，历事敏练，折狱不费繁言，两造俱服，平允。堡属时有颂扬清天政名，因升任乌拉总管。启戟之日，百姓伏路举辕，均皆依恋。嗣升总管，历属吉林副都统两任，原品休致，无疾而卒。

采珠正黄旗，汉军常姓，永福，前于乾隆三十年，由仓官任满，保送引见，随即放为内务府主事，嗣升员外郎，累升至安徽道。大有政声，为人理事清廉，官民爱戴，后卒任所。

忠节、孝义

乌拉采珠正白旗、五品翼领英喜管下孝女赵玉姑，自幼读书娴礼，赋质聪颖，持躬淑慎，平时寡言。兹因伊母命妇李氏宿疾缠绵，屡经寒暑，该女深明孝义，亲侍汤药，衣衽不解者数月，复又露地焚香，虔诚祝祷，愿以身替，又暗割臂和药疗亲。不意母卒，该女几不欲生，恸绝数次后，至泣泪成血，竟百劝难回，渐废眠食，积忧身故。当经本署报明，蒙吉林将军会同奉天学政，奏准旌表。

采珠正白旗，翰待诏衔七品笔帖式富森保，字锡臣，生资明敏，志性纯孝。前因生母李氏诰封一品夫人，在日多疾，屡经寒暑。富森保朝夕侍立，药必亲尝，床褥三年，从无稍懈。适值母病笃，日夕拜祷，愿以身替，夜不就枕者月余，奈祝祷无灵，医药罔效。其母卒，悲号几死，哭泣靡常，泪尽，继之以血，寝食俱废，累日恸伤。曾经族人百端劝解，自恨未能身殉，遂居灵右，昼夜弗离，事死如生，哀毁惨悴。既葬，结屋坟侧，晨昏哭奠，庐墓三年，如同一日。彼间城署周知，时当采访之际，该管翼校等官稔悉该生确情，并据伊族人等呈报，未可湮没，故转递衙门录注可也。

采珠正红旗、附生魁喜之子、监生连德，自幼过继其伯父笔帖式魁安名下为嗣，以承宗祧。未几年余，其父母相继俱故，适值其祖母诰封恭人张赵氏，年近七十，怜其孤弱，珍爱如珠，并又躬亲抚育，时刻不离，后连德偶被火伤，手足聚筋，其祖母朝夕手揉，备尝辛苦，直至百余日，始得痊愈。稍长，令其读书，深明孝义，祖母与孙更相依恋。嗣与结婚，择定十六年六月迎娶，不意是年三月间，张赵氏一病不起，百药罔效。连德昼泣守，寝不安席，竟至四月初二日去世。连德恸不欲生，势以身殉，曾经家人百般苦劝，终弗能解，后谓其叔伯父曰：意欲修经超度，使我祖母显一灵验，得知居止，我愿亦足。遂于是日修经，连德斋戒沐浴，凡为佛法等事，亲身致礼，从无稍懈。又听人言，诚心念观士音经，日颂千回，必有神效。连德即焚香柩侧，日食常斋，跪诵不辍，每届七日，虔修大经超度，意必有灵，能与其祖母相见，孰意百日，毫无功效。连德一夕念观音经毕，哭泣靡常，恸绝数次，忽向其生父、母跪言曰：超度如此，百日无灵，世事皆虚，信不诬矣，万望将我兄弟中，再拣一人过我父母名下，以接后嗣。我必往寻祖母，始能得知。其生父急呵止之曰：何出不祥话，此后不准再说。又复加劝解，以开其心，不意连德暗自绝粒。问之，竟答已吃，不用惦念。不数日，合掌而逝。现以采办《会典》之际，据族长等洞悉确情，具实呈报，该管翼校等官，恳为转递衙门，以凭书注可也。

乌尔喀，乌拉采珠镶红旗人，性好义。一日于官庄地方，拾得白金一斤。急觅失银者，问明两数，还之。似此遗银不昧，品行诚难，足见声教所及，无远弗届，岂不信哉。

烈女

乌拉采珠正蓝旗生员吴德麟之女，婚定与采珠正白旗、四品翼领同海之次子倭克精阿为妻。尚未迎娶，伊夫因病身故。该女闻讣，毁容、绝粒，告父母曰：吾非奔丧，誓不生矣。其父母百劝不回，遂至夫家，成服尽礼，亲敛骨骸，观者环堵，悲泣之声，恸与乡众。后梦其夫遣舆来迎，不数日，无疾而逝。当经本署报明，蒙吉林将军奏准旌表。

本城西门外北街路西，有民人梁文达之妻陈氏，未及婚娶，其夫因病身故。该女闻讣，泣血奔丧，恸不欲生，经其本族过子，至今坚守冰操，当蒙吉林将军奏准旌表。

节妇

三达妻刘氏、立秋妻吴氏、富尔精阿妻王氏、德尔妻赵氏、泰德妻郭氏、木勒萨妻王氏、杨敦妻任氏、穆精额妻郭氏、阿林保妻常氏、金钱尔妻姜氏、哈升额妻王氏、全忠阿妻李氏、富陵额妻关氏、南尔妻奚氏、特松阿妻赵氏、爱保妻高氏、明长妻卢氏、有成妻赵氏、七十一妻那氏、全山妻阎氏、七十六妻韩氏、小尔妻姜氏、乌能尼妻刘氏、银生妻关氏、代兴妻侯氏、小尔妻石氏、富祥妻杨氏、连顺妻刘氏、偏头妻李氏、八十妻张氏、乌成阿妻谢氏、纯有妻吴氏、老格妻张氏、九成妻赵氏、安禄妻赵氏、乌林保妻舒氏、银寿妻万氏、喜德妻万氏、双全妻关氏、巴音布妻赵氏、三喜妻赵氏、平喜妻赵氏、䏎春妻奚氏、喜亮妻关氏、明顺妻李氏、根生妻傅氏、连成妻姜氏、富喜妻高氏、根海妻赵氏、胜德妻赵氏、有山妻关氏、添来妻杜氏，俱采珠镶黄旗人。

老格妻沈氏、吉通阿妻关氏、凌保妻杨氏、五十七妻赵氏、平安妻杨氏、乌林保妻赵氏、金福妻关氏、来儿妻王氏、佗克佗霍妻赵氏、德福妻高氏、哈达妻赵氏、德保妻刘氏、海青妻舒氏、裴音青额妻张氏、乌勒恭保妻赵氏、保山妻刘氏、百达妻杨氏、春良妻张氏、富成妻王氏、荣德妻赵氏、满福妻常氏、喜拉泰妻常氏、傻儿妻吴氏、依其奈妻赵氏、祥德妻关氏、长青妻关氏、富贵妻佟氏、敏海妻关氏、常泰妻潘氏、全有妻关氏、海安妻傅氏、九德妻李氏、什金泰妻赵氏、阿勒璏阿妻赵氏、明成妻侯氏、尼金泰妻赵氏、泰德妻阎氏、连德妻刘氏、郭兴保妻奚氏、当午妻王氏、图桑阿妻戢氏、富凌保妻李氏、舒蒙额妻胡氏、富生保妻张氏、东生妻韩氏、乌勒恭保妻宋氏、官成妻王氏、富良妻关氏、海成妻戚氏、八十儿妻卢氏、麦得妻郭氏、银咬妻巩氏、依隆妻关氏、满斗妻侯氏、依凌阿妻石氏、穆吉楞额妻陈氏、发瑞妻常氏、金成妻杨氏、满寿妻关氏、连成妻杨氏、七格妻姜氏、来成妻赵氏、珠禄妻舒氏、六十七妻李氏、春德妻张氏、春才妻卢氏、喜林妻常氏、玉格妻王氏、春深妻佟氏、富勒浑妻赵氏、倭新布妻常氏、三喜妻王氏、多罗隆阿妻刘氏、德寿妻韩氏、银海妻郑氏、双喜妻刘氏、凤山妻葛氏、占奎妻赵氏、万有妻赵氏、富喜妻王氏、双山妻康氏、盛全妻奚氏，俱采珠正黄旗人。

六德妻阎氏、满寿妻杨氏、八十妻佟氏、全喜妻王氏、全庆妻吴氏、五德妻奚氏、金亮妻赵氏、舒冲阿妻王氏、全福妻伊氏、成祥妻伊氏，俱采珠正白旗人。

二达子妻吴氏、来保妻王氏、老格妻王氏、马童妻佟氏、官音保妻刘氏、六达妻常氏、金才妻陈氏、巴图哩山妻赵氏、黑胖儿妻赵氏、吗斯泰妻郎氏、德林妻王氏、和生额妻刘氏、春儿妻赵氏、德寿妻王氏、永福妻赵氏、巴福妻郎氏、依长阿妻张氏、庆寿妻关氏、太收妻那氏、喜狗儿妻韩氏、庆喜妻杨氏，俱采珠正红旗人。

额凌妻常氏、哈锅儿妻赵氏、双明妻刘氏、书通保妻张氏、七十五妻吴氏、富贵妻暴氏、保荣妻卢氏、多隆阿妻高氏、常永妻刘氏、七十五妻关氏、书通额妻赵氏、五达儿妻马氏、德兼妻赵氏、双喜妻王氏、德顺妻傅氏、连喜妻沈氏、六十五妻关氏、庆春妻郑氏，俱采珠镶白旗人。

九十一妻董氏、色林保妻关氏、常德妻李氏、他那保妻关氏、富顺妻谢氏、满昌妻韩氏、群喜妻关氏、春有妻赵氏、成林妻杨氏、阿扬阿妻谢氏、云福妻关氏、冲歌妻赵氏、富亮妻韩氏、色克精额妻关氏、富祥妻王氏、金成妻唐氏、保全妻赵氏、全顺妻李氏，俱采珠镶红旗人。

银德妻屈氏、希拉布妻王氏、富春妻赵氏、庆敏妻奚氏、穆特布妻王氏、来群妻李氏、常生妻傅氏、八十九妻赵氏、常生妻侯氏、春亮妻程氏、富通阿妻常氏、东成妻郎氏，俱采珠正蓝旗人。

德寿妻王氏、羌德妻高氏、富尔青阿妻张氏、舒克精阿妻庄氏、三森保妻赵氏、长明妻常氏、田珍妻钱氏、吉祥妻关氏、根群妻赵氏、喜成妻孙氏、喀尔春妻韩氏，俱采珠镶蓝旗人。

德枝妻王氏、白德妻赵氏、麦得妻高氏、胡朗阿妻赵氏、德隆妻阎氏、德凌妻闻氏、双福妻赵氏、曹德妻马氏、八小妻谢氏、张虎妻伊氏、色克精额妻赵氏、全有妻马氏、五十妻关氏、金虎妻赵氏、来有妻常氏、万春妻关氏，俱捕鱼镶黄旗人。

巴彦泰妻杨氏、钮隆阿妻吴氏、奇魁妻马氏、开春妻赵氏，俱捕鱼正白旗人。

马来妻奚氏、寿亮妻张氏，俱捕鱼镶白旗人。

文谦妻于氏、三春阿妻高氏，俱捕鱼正蓝旗人。

银山妻张氏、荣德妻关氏、富有妻郭氏、满昌妻韩氏、穆通阿妻王氏、群生妻刘氏，俱捕鱼正黄旗人。

柏小儿妻傅氏、富精阿妻关氏、达冲阿妻石氏、英顺妻郎氏、增保妻田氏、六成妻李氏、胡德妻魏氏，俱捕鱼正红旗人。

大小尔妻姜氏、偏儿妻赵氏、王德妻张氏、泰生妻傅氏、保全妻那氏，俱捕鱼镶红旗人。

明福妻奚氏、德成妻郭氏、勒福妻奚氏、扎库奈妻关氏、双成妻赵氏、七十九妻徐氏、扎兰泰妻梅氏、杨成妻刘氏、官顺妻万氏、六十八妻张氏、石成阿妻张氏、长保妻钱氏，俱捕鱼镶蓝旗人。

以上采珠、捕鱼八旗，共守节孀妇二百七十八口。自夫亡后，笃志完贞，苦守冰操，甘心荼蓼，饥寒并迫，均皆奏准旌表。

文学

乌拉采珠镶蓝旗恩贡生富森，作有乌拉八景。

老城旧迹

古有城池近水边，中存旧迹代相传。

百花台阁留余址，三宝佛尊不计年。

数仞垓坦俨岭阜，千秋老树拂云天。

当时建造人何在？风景依稀后胜前。

古塔残形

塔如大笔压江东，受尽人间雨若风。

迹古应多增感慨，形残无复旧玲珑。

半存隐约题名字，一举成全造化功。

更有诗人难写处，影亏斜映夕阳红。

西门午市

日中商旅若云屯，贸易何多不惮烦。

西傍松江开宝市，东临乌郡枕城垣。

辛勤蜃蛤鱼翁卖，兑换烟麻野老喧。

未几斜阳人影散，应归白社共开樽。

南寺晨钟

奔忙苦海不辞辛，幻境从来谁认真。

寺设南方龙伏虎，钟悬东阁西同寅。

蒲牢了了谋双耳，色相空空悟一身。

寄语九龙音漫渴，声声唤醒梦中人。

凤阁春情

凤山凤阁两崔嵬，每入春光晴景开。

谷口烟笼莺未觉，月牙池暖鸭先来。

风云已展乾坤净，草木复苏造化催。

气象万年俯一切，登临应不羡蓬莱。

鱼楼晓景

为贡鲟鳇筑一楼，临江晓起景偏幽。

网堆舵尾鱼翁睡，月隐林梢兔魄收。

水扑朝烟笼四角，山含晨气阔中流。

任他波浪兼天涌，我在齐云最上头。

松江围带

乌城自古说安邦，带绕松花第一江。

源出白山来万里，流通黑水远无双。

斜环柳岸飘轻絮，回束闉都拥画艘。

曲抱紧围三面郭，应知天堑此神泷。

星石流珠

石色晶莹历古今，相传昔日大星沉。

有时流得珠如玉，便是兆兹晴亦阴。

炼后补天还补地，出将为雨必为霖。

倘教万颗轻收去，触处成云深复深。

隐逸（无）

流寓

黄附生，名振栋，字功臣，迄先山东人，嗣后流寓乌拉东北溪浪河南岗住。生资聪明，学问优畅，乐读书，勤肄业。教读十数年，及老归家，练道学。当其没时，有邻近居民鲁姓者，由溪浪河归，路遇黄生，乌沙衮袍，似城隍类。所带人役，穿戴乌衣、红帽，手持板索，蜂拥而来。鲁某疑，欲问而不得，后至其家，闻涕泣声，方知黄生即日逝矣。后黄生与其弟梦曰：吾升城隍也，汝等不必哀。

朱毓桂，祖籍山东登州府人，少从父学游，遂于乌拉居焉。性情耿介，志气轩昂，喜读儒书，究心史学，终身不欲仕进。每见其闭户潜修，常吟抱膝。嗣后寄迹园圃，甘老林泉，年逾七旬，手不释卷。

方伎

神治贾名星魁，奉天人，善针法，尤精符咒，少移乌拉东北溪浪河居住。治疗多出奇术，察人形色，即知病源。或药、或针，莫不手到病除。嗣于同治元二年间，瘟疫流行，以针活人者，不可枚举。其余医不能活之症，皆得起死回生，时人比之神医，咸为称之。

仙释

达林，山西人，素不茹荤，学道于乌拉财神庙。生来道貌清奇，骨格秀雅，于同治二年，苦心修炼。至六年，羽化时，玉注双垂，馨香满座。

金清如，奉天黄营旗人，修真于凤凰山。生有异质，岁旱祈雨，辄夜无不神验。故山下居民，无不称之为活神仙也。将死，先告人以时日，后至日，果合掌而逝。

王崇福，山东登州府民人，居凤凰山。相貌古奇。采蘑菇、拾野果为食。与人言休咎，多奇验。后忽癫狂，邻近居民如生疡结者，均至告求，遂手指点即愈。嗣至羽化时，语其众徒曰：到酉时，汝见有群鸟集噪，即吾归时矣。后果如其言。

王密成，本郡民人，居凤凰山。有道术，修炼数年，寒暑一衲。每遇天将作风雨时，预先言之，无不如神。后一日，忽与人言：吾将去矣。众皆不解，问之，笑不答。夜半归，方丈留偈端坐，玉注下垂而逝。

王永富，本署正黄旗人。自幼务农。二十余岁，在凤凰山佣工，后出家学道，与众友习诵经卷，朝夕不辍，持练多年，亦羽化矣。

祠祀

土地祠，在城里城隍庙院东建修，正殿一间。

仓神祠，在仓场偏东，正殿一间。

药王庙，西院内土地，正殿一间。

昭忠祠，在城东门外，于同治九年建修。正殿三间，东西两廊各三间。大门一间。周围土筑院墙，内设阵亡协佐、防校、兵丁、士卒功勋灵牌，春秋遣员致祭，以酬忠勇。其岁修等事均归协署经理。内供官员、兵丁衔名列后：头品顶戴记名副都统呼敦巴图鲁、协领委营总贵升，头等侍卫傅崇武、巴图鲁隆春，头品顶戴记名副都统霍腾额，巴图鲁花翎佐领全升，佐领委营总讷勒布，花翎骁骑校副都统衔即补协领委参领密成，蓝翎佐领委参领多明额，花翎防御尽先协领副都统衔德升阿，花翎尽先协领讷苏肯，巴图鲁富全，花翎尽先佐领衔伊勒通额，巴图鲁倭西奈。兵丁牌位三百九十三位。

古迹

八眼窟窿星星石，城外西北隅，古有一石，长丈许，色青润。每遇清夜之际，常与星月接光，相传昔曾有南方人言石下有宝，掘欲取之，百取不能出，石返下沉，其掘乃止。嗣后地渐增高，直与古城并峙，至今犹存。

哈思呼贝勒城，在城西北二里许，旧有古城一座，内外三层。其中有台，高数丈，相传此白花点将台也。台南下有一桥，名为一步三孔桥。桥下有地道，南北能通龙潭、凤凰二山，现今此桥尚存。台上东北隅，有古树一株，类似榆，中有一孔，流水如泉。洗之能去目疾。内城西，有养鱼池一处，傍设钓鱼台。内城东南隅，又有养鱼池一处，今皆俱废，遗址尚存。

搀根塔，在城东北五十里，乃古时塔也。高六丈许，下截根摊过半，能容人避雨。每遇狂风，其塔似动，然终未见其歪。农人望之，上如白云出者，天必降雨。

半拉铁头坟，在城东北三十里，古有一坟。相传白花将官也。现被水冲，旧址俱没。

陵墓

傅将军墓，在城北五里。于乾隆丙辰年奉旨建修。周围砖墙，前有神道碑、石柱等事。其地树木森密，野草甚繁，诚为乘凉之所也。每值春夏，游人踏青，必至于此。

额侯爷祖墓，在城南四十里，牛山河前，口钦屯西南。于嘉庆十年，奉上谕：着派将军秀林查验建修坟墓竖碑二座。其地后靠猴石耸护，前照松江围环，唇案皆齐龙虎盘踞之势，诚胜地也。

风俗

性情朴厚，气质温和。士秀尚文，惟重诗书之礼义。民知务本，诚敦稼穑之艰难。

物产

东珠，此系奏请奉旨始行捕打。

松子、松塔、红白蜂蜜、鳇鳇鱼、鳟鱼、细鳞、鲇鱼、翘头白鱼、细鳞白鱼、草根鱼、鲤鱼、鲇季鱼。以上十一宗历进国贡，以乌拉地居吉属境内之中。

除本署应进贡品之外，仅叙土硝、大缸、白小米三种。其余山川生产，药饵暨水木各属，谅吉省俱已载之，未便重复。

杂志

神浦显灵。乌拉城东北四十里关家屯，旧有巨浦，形似满月，清如流泉。

相传神浦内，有石洞数处，内居黑鱼，尝见云气笼罩。昔有人在浦边樵采，至日夕，忽见有车马自西南来，形同官长，及至浦边，倏忽不见。又有本屯妇女，乘舟在浦采菱，至水中㧓菱，带出铁索一条，妇女㧓满舟中，几乎舟沉，仍未得其端倪。妇女惧，跪泣祝祷，忽见索挛自行沉入。屡见神奇，实难叵测，寄奇信。

乌拉城北其塔木屯东南，土名黑鱼洞，原有一泡，深不见底，时间常有灵奇。于同治年间，本署贡进冬鱼，差派捕鱼镶白旗委骁骑校六喜压车，至都呈进讫。嗣在都城珠宝市大街，办买货物，偶遇老叟，年近八旬，骨格清奇，丰资秀雅，向吴六喜言之曰："汝关东人也。"喜曰：诺。老叟由袖间取出信息一封，寄嘱之曰："汝将书带至本籍其塔木东南黑鱼洞处，高声言曰：有书到来，大呼三声，自有接书人也。"后六喜接书，携至所言之处，照依行事，果有青衣童子，由背后而来，将书接去，转瞬倏然不见。

乌拉城北十二里卢家屯，有李姓家，以务农业。于光绪十一年春间耕耘时，忽于地中耕出一物，其形如卵，其色似肉，众人皆惊骇。后被锄人各持锄乱砍，其内似肉，又似筋包，腹瘟之，及夕止归家哄言：曾有老人告之曰：此必太岁也。又或曰：此物以出，应角虫灾。异日至地验之，渺然不见，未知是否。

艺文（无）

注　释

① 内容详《清世宗实录》卷 116 页 6，卷 119 页 9—10。

② 内大臣，官名。清制，侍卫处设领侍卫大臣六人（正一品），于上三旗内之勋戚大臣中特拣之。其次设内大臣六人（从一品），于散秩大臣、都统、前锋统领、护军统领内拣之。掌供宿卫扈从之事。（《清史稿·职官志四》）

③ 光禄大夫，官名。明清光禄大夫为正一品。掌顾问应对之事。

④ 乾隆丙戌岁，即乾隆三十一年（1766）。

⑤ 五常堡协领，同治九年（1870）二月甲辰，添铸吉林五常堡协领、佐领各关防图记，从将军富明阿请也。掌管军政、民政、防务。（《清穆宗实录》卷 27 页 614）

⑥ 随缺官地，即官兵随缺地亩。吉林官兵之有随缺地，始于道光年间，将军富俊、什讷讷等先后奏准于双城堡、伯都讷拨给。光绪年间复经将军铭

安、长顺等先后奏准于三姓及吉林等处，亦一律拨给。所谓随缺地，即各城官员兵丁酌给地亩，以资赡养。例于半饷之外，拨予熟地若干，作为随缺地。

⑦ 五常厅，光绪八年（1882）设。

⑧ 凉水泉荒地，是清末出放的荒场之地。属于乌拉贡山的北半部。咸丰十年吉林将军奏请开荒济用一折称，查得吉林地方凉水泉南界，舒兰迤北土门子一带禁荒，约可垦地十万饷（《大清会典事例·户部·开垦》）。

⑨ 吉林将军富，指吉林将军富明阿。同治五年（1866）至九年（1870）任吉林将军。（《清穆宗实录》卷291页8-9）

⑩ 拔贡，清制，每十二年选拔在学生员之文行俱优者，贡于京师，曰拔贡。

⑪ 弱冠，二十曰弱冠。古时男子，二十成人而行冠礼，体犹未壮，故曰弱冠。详《礼记·曲礼》。

⑫ 省闼，同禁闼，天子所居之地。"思慕之心，常存于省闼"。（《汉书·谷永传》）

⑬ 己亥岁，以副都统从事西陲，时为己亥岁，即康熙五十八年（1719）。史载：总管穆克登，在乌喇地方，声名甚优，人亦勇健。着授为副都统，打牲乌拉、船厂乌拉之一千兵丁，令其管辖。（《清圣祖实录》）

⑭ 雍正乙巳，即雍正三年（1725）。

⑮ 壬子，即雍正十年（1732）。

⑯ 额勒登保，瓜尔佳氏，字珠轩。满洲正黄旗人。世居吉林乌拉。乾嘉时期任职多年，官运亨通。事迹详《清代七百名人传》。

⑰ 谙达，蒙古语、满语中均有此名称。亦作"安答"或"安达"，意为"朋友"。古代我国北方若干民族，当甲乙两人因交换信物而结成朋友时，即互称为"安答"。清代在嫩江地区设布特哈总管衙门，所属官员有"谙达"，其职务是向鄂伦春人征收貂皮并供应所需物资。（《辞海》合订本397-398页）谙达，满洲语义为伙伴。清时皇子学中除师傅之外，又置谙达。有内安达、外安达之分。内安达为文员，由八旗翻译出身人员选派，教授满蒙书；外谙达为武员，由各旗营参佐领选派，教授骑射。上书房置总谙达，以贵臣充之。（《辞海》1984年再版合订本1250页）额勒登保"在蕃邸时，充谙达有年，小心勤慎"。此似指上书房中的总谙达。

附

永吉县乡土资料

王利英 整理

永吉县历史沿革

事变前沿革

　　查永吉县为吉林省首善之区，位于长白山之北，扼松花江上游，山川相缪，磅礴苍郁，灵气所钟，代有兴者。溯自最古为息慎国地，其时盖在虞至周也。汉为玄菟都上殷台县，武帝元封三年以前属朝鲜。晋为护东夷校尉所统扶余地。北魏为勿吉国粟末部。唐为渤海国涑州。辽为涑州，隶东京道。按通志云：吉林在辽时设郡县者，南自伊通，北抵双城堡，仅西鄙耳。涑州即今吉林府境。金为咸平路东部玉山等县境，金破辽后而涑州无闻，且涑州之名不见金史，疑金自得涑州后，即并入他州，故莫由详考。然则其地尚在玉山县境与开元路之交界处。元在咸平府境内，咸平府初属开元路。按元时疆域辽阔，山海关外只置一辽阳行省，其东尽统于开元路，今吉林省皆开元路地。咸平府初与辽金旧壤同，后从开元路分出。当时女贞保于东方，盖元时开元路，实在女贞势力范围也。明永乐时北部为乌拉卫、奇塔穆河卫，东部为讷穆河卫、伊实卫，南部为甫门河卫，西南部为哈达卫，西部为亦里察河卫。正统、嘉靖时，又于北置鄂山卫、富尔哈河卫、萨尔达卫，西南置库呼讷河卫，西置萨喇卫、屯齐山卫，季年为乌〔拉〕部。按万历四十一年，满洲灭乌拉，虽兴替不一，都会约均属于吉林省区范围以内。仓颉叙篇尚称东夷君子之国，其由来远矣、久矣。迨前清肇兴，东土吉林实为发祥之地。太宗由东而西并诸部落，入关而主中夏。定鼎后，以根本地空虚，复将随征旗丁遣回驻防。初地方幅员辽阔，居民无几，尚未设抚民之官。省城设将军、副都统各一。外五城（宁、伯、三、阿）设副都统五、吉林隶宁古塔将军，康熙十五年徙驻。将军有（户、兵、刑、工）四司，副都统有（左、右）两翼，办理兵民钱谷词讼等事。拣选官员，兼理打牲乌拉，则将军有特殊之权。盖当时纯为旗兵驻防地，旗民婚产银谷军旅诸凡设施大都寄民政于军令。后以鲁冀流民来东，偷采山参及淘金采矿射利者日多，并兼旗丁生齿日繁，所得银米不敷养赡，男不暇耕，女不知织，半以渔猎资生，衣食皆仰自外来，又值国家承平限制渐弛。先于双城、五常两堡，令旗丁屯田，后以征诏废耕，准于旗招民佃，于是客籍之民襁负妻子来东耕垦者，络绎道路。旗民杂处不免有鼠雀之争，地广民稠尤不可以无治，由是于雍正四年始设州治，名为永吉州，隶奉天。乾隆十二年改为吉林厅，设理事同知。光绪六年改为吉林府治。行保甲法，分尚礼、克勤、兴让、永智、诚信等社，使民团结以自卫。物产渐饶，厥地腴，厥俗朴，天然林矿尤甲天下、五谷咸宜，以大豆为出口大宗。乾嘉后，民既富矣，须随时教之，遂借材内地。有奏调而来者，有投效而来者，为南北交换知识之始。迨同光之世，强邻环伺，国家多故，府治地面辽阔，统辖有鞭长莫及之势。于是移民实边，放荒招垦，增设各府厅州县十余处。迄至清末，裁将军、副都统员缺，改巡抚四司一道之制，实行新政，分理各事，政治遂繁矣。民国二年奉令裁府厅州，改为吉林县。又分割所属之地，南设县治为蒙江、磐石、桦甸，北设舒兰、德惠，东设额穆，西设双阳等县以分治焉。吉林县境之幅员，由是与他县分封，遂将全境划为十区，设警以保治安。第一区设于城北七十里之乌拉镇，第二区设距城北一百五十里之其塔木，第三区设于桦皮厂，距城七十里。第四区设于城西北之下九台，距城一百六十里。第五区设岔路河，第六区设双河镇，均距城一百二十里。第七区设城南九十里之官马山，第八区设于城东南八十里之旺起屯，第九区设于阿什哈达，距城二十五里，第十区设于距城五十里之江密峰。民国十八年十一月奉令准，因吉林县与吉林省名混合，改为永吉县政府。分科设局制，曰总务科、公安局、教育局、财务处、实业局，各有专责。并实行区村制，设区公所划定乡镇、闾邻以理之。至民国二十年事变以前仍沿是名，区域如故，并无变更。论教育学校逐渐普及，则民智半已开化。论工艺、实业、交通，则日新月异，改善颇速。以上系记现在之大路，将来时势所趋，进化之程度，必更有善于此者。此永吉县史沿革之大概情形也。

事变后略志

查永吉县当九一八事变时，县境驻防陆军溃退，胡匪四起，到处绑抢，人民受其蹂躏不堪言状。彼时由关县长督同警团竭力防剿，始逐渐击溃，地方匪患稍见平靖。大同元年三月一日，满洲建国首都，定鼎长春。通电各省，于大同元年三月十三日，将原有长官公署改称省公署，原有各县政府一律改称县公署，以符新制。永吉县政府遵于大同元年三月二十一日奉令改称县公署矣。同年四月十二日，奉令将原有县清乡局裁撤，废区村制。惟县境之农产物较前并不发展，因地方不靖耕耘失时，抛弃荒芜时有所闻，加以前岁（即大同二年）谷贱伤农，去岁（即康德元年）复遭灾歉，民生凋敝达于极点，农户半多无力春耕。当经政府借与农民复兴贷款，继而种子消毒及预防病虫害施设，加以改善耕种收获之方法指导，俾收农业发展之效。至地方教育因受匪扰多有停顿，现已急谋恢复，且筹增加班额改善教法，以期教育普及之效。财政方面，虽受岁凶灾歉影响，然以稽征认真，量入为出，收支尚无悬殊。大同元年八月间，经省呈奉民政部核准县属之下九台，地方繁盛添设县治，并定县名为九台县，将永吉县属二区之其塔木、四区之下九台两区全盘同时划拨管辖。复按现有区域划分十区。大同二年十一月间，奉令改组县制仍称为永吉县公署，分一科四局制，计总务科、内务局、财务局、教育局、警务局，以下要分为十一股。同署办公，事权统一，较前尤为便利。由是划辖境为八个警察署，计乌拉镇、黄旗屯、桦皮厂、额赫穆、岔路河、双河镇、官马山、旺起屯等是也。复因区域辽阔，统辖有鞭长莫及之势，署下更分为二十八个警察分驻所。由警务局划定地点分驻各处。由省颁发恢复治安工作要领，实行保甲制度。全县按照警察区域分为八保，保下分甲，甲下分牌，并编练自卫团，按户抽丁，以期互相援助保卫地方。商工业在事变后被匪抢虏，倒闭者约占三分之二。幸经政府体恤商艰，组设商工复兴贷款会，贷款救济恢复营业，地方逐渐发达。民智日见开通，咸知日满必须亲善，而不可分的关系愈益密切。永吉县现在仍沿是名，并无变更，将来地方治安日臻巩固，县政力求向上，以期与民更始，则王道乐土不难实现于斯矣。

一、地势及沿革

本县地势，可分为三大别，即山岳地带、山丘地带及平原地带。山岳及山丘地带占县之本部地方，南部为多，其东西北三部较少。山脉重叠，起伏不平，内藏矿质甚多。此山脉中到处有小平原，及平原地带之草原地带亦最多，不可耕地约占全县面积十分之六。河川有松花江，横贯于县境之南部。在平原地带有饮马河，今与双阳县即以此河分界。其较小之河川甚多，详载于后。其平原地带沿松花江流域而成沃野，土地肥饶、农产丰富，以大豆为大宗，可耕地约占全县面积十分之四。

自前清雍正四年设治，始名为永吉州，后改为厅。光绪六年，改为吉林府，于是移民实边，放荒招垦，因府治地面辽阔，统辖有鞭长莫及之虞，遂划辖境，增设各府厅州十余处，以分治焉。

民国二年，改为吉林县，更新制度。复因区域辽阔，行政上多感困难，连络上多缺圆滑，为施政便利计，又分割所属之地。南设县治，为蒙江、磐石、桦甸，北设舒兰、德惠、东设额穆，西建双阳。民国十八年十一月，由吉林县改为永吉县政府。大同元年三月，改为永吉县公署。同年八月九台设治，复将县境之西北隅二四两区完全划拨九台管辖。现在面积仅为六万五千四百一十二平方满里。此本县地势沿革之大概情形也。

二、城池之建修

永吉县城（即吉林省城），旧名船厂。康熙十二年，副都统安珠瑚监造。南倚松花江，东西北三面，竖松木为墙，高八尺，门三，周围有池。池外有土墙，乾隆七年重修，同治六年又重修之权垛土墙，高一丈一尺不等，老北门改修牌楼，额曰巩固金汤。向北展修，又增建门五，合旧门为八。东之北曰东莱，其南曰朝阳，西之南曰迎恩，中曰福绥，其北曰北极，北之西曰德胜，北曰致和，北之东曰巴尔虎，皆有楼。唯致和福绥两门未起楼。光绪九年，将军希元改修砖墙，加筑垛口，高一丈二尺八寸。南面江堤嘉庆十八年被水冲坍，筑土重修，同治六年改修木栅栏一道，长九百丈，计五里，周围城墙合江堤，共十五里零二百五十八步三尺七寸。清宣统元年东关设埠，在东莱门之北，朝阳门之南，辟置一门曰新开门。民国十九年秋为便于陆军训练处之往来（该处东及北均靠城墙），在朝阳门、巴尔虎门之间特辟一门曰北新开门。于十七、十八、十九各年，经市政筹备处，将东莱门、朝阳、巴尔虎、致和（致和旧无门楼）、德胜、福绥（福绥旧无门楼）、迎恩（民国十二年旧历五月五日因捻香将门楼焚毁）各门楼先后拆除，均改为新式铁筋门。惟北极门尚仍旧式，并改巴尔虎门为巴虎门，改迎恩门为临江门，共为十门。

康德二年，南面江堤改修，石砌洋灰，并建临江新式马路一道，现正进行建筑中，不久即可竣工。其东北西三面城墙，因年久失修，亦多有颓倾之处，非复旧观矣。

三、著名之山河

本县著名之山河列左：

朱雀山，在县境南二区阿什哈达甲，五家哨屯，距城三十里。吉林有四名山〔即前朱雀，后玄武（玄天岭），左青龙（龙潭山），右白虎（小白山）〕。朱雀亦其一也，土名老母猪磊〔硪〕子。山高三十丈，长里许。山中有大石形似猪，高一丈三尺六，长约二丈六尺七。又有小石猪五，随其后，首向山顶，尾向下，似走形。土人言清乾隆十五年六月，被雷轰击。山顶后有大平石一，中有凹，深宽均一尺七寸，相传为猪槽，凹中之水常不断。虽系传闻亦颇令人信疑参半。与吉林省城相距非遥，有志考古者盍不前往一观，借以明究竟焉。

玄天岭，在县境之北、由西南诸山蜿蜒而来，数起数伏，经茶棚一道岭子西，山高起，约有五六十丈，至三道岭子东，突成绝壁，而入大江。岭上有砖壁，中嵌五石，象坎卦，名曰避火图。乾隆五十六年理事厅幕友王姓者，自言识地理，请建坎卦石于是山，借镇火灾。

龙潭山，在二区南口钦甲，壁立松花江东岸三里许。东隔杨木林子与小盘岭遥峙，为永吉名山之一。由西北门入，山极平坦，榆柞夹道。半里许，过一小冈，又半里许，有牌楼一座，匾书雨阳时若。其下土冈，中断若截，宽三丈，高二丈，名断岭。据传胜清钦天监奏此岗蜿蜒若龙，有王气，故断截之。由牌楼上行，北侧为龙王庙，又四五十步，偏北为僧院，再北为客厅三楹，东行五六十步，东厢为观音堂，南正房为关帝庙，北为客厅三楹，遍悬联额，殊多幽雅。由僧院西北行，过冈五六十步，有牌楼，道光御笔〔挹娄泽洽〕匾额。四围岗绕如墙，高二丈许，平坦如砌，似部落时代，就山势而稍加砌凿者，左侧有石基，中为水渠，即以此名山为龙潭也。周可三十丈，水色黝碧，深不可侧，冬不涸，夏不涨。或云山僧曾钳鲤鱼以金环，投之潭，越日，乌拉镇渔家获之，知潭水下通于松花江也。由僧院东南行百余步，旧有黄婆罗树，高九丈许，亭直无曲，围树朱栏，中设香炉，名为神树。清高宗东巡时所封者，满俗祭祀，先祭神树，今已枯萎不存矣。由僧院南行百余步，过木桥，又二百余步，至旱牢，圆形、周四五丈，深丈许，咸用石砌、不存水，所谓旱牢者也。再南百余步，为南天门。登峰一望，则松花江湾环如带，县城景色，历历在目。

望祭山，俗呼小白山，即温河赫恩山，旧志称温德恒山。在城西南九里，高百五十步，周五里。清每岁春秋，将军率僚属，在山上望祭长白山之神。雍正十一年建望祭殿，满语温德赫恩，板也，清末废祭，迄至大同元年经熙前省长洽，重修望祭殿，恢复春秋两祭（由吉林省长主祭）。

北山，为吉林名胜，风景最佳。出德胜门，过卧波桥（民国十八年重修），直抵山下。东西平列二峰，古刹层层，亭榭累累。山上关帝庙，据传在清雍正辛亥九年所修，系三百余年前之建筑物也。药王庙居山之巅，每年夏正四月二十八日为药王庙大会，城乡人士咸来逛庙。亦数百年古刹，有乾隆戊申年吉林将军都尔嘉题额，曰民生是赖。北行为坎离宫，光绪二十三年王台三募捐兴修，韩登举倡助。再北至玉皇阁朵云殿，矗立巍峨，多名人题联。民国十五年四五月间，经前吉林省长张捐资重修，中间横门上竖"天下第一江山"匾额一方，为松湘浦相国遗迹。山下原有操场一处，现已收为公有。于康德二年起始计划建筑北山公园，以备游览，将东西两峰之间开通南北新式马路一道，上则东西盘道中行，建修洋灰铁筋石桥一座，工程颇大。其他建设正在进行，一俟将来工程完竣，当更有可观矣。

赵大鸡山，在城西南百五十里，属七区，为永桦两县之交界，亦即全县最高之峰。相传清高宗驻跸山下老营盘，夜闻鸡鸣，故名。一说谓其时地荒人少，至此始闻鸡声，故名之，以示边塞荒凉之意。

老爷岭，山脉源于长白山，为永额之交界。东坡属额穆，坦而长，西坡属永吉，陡而短。民国十五年，经吉敦铁路凿通隧道，交通称便利。民国十八年永额分界，即以此岭为天然界标。

蚂蚁岭，岭南在桦甸县界，岭北既入县境，距城约百四十里，峰高七百余丈，中坡有庙曰庙岭，山下有河名蚂蚁河，左右环伸出两干，北至影壁山，截然横断处为旺起屯。

西老爷岭，自七区北部之磨盘山，至五区境内。其主峰约五百丈，周三十余里，支干散布，盘结五区境内。该区内峰峦迭嶂之脉也。山上有庙、异常壮丽，行旅至此多往观焉。

长岗岭，即大黑山之南岗，为观音堂岭之支脉。横断于吉海路上，凿有隧道一段，南北洞口横书"长岗岭山洞"五字。

犬黑山，在六区双河镇境内，盘结甚大，高百丈。东北二坡产烟最著名。

猴石山，脉出于东老爷岭，蜿蜒三十余里，如长蛇昂首，临江处多石磁子，高达五六十丈。南面两石，矗立坡际，高丈余，侧视如猴面壁而坐者。南里许有额勒登保墓。循松花江东岸三十余里，遥对龙潭山，过江则与九站相对。形势险要，风景亦佳。

妈妈山，两峰并列。在双河镇西北四十里，高二十余丈。相传原名两狼山，后因朱姓以狼字与朱不利，特在山上演剧，故改今名。

老虎碴子山，即额赫穆站东南碴子。形势险峻如虎，故名，或以旧有虎穴，东南隔沟即天桥冈。

天桥冈，在额赫穆站之南。山势平坦，遥望如桥，故名。高约百余丈。周约五里。

欢喜岭，在德胜门外约八里。旧为西路驿站，及赴长春双阳必经之岭。岭势甚缓，周约五里。西由老爷岭，崎岖络绎，忽伏忽起，结冈于此，为县城天然之外障。相传清高宗东巡，驻跸于此，向东顾笑，因而得名。岭上有庙宇及碑坊。

松花江，源出长白山，经桦甸额穆两县，由东南曲折北流，至白土崖入县境。著名险流小恶河，正当其冲，为县境内第一锁钥。康大蜡山北伸一臂突出江中，如三指然。高出水面数尺，奔流因湍激而肆放，土人呼三巨指，为大将军石、二将军石、三将军石。江底因山脉余势，复有三巨石耸立江心，水势湍跃，是以行船及放木排者过此，往往遇险，小恶河之名，因此而著。急流二十里，下至张家湾，水势渐缓，两岸少山，至三道通，江水分为三支，行数里复合为一，直向东北奔驶，至距县城二十里长屯子，转而北折，至近城马家屯，更折而东，环城南东流，俨为襟带，登北山而左右顾，江天如画，右岸为农事试验场。县城北有玄天岭，南有朱雀山，东有龙潭，西有小白，松江横贯其中，乃成天然之佳胜，是以松浦相国于北山玉皇阁题有天下第一江山匾额一方，诗人有"大江东去，明月南来"之句。更东流至团山子，吉敦铁路大江桥横架焉。由此北至九站，东至乌拉镇，西北越蒙境，汇嫩江，东折入滨江县。全线长约三千二百里，可通航处亦二千余里。自清光绪二十二年俄国官船，曾由黑龙江至县城，是以松花江轮船开航之始。江之宽度，在县境内宽处有至二百三十丈者，狭处亦有八九十丈，帆船往来，极为便利。

大海浪河，即蚂蚁河，发源于蚂蚁岭西南麓。流经错草沟、二道河子等屯，曲折至大海浪口子入江，全长七八十里。有水田产田鸡、螺骨。

温得河，发源赵大鸡山。平岭山、闷头碴子、三山之后，三源分流，至桃子沟东南汇为一流，是为五里河子。北行七八里，东沿三家子门坎石，又十里过官地，又五里东循官马山屯西北行，经阿拉街、红蓝旗屯，曲折二十六七里，复折向东北，由口前车站西，经吉海路铁桥，长七八丈，复东行五六里，至奶子街屯西，折而北过吉海路铁桥，长十余丈，又七八里至孤榆树，又四五里至泡子沿，又八里马家屯，又三里碾子沟，又八里巴尔虎屯以北，北流八九里至西团山子东沿，折而东行有渡口，又东行七八里而入于松花江。温得河，竖贯七区中部，东西支流皆来汇入。

鳌龙河，发源于乌什哈泉子，曲折至蔡家屯口前砬子，而西入松花江，全流约百六十余里，河宽由五六丈至七八丈不等，产鱼，有灌溉之利。土性粘不坍陷，有铜帮铁底之称。相传清高宗东巡狩，曾驻跸河畔，见其蜿蜒若龙，因信口呼之，遂得鳌龙之名。

蒐登河，发源蒐登沟之八楞山北麓。汇八道河子及各沟涧泄流全流曲折约七十里，至三区入鳌龙河。沿岸稻田赖其灌溉。

大绥河，发源于七区磨盘山东麓，汇涧水泉水，渐纳渐广，北行曲折八九十里，至五家哨入鳌龙河。产鱼，两岸稻田，灌溉甚利。

响水河，发源康大蜡山右麓西行十余里，入凉水河。河身多巨石，水流作声，故名。

大富太河，发源大岔北岭西麓，西行又折至额河砬子入江，凡蕨菜沟、三二道沟、半截沟，北行各细流均清焉。产鱼及田鸡。

小富太河，发源土门子。至坟茔沟之南，入松花江。

额赫穆大河，由东西火棚沟发源，至额穆口子入江，计长六十二里，宽三四丈至五六丈，深尺余或三四尺不等。有木桥十二，舟楫不通。

牤牛河，发源于老爷岭西之冰壶沟。西汇八、七、六、五、四、三、一、头道各河，至额赫穆站南，汇老虎洞沟诸水，曲折至猴石山南。又西里许入松花江，河底甚浅，每至大雨，常酿巨灾。产蚌。雍正五年，乌拉总管衙门派员打蚌选珠进贡。宣统元年大水，河底冲坏，经陈昭常巡抚始将打蚌案奏销。

双岔河，发源于永舒交界香房店西沟，东南曲折行三十余里，至双岔河入牤牛河。

岔路河，发源于六区取柴河间。曲折至双河镇街，由此以南名取柴河。过双河镇街北，东来一流曰倒木瓜，西来一流曰桦皮河，汇合为一，水势渐大，名大河川。又北流三十五里，名响水河子，有木桥一。又北流曲折约四十里，至岔路河街，此河之所由命名也。又北流约百里至川条子，与饮马河及双阳河交汇，而干流始宽，由八九丈至二十丈不等。然浅滩甚多，殊不便于舟楫，经德惠入长岭东界，最终至扶余三岔河而入松花江。全长约二百二十余里。

取柴河，为桦甸县新开河之支流。北流曲折至双河镇，长约五十里。河因产水曲柳树得名，则应作曲柴二字。

大河川，在双河镇北街，即大取柴河之北端。东汇倒木，西汇桦皮两河，北流至抽水砬子，名响水河，长约二十里。倒木河发源于永桦交界观音堂岭以北，北流折而西北又西流，至双河镇北，入大河川，全流长约四十五里。响水河南由抽水砬子接大河川，东汇大岗子河，西汇蛤蟆塘河，北流至岔路河镇，名岔路河，长约四十里，宽五六丈或三四丈，深六七尺或八九尺，横渡用胑艃，两岸多稻田。

饮马河，来自磐石县，为永、双天然界址，经双阳县之烧锅街，东行里余，沿六区热闹街、平埠子、茶壶咀子西端，流四十里，西至川条子汇岔路河。再北至新京与双阳河汇流至扶余入江，宽六七丈或三四丈、深七八尺或三四尺不等，长度不下六百满里，水势最大。

四、气象

查本县之气象观测，年平均气温，最高温度在七月下旬始迄八月上旬，摄氏三十度零五，最低温度在一月中旬，为摄氏零下二十三度四。

五、冰雪及霜雹

本县境内多山，气候纯为大陆性，每年冰期约有五月，所有江河之流，自小雪前后即冻，到大雪前后完全封冻，直至次年清明始解。至于雪期，每年小雪前即可见雪，直至次年清明前始止，为期亦有五月之久。霜降期多在秋分前后，秋分前降霜，则必为灾。近年我永吉县内尚未罹霜灾，冰雹降期，多在夏末秋初之交，但并不成灾。总之本县冰霜期较长，常年寒多暑少，故谷物年可一获焉。

六、风向及雨雾

本县风向随季节而有变更，春日多东南风，夏日多西南风，秋日多西风，冬日多西北风。至于雨雾，在雨水节后始见之，霜降后即不多见。雨雾最多之时，在夏秋之间，往往因雨水降多，致年景歉收，时有所闻。

七、种族及户口表

康德三年十二月末

区别＼署别		乌拉警察街署	黄旗警察屯署	桦皮警察厂署	额赫警察穆署	岔路警察河署	双河警察镇署	官马警察山署	旺起警察屯署	计	备考
户数	伪满洲 汉	6262	10834	10034	5654	15378	7481	5260	5664	66567	
	满	4060	6167	2724	528	2126	50	3365	465	19485	
	蒙	1								1	
	回	88	320	30	2	216				656	
	计	10411	17321	12788	6184	17720	7531	8625	6129	86709	
	日本 地内	4	48	3	3	9	1	11		79	
	朝鲜	138	326	103	364	242	589	219	90	2071	
	计	142	374	106	367	251	590	230	90	2150	
	无国籍 白俄人		22							22	
	统计	10553	17717	12894	6551	17971	8121	8855	6219	88881	

署別 区別	別	乌拉警察街署	黄旗警察屯署	桦皮警察厂署	额赫警察穆署	分路警察河署	双河警察镇署	官马警察山署	旺起警察屯署	计	备考
汉	男	25484	35446	35025	20271	60111	25295	20435	19743	241810	
汉	女	18357	29963	30328	15643	53544	19274	16236	15202	198547	
汉	计	43841	65409	65353	35914	113655	44569	36671	34945	440357	
满	男	10748	22986	10771	1800.	6741	154	12161	1527	66888	
满	女	11699	20005	9103	1492	5956	126	10240	1297	59918	
满	计	22447	42991	19874	3292	12697	280	22401	2824	126806	
蒙	男	2								2	
蒙	女	1								1	
蒙	计	3								3	
回	男	275	1036	123	6	441				1881	
回	女	213	712	107		362				1394	
回	计	488	1748	230	6	803				3275	
计	男	36509	59468	45919	22077	67263	25449	32596	21270	310581	
计	女	30270	50680	39538	17135	59862	19400	26476	16499	259860	
计	计	66779	110178	85457	39212	127125	44849	59072	37769	570441	

伪满洲 区别 人口

署别 区别		乌拉街警察署	黄旗屯警察署	桦皮厂警察署	额赫穆警察署	岔路河警察署	双河镇警察署	官马山警察署	旺起屯警察署	计	备考
日本人口	内地 男	5	107	5	6	12	1	19		155	
	内地 女		90	1	1	6	1	21		120	
	内地 计	5	197	6	7	18	2	40		275	
	朝鲜 男	455	909	249	1076	714	1556	69	270	5933	
	朝鲜 女	296	738	170	879	563	1207	575	207	4635	
	朝鲜 计	751	1647	419	1955	1277	2763	644	477	10568	
	计 男	460	1016	254	1082	726	1557	717	276	6088	
	计 女	296	828	171	880	569	1208	596	207	4755	
	计 计	756	1844	425	1962	1295	2765	1313	483	10843	
无国籍人口	白俄 男		24							24	
	白俄 女		12							12	
	白俄 计		36							36	
	统计 男	36969	60508	46173	23159	68019	27006	33313	21546	316693	
	统计 女	30566	51520	39709	18015	60431	20608	17072	16706	264627	
	统计 计	67535	112028	85882	41174	128450	47614	50385	38252	581320	

八、风俗及习惯

1. 概言

查本县辖境宽阔，土质不一，出产丰歉，因地而异，而人民生活之程度，自难一致，故习俗亦自不同。其婚丧礼节，在乡区屯民，则均取旧式，办法简繁不一，省费不等。将来应规定改善方策，使其采用新式结婚办法。对于丧事，多违古礼，重铺张，尤以停枢晚葬为不适宜。嗣后应减少停枢日期，除却繁文缛节。吊宴及祭礼，亦应格外简单，以节虚糜。他如性情应向开通及协和上迈进，不良嗜好，应急减除，迷信陋习务宜速改。至于随地便溺，任意吐痰，以及食用饮水等项，尤应矫正力谋清洁，以资造成完善之习俗焉。

2. 生活状态

食物嗜好品、饮料水、家庭。乡民之生活简单，所衣者粗布便服，所食者粟米蔬菜，所饮者井泉之水，其嗜仅黄烟与白酒，而居住则系草房茅舍，随遇而安，不讲卫生。然以农事繁忙，终岁劳动，身体亦获相当之发育。其生活状况较富者尚称舒适，惟贫者入不敷出，衣食住三者，均感困难，身心俱受痛苦，现正从事振兴农村改良农事，不久人民可得到安居乐业幸福，而无患贫之虞矣。家庭多守旧，礼教重伦常，乐同居，有同居五世不肯分离者，其家族思想之深亦可概见。惟近年以来，年景歉收灾害频仍，用度支绌，析居者日多，而大家庭遂多变为小家庭矣。

3. 婚礼

乡民举行婚礼，先合婚，既吉，纳采日书男女年庚于红笺，曰庚帖。盛以匣，侑以布帛，钗钏羊酒之仪，送女家，曰文定，亦曰过定礼。亲迎前具送采衣数袭，曰过大礼，并有附以钱款者，曰押婚钱。吉期先日，备酒筵，设鼓乐，门外盛列仪仗，置彩舆于道旁，曰晾轿。女家备送奁仪，曰过嫁妆。过从者，曰新亲。婚日婿行亲迎礼，妇入门向吉方降舆，立弓矢于斗，以红毡铺地，直达寝室。妇帕首，胸负铜镜，立案右。婿跪拜如仪前导，妇抱宝瓶。瓶置金银五谷之属。又置鞍于门阃，跨而过之。入房，婿执秤秆揭帕，行合卺礼。并食水饺，曰管小饭。日中妇家戚党至，妇出堂同婿祀灶，拜舅姑党姻戚毕，妇家备酒席，俾共食，侑以鼓吹，曰管大饭。晚食汤饼，曰长寿面。次日散箱，择吉同拜祖墓并宗戚邻里。嫁前亲友皆赠钗镯等物，曰添箱。嫁次日戚属仍往，曰装枕头。数日延婿及女，款以盛馔，曰回门。月后迎女，曰住对月。归时以针黹馈送长幼。此婚姻之大概也。惟近来多行新式结婚礼，一切均从简约，费用亦省。不过乡间农民，尚多沿旧习耳。

4. 葬礼

丧日定期入殓，开殃榜，全族成服，亲朋致吊，午后送灵于庙，曰送三。阅六日，为迎七，即夕设祭于烟筒下，曰上望。后每七日举行祭礼一次，曰办七，但七七为度。嗣即择期发引，前三日为展吊，富家次日，成主家祭，并请大宾点主，礼节甚繁。殡日舁灵柩至茔安葬，曰出大扛。葬三日举家致坟前哭奠，曰圆坟。百日及周年，亦各祭拜，并向坟培土，以办至三周年为度，无论贫富，均量力举办，甚至积债滋累，不稍顾惜，实陋风也。此后应改从前之陋习，以节无益之虚糜。

5. 祭礼

满洲汉族丧事祭礼，均重冥镪于灵柩前，设桌罗供燃烛，并焚化香纸奠酒享神，行跪拜礼，旁有赞礼生，按次呼唱。旗族则有祭祖礼，于室内西壁木龛，设椅机供神牌，张帘幕，列香盘，春秋择日举行。期前酿米儿酒，煮打糕，蒸苏叶饽饽，宰纯黑猪，于祭日黎明置神龛前。主祭者先一日斋戒领牲，献白供阿玛尊肉，行三跪三献礼，男先女后，受胙，行工祝，晚复献牲，曰避灯肉，邀人会食。又祭天，于墙院东南竿之前，曰献牲，祭之三日，曰换锁。

6. 礼式

满洲汉族，婚礼仪式，系在院内，或礼堂，设桌置斗焚香，由招待引导男女新人，向北行跪拜礼，奏鼓乐，曰拜天地。新式结婚，则于桌后，排立双方主婚人、证婚人及媒人等，由司仪人宣读礼节，男女傧相引导新人对拜后，更向主婚、证婚、媒人等，行鞠躬礼，并由证婚人等，致箴词或祝词，主婚及新人等，答谢词，奏雅乐及风琴，以助兴趣。

7. 年中行事

本县各区乡民，终岁勤劳，惟阴历年，自除夕、元旦，至初五日，为贺年休息期间。六日后，商家开市，农人预备农具及肥料。追过元宵节，即开始布置春耕，所有家中人等，男耕于田，女炊于家，无不早起迟眠，以从事于田亩，办理耕耘收获之事。但于五月五日端阳节，八月十五日中秋节，以及开犁、开铲、挂锄、入场等日，小作宴会，以资休息，此其年中行事之大概情形也。

8. 性情

本县乡民，性多古陋，勤俭务农，其朴实之风，不减于昔。男女尚多同心顾家，惟拘守旧规，农人之子恒为农，不好读书，甚有历数世均不识字者，教育之不普及良由于此，其间游手好闲之徒，性多险诈，往往误入歧途，损害公安，近因保甲制度实行，居民日趋良善，较前治安愈臻稳固。

9. 嗜好

乡民多朴素，除偶有饮烧酒，吸黄烟者外，并无其他嗜好，所有弹唱歌咏之事更属寥寥。惟嗜赌吸烟之徒间或有之，近因治安肃清，此种不良分子，亦皆改邪归正矣。

10. 迷信

关圣帝君显灵保护地方。溯查乌拉镇，自清初入关定鼎后，即在乌拉创设总管衙门，采捕贡品，故开拓最早，而前清一代，二百余年未遭兵戈匪患之劫，故地方甚为丰富。迨咸丰、同治之时，内省罹红杨发匪之乱，剿抚有年，于是吉林军旅尽数调往内省剿匪，故地方空虚已极，至同治四年正月，突有匪首绰号名马傻子等大帮悍匪，破阿什河城（即今之阿城县），盘居抢掠，任意猖獗恣扰，拟直驱吉林省城。该匪众，尽夜蜂拥前来，毫无顾忌，乃行至乌拉城北，五十里之溪浪河镇，夜半忽见兵马无数，灯火辉煌，中有赤面将军，手持大刀，指挥督饬，异常英勇，该群匪目睹兵马骤至，心惊胆怯，即纷纷往西分逃窜矣。当时吉林将军德公，闻阿城失陷，因无兵，恐省城不能防守，仓促之间，焦忧万状，即星夜来乌拉，闻群匪无端往西逃逸，殊出意外，并探至溪浪河，不见匪之踪迹，甚为诧异。当据地方乡老说，是夜乃关帝圣君大显威灵，故该群匪，突见人高马大，兵戈无数，且喊声振动山谷，而群匪疑为京师来兵剿击，故立时惊慌逃避无踪矣。然是时实无兵前往，而该匪众，若长驱直进，则乌拉及省城无兵御防，竟未遭灾劫，因之地方商民，咸谓关帝显圣，保护斯土。而妇孺感戴，迄今传说。或云当时有庙中泥马流汗，及闻钟鼓自鸣等语，类皆流传，似为荒诞，然以群匪猖狂，距乌拉已近，无兵往剿，竟自行逃遁，地方未遭涂炭，亦异事耳，是以乡民信仰甚深，传为神话，而该匪众由溪浪河逃至长春，沿途纵横抢掠，直至奉天之三座塔等处，经过城镇，蹂躏殆遍矣。而当时为乌拉商民感关帝庇佑之德，因关帝庙，年久腐朽，即发起募集巨款，将殿宇重行修筑，并将军德公奏请同治皇帝御制钦书匾额，曰严疆保障。及建立石碑，载记驱匪事故，于今七十余年，香火甚盛，并历年修整，殿宇颇壮观瞻，凡友邦官绅，往来游览者，莫不赞许焉。

殷家坟风脉说。岔路河东北十五公里，腰屯迤南有一岭，岗形似卧虎，曾于清朝道光时代来位蛮叟，擅长风鉴，游行斯地，窥透真脉，徘徊浏览，赞慨置之，离去数伍，旁见一宅，门第广阔，诣访之，主人延会，自谓殷姓，世居于斯，互道寒暄，茶话之间，谈及该岗，正乃舍主所有，蛮叟随将岗脉提示梗概，殷氏聆言，请道其详，叟曰，果尔用为茔地，其后裔立即发科，殷氏据以为信，留叟盘桓，殷勤款待，视为上宾，久而不怠。叟感其优遇，自觉仄席难安，氏知其为动，常求指示正脉，叟曰，该穴占后，泄露天地玄妙，余目自必失明，生计殆矣，语毕，慨叹不已。殷氏曰，倘承不弃，果如君之所言，甘愿养生送死，若尊亲属事之，何如。叟感其诚，诺之。未几殷氏未病而逝，遗有子孙举办丧事，比经蛮叟，莅岗详勘点确正穴，翌日发引，哄动闾里，男女老少各具好奇之心，齐集墓傍围观究竟。是日天朗气清，车水马龙，极盛一时，届时入葬，仪式犹隆，观众者咸以虎穴目之。窀穸后，蛮叟二目俱盲，待遇较前尤丰，嗣殷家某子（其名不详）入京引见留都服务，连升至水军都督职，一度衣锦荣归，举行扫墓，真乃是耀祖扬名，显赫非常，从此门庭改换，尊卑阶级，于是区别。向称养尊处优对待盲叟，至是以降，而为斯役之不如。该叟处此末路，呼吁莫由，一日摸出门外，闷坐枕石，痛悔当初，致有今日。正踌躇莫解间，乃其门生某自南寻师到此，见彼狼狈情况，不禁失声问曰，师流落乃尔，其故安在。叟闻其徒音，悲喜交加，忍泣告曰，余一念之差，悔之莫及，遂将始末情由，备述无遗，但挽余之失，救余之难，非汝莫属，余目虽盲，尚有救机。今与尔约，该茔东南方，脉似虎头，上盖一庙，二目凿穴，内藏石胆，胆汁取出涂目复明，就穴植树两株，风脉势必立破，其家中落可断言矣。然事贵机秘，改日前来，彼此佯为不识，首向殷家赞羡彼墓纯系卧虎以坚其信，继谓虎头回顾，煞气太高，风脉不绵，暂吉终凶，将必失利，使其惊心中计，如法施行，庶夺天地之造化，补我一生之缺憾，在此一举。师徒默约，乃徒如命试办，对方不察，依计履行，该叟盲目复明，师徒同时遁去。事未逾年，该水军都督，以事罢免，家道缘此日衰，以降今兹，其后裔虽无显贵，尚有富庶多户，仍在梓里。该茔雕刻砖垣，精细无伦，松柏参天，仍现非常，残脉后人凭吊莫不喟然叹曰，是乃背信忘义，以致先恭后踞，天道循环，洵不爽矣。

乡民无知，病则祈巫祷神，穷则入庙求神，甚至有跳神引邪者，其占卜星相之事，尤属恒见非鲜，虚糜钱款，误事良多，现正由礼教方面从事改善。

九、卫生

1. **疾病**：有水痘，流行感冒，疟疾，沙眼，寄生虫病。
2. **医者**，汉医五百四十二名。西医二十三名。
3. **医术**：内外科、妇人科、小儿科。
4. **药局**：三十五处。
5. **病院**：十三处。

查本县关于保健状况，如旧式产婆之取缔，传染病之预防，种痘实施，饮食物营业之取缔等等事宜，早已令饬各署切实遵办，以重民命而保健康。上述病名均系传染病，其他患者甚少，此本县疾病、医者、药局、病院等之概况也。

十、由屯垦至现代之农耕状况

本县农业，自清雍正四年始设永吉州，农工商民等，渐集于此地已开垦大半。至光绪八年，改为吉林府，土地完全开辟，农民约占十分之七，近年全县农业户数，达五万九千五百余户，同人口四十万零七千二百五十六，既耕地面积约三十五万余垧，未耕地面积六千六百七十余垧。此外尚有不可耕地五十万零五千七百垧，有不可耕地五十万零五千七百〔垧〕。

十一、名产 特产 土产等名称及产量用途

种类	品名	数量	用　　途	备　　考
名产	大豆	三三六、二〇八石	制油、食料并饲料	
	高粱	二四三、四八八	制酒、食料	
	包米	二一一、五一三	食料并饲料	
	粟	八九六、〇〇〇	食料	
	小麦	七九八	食料并饲料	
	大麦	一二一、八五〇	食料、饲料、制糖、制高粱酒之麯	
	燕麦	三〇〇	饲料	
	水稻	六一、五五一	食料、制酒、麯、酱	
	陆稻	九八、三三一	食料、制纸、家畜饲料	
	小豆	一七、〇一六	食料、果子馅、制粉材料	
	绿豆	二、一八三	制粉材料、食料	
	荞麦	四、一四〇	制面、寝具之填充	以上十二种属于谷类者
特产	麦粉	五〇〇〇〇袋	食料	
	豆油	三三、一九六斤	食料	

164

种类	品名	数量	用途	备考
特产	豆饼	一七,二〇〇枚	饲料及其他精制品	
	高粱酒	七七,八五〇〇斤	饮料、燃料	以上四种属于加工品者
	煤矿			
	石灰			
	铁矿			
	砂金			以上四种属于矿产者
	狍子	六〇〇		
	野鸡	五〇,〇〇〇		
	蛤蟆	四,〇〇〇		
	山狸	一,五〇〇		以上属于禽兽者
土产	人参		药材	
	柴胡		药材	
	薄荷		药材	
	防风		药材	
	益母蒿		药材	

种类	品名	数量	用途	备考
土产	车前子		药材	以上六种属于野生药草者
	马	四〇、九四四	乘用劳役用	
	骡	二一、六八七	劳役用	
	驴	一〇、七六七	农家小规模劳役用	
	牛	一、五八二	劳役并产乳	
	羊	一、一九六	繁殖并产毛	
	豚	七一、二三五	食料	
	牛皮	二、六六枚	制革人鞋并制衣	
	马皮	一九	制鞋用	
	羊皮	二二三	制冬期防寒衣用	
	犬皮	一〇八	防寒帽	
	豚皮	二七、八八二枚	精制细工业	
	兔皮	七七七	防寒用	
	杂兽皮	五六三	防寒用	
	黄菸	五三二、六〇〇	制纸烟旱烟	

十二、土贡之考察

本县之土贡考为以下数种：

貂皮、鹿茸、人参、大黑山之黄菸、松花江之黄鱼、珍珠。

十三、政体

1．总说

政体随时代而变迁，国尚如此，况一邑乎。永吉自设州至县，中经二百余年，存改回沿，世或不同，政体组织，志书记载未详，无从详考，故访诸乡老，略记梗概，兹择要述之。

2．前代

雍正五年设永吉州知州一员，乾隆二年增设理事通判一员、州同一员。十一年裁永吉州，改设宁古塔理事同知一员，裁州同缺，改设伯都讷厅巡检。二十八年裁通判一员。光绪八年，将军铭安奏准吉林厅理事同知一缺，升为府治，改设知府，名曰吉林府。仿照热河承德府、奉天昌图府之例，管地面词讼钱粮各事，新设立伊通州，归其统属，并将原设巡检一缺，改为府经历，管司狱事，教谕一缺，升为府教授，以符体制，其下三班（快班、捕班、皂班），六房（吏房、户房、礼房、兵房、刑房、工房）。但雍正十二年，议准永吉州长宁县，向俱隶奉天学查，永吉州去府八百余里，长宁较永吉更远，添设永吉州学政一员，带管长宁县。光绪八年改升教授，迄至民国二年二月改府为县，设县知事为地方长官，掌一县之民政。置行政科长一人，辅佐县知事办理县政，下分行政收发会计庶务统计等办理各事。划全县为十区，每区设巡警五十名，以维治安，嗣后因时更设总务行政司法等科。劝学所、警察所、财务处、实业局等相继分置。民国十八年，永吉县公署改称永吉县政府，知事改称县长，兹将其组织系统列后。

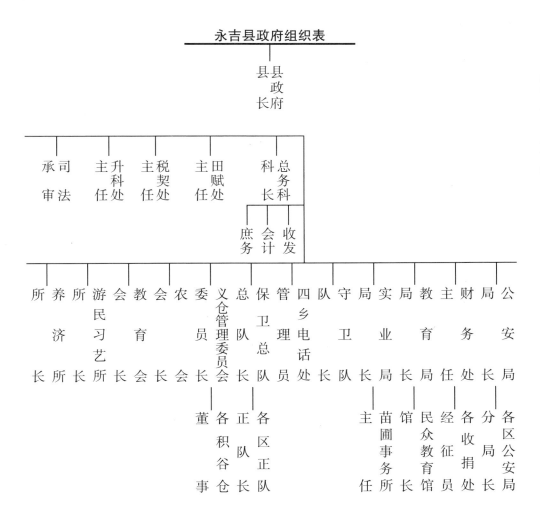

永吉县政府组织表

上列县长之下，设总务科长等，为县长直辖，其下列之各机关，受县长之监督，办理各项行政事宜。

3. 本朝

大同元年三月一日，伪满洲建国后，对于施政仍沿旧制，迨二年十一月间，始遵部定各县临时改组办法，永吉依甲类县，组织一科四局制度，计总务一科，内务、警务、财务、教育等四局。以下更分十三股，归县长直接统辖，同署办公，以一事权，兹将其组织系统列后。

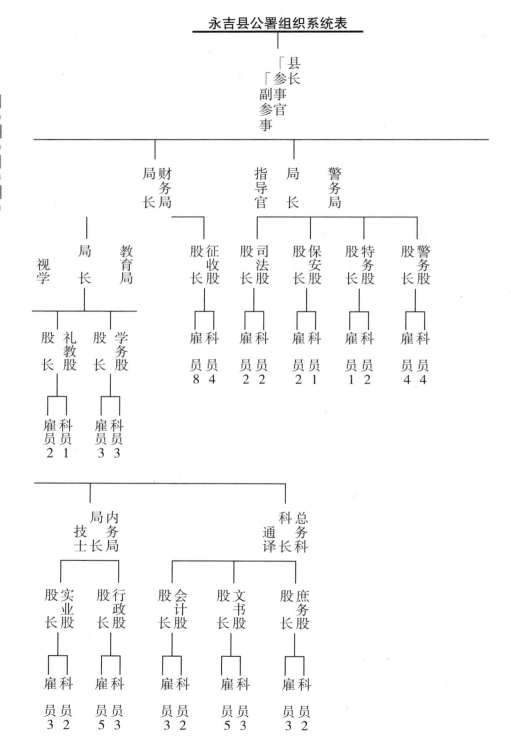

永吉县公署组织系统表

4. 政治

永吉地当京畿之东陲，向为边防重地。建国伊始地方盗匪四起，十室九空，农村凋敝达于极点。幸赖友军仗义援助，及地方军警团队协力讨伐，始将匪患暂告肃清。迨大同二年，组织治安宣抚等工作，分班实施，地方逐渐恢复旧观。改组县治，庶政刷新，分别轻重缓急次第实施。及康德元年，乃清查户口实行铳器收回，以杜匪源。修筑道路桥梁，便利交通，增设电话，恢复学校。由康德二年以来，强化警团，改编保甲，调练警兵，训练青年。开发实业，改良农产及种子消毒，开催品评会。指导训练模范农民，复兴农村，改革农会，确立义仓制度，贷粮救济贫民，复兴农工贷款并归并边境村屯，建设集团部落，以及制定县税条例，整顿收入，登用贤俊。举凡一切施政，俱体建国精神，与时迈进加以日满官宪，和衷共济，努力于王道乐土之建设。务使境内居民熙熙皞皞同登春台，举王道政治之实际，以谋县政之发展焉。

5. 地方自治（保甲自卫团等亦加入）

本县自治，于前清光绪六年，吉林厅改吉林府治，施行保甲法，将县境分为尚礼克勤兴让永智诚信等社。社下更分七十三甲，使民团结以自卫。宣统元年，举办城乡自治会。民国十八年，改县公署为永吉县政府，修正县组织法，施行县自治制度，由县选拔自治人材送省训练。十九年秋，划全县为十区，计为二百三十七乡，十镇，三千八百二十三闾，一万八千九百七十四邻。区设区公所置区长，乡设正副乡长，镇设正副镇长，闾设闾长，邻设邻长，办理地方一切庶政事宜。

大同元年三月一日，伪满洲建国，更新一切制度，县政府改为县公署，自治奉令停办。翌年十一月改组县制，奉省颁发恢复治安工作要领，施行保甲制度，全县按照警察区域，分为八保，保下分为一百九十一甲，甲下更分为七千三百五十六牌。并编练自卫团，按户抽丁，以期守望相助。实行以来，治安巩固，颇收良好效果。为减轻人民负担起见，于康德三年春，将原有之八保一百九十一甲，缩编为一百零九甲，以节经费。将来由康德五年拟施行街村制度，尔时自治团体机构当然另有变更矣。

6. 乌拉为前清发祥采捕贡之重镇

按乌拉镇（乌拉二字原为满语），附近松花江流域之东岸，距吉林省城七十满里。清初入关定鼎后，由北京内五府，派总管一名三品卫，又翼领二名，皆五品衔，打牲丁若干名，设总管衙门，采捕松花江之水产、珍珠、鳇鱼、细鳞等类，并采捕山产之松子、蜂蜜等物，专办贡品，历年照定例依期運送北京贡献。又置协领一名，三品衔，设协领衙门，管理驻防旗兵。曾修筑城池，凡二百数十年。迨民国初年，因贡品停止，乃将总管、协领两衙门裁撤。而地方人民相传，先有乌拉后有省城（省城原名船厂，系前清水师驻兵船之处），盖清初吉林将军驻宁古塔，嗣后迁移船厂，改为省城，故乌拉设治最早，迄今二百余年，为吉省之重镇焉。

十四、军政之沿革概略

　　吉林本古肃慎地，向以楛矢著名，其射猎之精，由来远矣。迨后鲜卑（即锡伯、席北、霄白皆转音也）慕容氏以五胡乱晋，契丹与女贞，又两扰赵宋。昔谚谓渤海三人当一虎，女贞兵满万不可敌，非虚言也。至有清以八旗入中原，统治二百六十余年之久。其初仅以十三甲兵讨尼堪外兰复仇耳。乃兵连不解竟三十三年，建都称号于辽沈，即天崇三朝戡定之地。清初得朝鲜人十，不如得蒙古人一，得蒙古人十，不如得满洲人一。盖满洲人向无徭役，年幼即习骑射佃渔，壮者兼事耕牧，居宫室而行露幕，较蒙人尤坚忍耐劳勇于赴敌，以不预选或落后为耻辱。故旗族直至清季无徭役，自称种地不纳粮，养儿当差，以骑射枪准为分内事。其称劲旅于天下，岂偶然哉。自咸同粤捻诸役征调，连年死伤相继，数已逾万。同治四五年，盗氛大炽，将军富明阿到任，始通省选练马队千名。

　　至光绪三年，马队增至二千零四名，编练步队七起，每起数千人。此外有抬枪营、洋枪营，都凡员弁兵勇三万一千五百一十九人，皆倍饷抽练属于将军之兵也，光绪十年，吴大澂赴北洋（即天津），率兵入卫，始以吉林将军督办边防，以珲春副都统为帮办，称钦差，计边军马步水师共十九营三哨，官弁兵勇八千余人。光绪十一年，钦差大臣穆图善，挑选五千人成吉字练军。次年续挑二千五百人，又次年续挑二千五百人，三年练成万人，月给津贴银一两。将军又奏添吉胜骁勇弁兵若干名成为四营，此为吉林兵备极盛之时代也。光绪二十三年将军延茂，除别募新军五营，专为保护铁路弹压缉捕外，抽减边练两军为八成队，实数祇九千六百余人，此兵数极少之时代也。庚子（即光绪二十六年）乱作，边城皆为俄据，将军长顺添募精锐及吉强军四千余人。俄假和议入省城，毁械局，焚药库，搜缴各军枪械，以致同时哗溃，势不能不遣散也。至光绪二十八九两年，陆续募成捕盗四十营（马十七、步二十三）计一万五千四百八十五员名。三十四年改为巡防五路三十三营（马十五、步十八）减兵额为八千二百四十九员名。至宣统二年，始改巡防中左右后四路合为一协，成步马炮工辎五队二十营，部定名曰，陆军第二十三镇。止留前路巡防队六营，驻扎延珲要地。辛亥（即宣统三年）革命后，中华民国政府成立，革新一切政制，改全国军队为师旅团营连排班之现行编制。民国元年三月，废总督巡抚，置各省都督，统辖军民两政。翌年一月，改为护军使。三年五月改为镇安将军，而置镇安左将军行署于吉林。五年改为督军，至六、七、八等年。次年改编为陆军七个混成旅，续改编之各混成旅，系就吉林财政情形变通办理。驻省两旅，余均开赴外防，或随时预备征调。十二年，改称东三省保安副司令。十三年，改为督办，督办吉林军务善后事宜。十五、十六年，将各混成旅，先后改编为吉林陆军第十五、十六两师。虽照东北划一军制编制，然设置尚未十分完备。此两师军队，甫经编齐，即于民国十六、十七两年，调赴山西北京直隶等省作战备防，留吉驻防者约十营余，于十七年十月，陆续由内省调回，仍分别驻省，及开赴各边隘扼要驻守，以资防剿。同年十二月二十九日易帜。十八年二月，改督办为东北边防军驻吉副司令长官，其师旅团营连排班，仍准照旧制。民国二十年九月十八日，满洲事变勃发后，将驻吉之旧东北军，分别裁汰去弱留强，重新改编归吉林军政厅直辖。大同元年建国后，称为吉林省警备军，分驻省内各地。大同二年，分划全省为六地区（新京、吉林、滨江、延吉、绥宁、依兰），各地区设置司令部，分担治安维持之任务。康德元年七月，将全国划编为五个军管区，更分各军管区为若干地区，以期警备之完善。各军管区司令官，以陆军上将或中将充之。第二军管区司令部驻吉林，吉林地区司令部亦驻吉林。将所辖军队分别驻守管区范围内各边隘要地，以资安内御外。此军政区沿革之大概情形也。

十五、兵制之概要

1. 吉林之兵制

在清朝以前，概为屯垦式人民皆兵主义。自清太祖时，始见整备之军队，太祖即位甲寅年（明万历四十二年西历一六一四年），创编之八旗兵即是。

2. 旗兵制

将军衙门设将军、副都统、印务处堂主事各一员。此外有笔帖式若干员，分掌其事，以佐理之。

3. 省城官兵

满洲八旗、蒙古八旗、鸟枪营八旗、四边门等兵制，设协领九员、参领一员、佐领五十六名、防御三十员、骁骑校五十六员及笔帖式领催等。以军治为民治政简刑轻，不改淳朴旧习。近年始流于文弱，失却尚武精神，国运沦胥，旗族亦与民族同化矣。

4. 乌拉协领衙门

协领一员、佐领八员、防御四员、骁骑校八员、关防笔帖式二员、满文教习一员、领催四十六名、技甲六百五十一名、匠二十名。官兵津饷定制，由盛京户部支领。光绪七年，改在本省大租项支发（每两折制钱三吊）。

5. 乌拉总管衙门

设总管一员、四品翼领二员、五品翼领四员、骁骑校五员、笔帖式七员、仓委笔帖式二员、领催二十四名、珠轩达一百一十名、采（密）〔蜜〕领催三名、官庄领催一名、打牲丁三千九百九十三名、七品章京〔口〕员、七品委骁骑校十四员、铺副一百三十八名、铁匠二名、仵作一名、学习仵作二名、弓匠一名。按乌拉总管衙门直接北京内务府送贡品，总管年俸外有养廉银二百两，由京广储司库支领。笔帖式年俸十三两者有俸米三十三斛，二十八两者二十八斛，计官俸饷银一千七百一十五两，领达丁匠银，共五万八千零八十三两，由北京户部支领。光绪年，改由本省大租项下支付，每银一两遵照部议，改折市钱二吊，共应合市钱若干。按照本省报部银行折银若干，每年于七月初旬核明银数，报〔口〕户部查核指拨如何解交，本署再为派员领取。

6. 吉林练军兵制

设马步全军翼长二员，文案处设翼长委员各一员，办事官七员，发审局设总领督办各一员，委员三员、办事官一员，营务处设总理一员、委员四员。各局处书手三十八名、贴写三十五名，设有统领五员、营总十三员、参领五十六员、防御六十员、骁骑校三十八员、笔帖式三十四员、委官五十八员，此外有什长、马步队等名称，兹不赘及。

7. 边防兵制

设统领六员，每统领一员兼中营步队一员、随同办事委员、差遣委员、办事官、步队每营营官、办事官各一员、字识二名、哨官哨长各五员。以下设什长、正勇伙夫若干名，兹不详叙。

8. 东北陆军第十五师部兵制

设师长、少将参谋长、上校参谋各一员，中校参谋二员，少校参谋、上尉参谋各五员，上校副官长、少校副官各一员，中尉副官、少尉副官、少尉司号、中校军械官、上尉军械官各一员，中尉军械官二员，二等军法正、三等军法正、一等军法、二等军需正、三等军需正、一等军需各一员，二等军需二员，三等军需三员，二等军医正、三等军医正、一等军医、二等兽正、一等兽医、中校书记官各一员，上士十三名、中士十四名、下士十九名、一等兵五十六名、伙夫八名、马夫九名，乘马四十六匹，马伙夫十七名。

十六、历代之战迹（迄于现在）

吉林自辽金以来暨明季，诸部落建筑城堡，星罗棋布，部散人亡，则荡为邱墟。凡诸记载，如乾隆盛京通志所记，已有不能确指其地者，今又百数十年，荒榛灌莽之内，访诸乡老，概云战迹。兹择要列左：

清世祖顺治十八年，昂邦章京萨儿吴代造船于小乌拉，所以征阿罗斯也。

船厂，顺治十八年，设在吉林西门外，松花江北岸。凡水师制造船舰，均在此厂，黑龙江船舰亦寄此制造焉。

康熙十年，移副都统一人驻吉林，十二年始建城，十五年吉林将军自宁古塔移镇于此。管理满洲、蒙古、汉军、锡伯、巴尔虎等旗。十五年春，移宁古塔将军驻乌拉鸡林。建木为城，倚江而居，所统新旧满洲兵二千名，并徙直隶各省流人数千户，修造船舰四十余艘。又有江船数十，日习水战，以备老羌。雍正十三年，在城北三里，建火药局三间。乾隆四十四年，添建火药房六间。光绪十三年，将军希元，添建火药库二间。二十年四月，将军长顺奏，南山火药局，因筛药房失火，轰毁板房，伤毙匠役十四名。庚子九月，俄人焚火药，全城皆震，毁房屋甚多。

机器局，在东大滩，江东南沿，光绪七年六月允吴大澂请，于省城开设机器厂，制造洋药子弹。十一年复奏调同知宋春鳌等来吉，起造房屋，凡墙壁门窗烟筒水道，与寻常衙署不同。吉黑两省操防药弹，皆取给于此。后渐能制噶尔萨格林等炮，及马步来福、开斯、毛瑟等枪械。庚子之役，俄钦差驻此。俄人将机器运去，并沉枪械子弹于江。改行省后，改设师范、农业两校，嗣后改农业为工业及第五中学校，今土城犹存。

黑龙江水师营，俗呼卜奎营，在西门外头道码头。康熙二十五年设黑龙江将军，以乌喇副都统升授，造船舰于吉林。以其匠役水手皆吉林土著（省西北一带桦皮厂木石河附近各屯村），设营统辖之。考试则为黑龙江合字号，今其营房售与商民，其户口亦归县籍云。

乌拉城，在县城北七十里，混同江之东。旧为布占泰贝勒所居，城周十五里，四门，内有小城，周二里，东西各一门，中有土台临江。江边有庵曰保宁。金史本纪云，太祖进军宁江州，十月朔克其城，次来流城，来流即今拉林河。按辽金二史，金太祖起兵，先攻宁江州，辽守将萧乌纳战败，弃城渡混同江而西，是州在江以东矣。

金州城，属乌拉国，在布占泰贝勒所居大城河岸之西，距城西门二里许，为武勋王杨古利攻克，今吉林城北，犹有金州山、金州站。

伊罕山城，在县城东北三十里，在伊罕山上，周围一里，门一。清太祖戊申年三月，命褚英、阿敏率兵五千，征乌拉伊罕山城，克之，俘其众以归。白花点将台，在乌拉镇街北，有古城三，高约八九尺，底宽丈余，顶宽二三尺，分内中外三层，外城东西南北直径约三里余，周约十余里。中城东西南北直径约里有半，周围约六七里。内城东西南北直径约半里许，周围二三里。城中有土台，相传有白花公主点将于此，故名。清康熙四十九年，台上增修娘娘庙。光绪十九年，乌拉总管云生等，复倡捐重修。二十二年，成二层圆通楼。上层祀三大士铜像，下面正中祀地藏王像，两旁祀十殿阎罗。殿楼东西均有廊房，东为和尚禅堂。每年四月十八、二十八两日，香火极盛。西为学堂办公室，再西为学校讲堂寝室，前有马殿亦为学校占用。台后有砖塔一。

骆起屯古城，距县城七十五里，宽长各百八十弓。又土城子屯古城，距县城七十里，宽长各二百弓。访之乡老云，均为乌拉旧城，白花点将台要塞地。或金或辽均无征矣。

尼什哈城，在城东十二里，尼什哈山上（即龙潭山），周二里，南二门，北二门。城西一井，木生其中。有鲫鱼池。三石砌。吴兆骞早发尼什哈诗云，绕帐笳声促夜装，明星欲落雾苍苍，征途咫尺连孤嶂，残梦依稀认故乡。雪尽龙山三伏雨，风严雁迹五更霜，据鞍欲望黄沙外，此地由来百战场。足证当时为兵家用武之地，抚今追昔，不胜感慨之思。

大同二年四月十八，午后六时许，有匪首殿臣、三江好等帮，共率马步匪，约四五千人，进逼岔路河，势欲攻镇，当即令由警务局长金云生，保卫队总队长关德权，抽调精兵前往堵击。我方警队保卫团共六百余人，分头堵击，竭力抵抗。及至十九日早四点钟许，匪已侵入街之东南部，我方复又抽调临近各区自卫团千余人，誓死抵抗。正在双方交冲危急万分之时，适有双阳防军赶到，由匪后方兜剿，用炮射击，匪势不支，且战且退。至午前十二点钟，已将匪击退境外，四处逃散。是役阵毙匪人二百余名，三江好匪首亦同时阵亡，我方仅负伤团兵二人，战经一昼夜，竟能以寡敌众，击毙匪人数百名，使我岔镇安如磐石，未遭焚掠，虽由双阳援军赶到，亦实我警团用命奋勇杀敌之所致也。至其他各处，零星小匪随起剿灭，无足记者，兹不叙及。

附　乌拉事变后被匪蹂躏惨酷实迹

溯查乌拉，自前清入关，开拓最早，凡二百余年，未罹兵匪之灾，故地方极为丰富。迨事变时，吉林陆军第三五旅全军来乌拉缴械变乱后收用各散军改编，备历惊恐，而街市商民损失，已不堪言喻矣。当以驻防军队防守，未被匪扰，至次年胡匪四起，而商会设法与军警协力御防，而夏季，被匪数千名包围，环城攻击一昼夜，将匪击退。然城内只步兵一营及少数警察，日夜严防，周围城壕十余里，兵力甚单，全城赖以保全经年。讵于大同元年九月六日，驻防军队忽然叛出，故胡匪数千蜂拥入城，枪弹齐鸣，喊声汹涌，全城商民妇孺无处逃避，被匪绑去男女人票数百名之多。而群匪盘踞抢掳，全城百物罗掘尽空，所绑男女人票，种种毒刑拷打，异常惨酷。迨群匪去后，全城街巷惟剩空房壁立，概无余物矣。当时甚至灯油、食盐尽空，灾民家家无油，不能燃灯，无盐难以为炊。则地方之灾劫，概可知矣。嗣蒙永吉县关县长，来乌视察，见街市零乱，灾民饥寒惨痛之状，触目感伤，当由县署购买食盐〔口〕袋，送来以济灾民。自有乌拉以来，未有之酷劫。自胡匪蹂躏后，次年，旧有商号除借商工借款，恢复营业者，及新开设之商工业甚多，唯又因地方初安，及年景荒歉，民众贫困，市面萧条，迄今元气未复。所幸者，自康德三年胡匪渐次肃清，地方安谧，故近二年，商民得以苏息，并今秋年景丰收，民众乃始得以安生矣。

十七、历代救荒之实迹（迄于现在）

1. 仓储

吉林统制监督一员，由协领内拣派（无专员各职皆同），仓官一员，仓笔帖式二员，管理出入仓谷。

永宁仓（按即公仓），在城内东北隅，仓房六十四间，大门一间，看仓堆拨房三间，办事档房三间，周围土垣一百三十四丈，高五尺。

太平仓（按即公仓），在城内永宁仓左，仓房六十间，大门一间，看仓堆拨房三间，周围土垣一百二十三丈五尺，高五尺。

康熙二十八年于城外西南隅，盖造太平仓二十间，三十九年添造仓廒十间，四十三年兵力创建永宁仓，迨后屡有修改。

乾隆四十一年，议准地项下额征存仓米石，吉林官庄米石，每石征耗米三升，以备折耗。（会典事例一百六十一）

公仓存粮，以备支给文员俸米等项之用，除额存外，其余照例比时价减银一钱，粜卖旗兵，仍将支给存粮数，于六月内造册咨送户部核销。（吉林外纪五）

吉林公仓存粮，除文员俸米外，有阵亡官兵孀妇之粮，有医官家属之粮，有木瓦匠之粮，有白山牛羊猪鹿豆料之粮，有狱犯之粮。据光绪十七年置廉俸米，共发粮六千一百三十五石八斗四升三合四勺，余则粜给兵丁，义仓额存粮三万四千石，岁征兵丁牛具谷四千九百九十二石。（吉林外纪五）

十九年七月，将军富俊奏言八旗公义二仓，向不贮米，恐致霉变，原奏概称粮石未经分晰米谷，其实贮粮二万石，即系贮谷二万石，请更正折征本色谷二万石，以备积贮，吉林各处每牛录立牛具一具，拨兵三名，耕种义谷地亩，吉林共牛具一百四十具，每具年纳谷粮四十八石，核计应交义仓粮四千九百九十二石，除额存八万石，余粮粜卖，仍将交纳粜买粮数，于三四月内，造册咨送户部核销。（吉林外纪五）

吉林公义二仓、公仓额存粮七万石，共应各项口粮备用四千石外，如有逾额之粮，春间粜与旗人，所粜价银，作为修理各项工程之用，年终报销。

左右两翼，义仓共应额存粮三万四千石，如有额外之粮，粜与旗人，价银即作修理义仓买补牛具费用，年终报销。每年春间，官兵借粮在义仓支给待秋后还仓。（档册）

乌拉城，总管衙门仓官一员，仓笔帖式二员，公仓旧址在城外。乾隆二十五年，移建城内东北隅，仓房七座，以十二地支及春夏字编立，每字五间，共七十间，额存粮二万石，岁征五官屯屯丁谷三千二百四十石。乌拉城协领衙门仓官一员，仓笔帖式二员。义仓在城外东北隅，仓房十三间，原系草房。乾隆二十一年，改建瓦房五间，二十七年又改建瓦房五间，三十四年又改建瓦房三间，均动用粜谷银，额存粮一万三千石，岁征兵丁牛具谷七百六十八石。

光绪十年，打牲乌拉总管官仓，设仓七十间，历储仓谷二万石，按年收谷三千零二十四石，接济丁户，除旧换新，俾免霉烂。近来仓谷例以尖斗征收，流弊甚多，拟将尖斛改为平斛收纳，将斛帽核准，每帽按市升一升三合计算，应折平斛四百二十斛，以此耗谷附入正额。统计平斛六千六百五十斛，按一百四十屯，壮丁外郎小头等分纳，务归准数，此外毫丝不准多取。先是民国元年，设统一机关，定名曰吉林县官仓处，当时接管时，收到仓石谷二千四百五十七石二斗五升，现储仓石谷三千一百九十五石一斗五升，每天除奉饬发付乌拉八旗，分谷及各旗打牲丁粜谷，与乌拉两等小学堂经费谷三项外，余皆存储备荒。此项官地官谷，纯系官有财产，并无义仓性质也。

民国四年四月，吉长道尹郭宗熙，饬县积谷救荒。六月吉林县知事李廷璐，详呈积谷办法，于县署内设积谷董理处，拟具简章，每垧积谷三升，不论官公民产，一律积储。自民国四年起，至六年止，嗣于民国五年，各县知事在吉长道尹公署会议，每垧积谷二升五合，以五合作修仓费，由五年至七年止，每年积谷以十一月起，至来年正月止，以三个月为限，积成之谷，按五成分别出借，以二分行息，至新粮登场时，本息一并归还。

募收积谷实数，提出百分之八分别支配，作办事员司津贴。其积谷保管处。全县十区四十八分所，每区设区董一员，每分所董事一员，其鼠粮折耗准积谷入仓一石，出谷应按九斗九升计算。民国五年，积谷六千零五十二石五斗二升一合三勺一撮。现在章程稍变，积谷处所，计四十一处，有仓地点三十二，无仓存粮户地点有九，实存谷二万零五百八十六石九斗，除本年（即十六年）省政府提赈，延珲和汪敦额等六县，谷四千一百一十七石。又长岭县提赈一千六百七十五石，外存各区谷一万四千六百九十六石。每年照章按四分之三出贷，得利作本处及各区董事薪工，并添修仓廒、及碎修之需。

按吉林仓储，有公仓义仓之分，一为军府之屯聚，其纳仓之谷，多出于兵丁所耕种，犹有古时军储屯田之意。凡仓官俸薪兵丁口粮，胥取给于兹，而于民无与也。一由民户按地纳谷，名曰积谷，每年春季放给民户，秋后收仓，所谓出陈换新米。查以前之办法名称不一，实际亦异，加以责无专归，中间之侵蚀拖欠时有所闻，名为备荒，实则肥己。是以历代救荒，在本县虽有悠悠之历史，并无显著之成绩，良可慨也。兹将本县最近义仓、实迹，择要言之如左：

大同元年，因九台设治，将本县之二四两区地方划归九台县，同时将义仓归九台县十三处，计瓦草仓五十六间，计积谷四千六百三十一石九斗外，下存在各区仓内积谷八千六百石。迨至康德元年五月，奉令将义仓委员会机关裁撤，归并内务局接管办理。至康德二年四月，奉令办理征收新积谷，将以前旧有之仓库，重加整顿，共计公有仓库十九处，破坏者加以修补，无仓之区又重添建二处，现在计有仓库二十一处，计八十五间。于康德三年十一月，始开征新积谷，二、三两年度并征，每垧地纳谷八升（新量器）。至三年十二月底，计征收现谷一万一千二百九十九石一斗七升八合。其接收旧义仓之积谷，均散放在外，各仓仅存旧积谷五百二十六石五斗一升三合。

2. 赈济（私人或团体施舍者亦在内）

旧义仓，民国十六年间，奉省令提与延珲和汪敦额长岭等县积谷五千七百九十二石，又于康德元年，因本县各区受水灾并年景歉收，民人食粮缺乏，而受灾奇重，地方人民，均掘食山菜树皮。曾经呈准由旧义仓所存积谷，分别提赈境内一、二、三、四、五、六、八区四百六十六石六斗，此外并无赈济情事。

3. 贷粮

旧义仓于民国七年间，开始出贷，每届春间出贷谷一次，以二分生息，届秋新粮登场，本利收回，为接济农民春耕之用。现在计有民欠谷九千三百四十五石二斗一升五合。新义仓现在所积之谷，尚未满最低储蓄数量，不能出贷。康德元年九月，奉中央灾歉地方救济委员会，拨发救济粮谷仓麦三货车，红粮五货车，苞米十一货车，共计折新量器八千二百九十三石九斗五升八合。以上民欠积谷及救济贷粮，现在尚未收回。

4. 赐金

大同元年二月，奉省令，转奉民政部拨发，登极大典国内难民救济金国币四百元，并由县治安维持会筹拨五百三十九元，共九百三十九元，按照人数分发各区赤贫民人，每名计三元，计发六区一百零六名口，合国币三百十八元，七区一百三十八名口，发国币四百十四元，八区六十九名口，发国币二百零七元。康德二年四月，奉吉林省总务厅拟发建国文武官员因公殉职者，御下赐金，国币三百六十一元，经即发出四名，计八十八元，其余十三名，迁移我处，住址不详，未能核发，计余二百七十三元，业经如数呈缴，省公署验讫矣。

十八、币制之沿革

本县之币制，自古代迄至清朝，流通都市者，盖以纯银为本位（即俗谓元宝或锞子等），以两为单位，以铜质制钱为换算之零数，其种类最多，无足论者，迄至清末，仍以现银为本位，周转市面者，多以商贴永衡官帖永大洋哈大洋票等及银小洋，均为补助现银之不足。

民国以来，商业繁兴，本县境内，则参杂行使各种纸币，其种类如永衡官帖、永衡大洋票、永衡小洋票铜元票、哈大洋票、奉大洋票、奉小洋票、中交两行现大洋票、日金票、钞票、边业银行票、现银洋票等，随街行使，其天津字现大洋票、殖边银行票、现银大洋，虽陆续流入行使，并不多见。

伪满洲建国伊始，即以统一币制为急务，而于大同元年，实行制定货币法，市面流通，一律行使国币。货币之种类，分为九种，纸币有百元、拾元、伍元、壹元及伍角之五种。白铜货币有壹角、五分之两种。青铜货币有壹分及伍厘之两种。又规定货币之计算为十进法，每元十分之一为角，百分之一为分，千分之一为厘。

对于应整理之旧纸币及国币之换算率

一、东三省官银号发行之兑换券（除天津券）

（兑国币壹元） 一元

二、边业银行发行之兑换券（除天津券）

（兑国币壹元） 一元

三、辽宁四行号联合发行准备库发行之兑换券

（兑国币壹元） 一元

四、东三省官银号发行之汇兑券

（兑国币壹元） 五〇元

五、公济平市钱号发行之铜元票

（兑国币壹元）　六〇元

六、东三省官银号发行之哈尔滨大洋票（有监理官印）

（兑国币壹元）一、二五元

七、吉林永衡官银钱号发行之哈尔滨大洋票（有监理官印）

（兑国币壹元）一、二五元

八、黑龙江省官银号发行之哈尔滨大洋票（有监理官印）

（兑国币壹元）一、二五元

九、边业银行之哈尔滨大洋票（有监理官印）

（兑国币壹元）一、二五元

十、吉林永衡官银钱号发行之官帖

（兑国币壹元）　五〇〇元

十一、吉林永衡官银钱号发行之小洋票

（兑国币壹元）　五〇元

十二、吉林永衡官银钱号发行之大洋票

（兑国币壹元）　一、三〇元

十三、黑龙江省官银号发行之官帖

（兑国币壹元）一、六八〇元

十四、黑龙江省官银号发行之四厘债券

（兑国币壹元）　一四元

十五、黑龙江省官银号发行之大洋票

（兑国币壹元）　一、四〇元

历年旧货币整理之换算办法，及至康德二年六月末，始将售币一律兑清，开一币制统一之新纪录。现在市面行使者，除国币外，尚有金、钞票两种，然并不多见。

十九、教育

1.概言

本县自清顺治后，即选取生员，设官教养，规定学额，培植武学，添设翻译生员，实行考试，并立书院及官学、义学，惟范围狭窄，株守旧规。教养之人，多学非所用。迨光绪庚子变法，改办学校，教育始逐渐兴畅。本县学校之创设，始自宣统元年。彼时仅于城乡设小学十余处，其后逐渐扩充，年有增加。迨事变后，学款收入大减，以致停办学校，迄今多未恢复，殊属遗憾。将来区款增收，县费充足，应力谋推广，俾收普及之效。

2. 沿革

查本县于宣统元年成立劝学所，始于城乡设小学校十余处，继又提拨庙产，作为学田，专供办学经费，而乡区各村屯高初小学，遂逐渐扩充。至民国九年，计共设高初小学八十校、八十班，代用校五十五校、十班。十三年八月，改劝学所为教育局，并将吉林省会模范区，学校十三处、十五班拨归县办。同时添设中学一处。至十九年，迭经添班设校。于是全县有中学一处十班，小学二百九十六处四百四十一班。嗣于大同元年，将乡二四两区，划归九台县，而中学及城区小学又先后拨归市政筹备处管辖，加以事变停办学校，迄今未能恢复者尚有三十七处。于是本县学校现仅有高初级一百一十四校一百九十九班。此前后经过之概况也。

3. 制度、学区及学宫、科举制度（内含考棚、学额、武学、翻译生员）

学宫，吉林府在城内东南隅，乾隆元年秋，诏建新设永吉州文庙。七年知州魏士敏开始建筑，规制略备。康德三年，吉林市公署成立，文庙已改归市署管辖矣。

学署，吉林府教授署，在文庙西明伦堂后。雍正四年，复准增设奉天府永吉州学正一员，光绪七年改升府教授。

学制，顺治九年题准刊立卧碑，置于明伦堂之左。晓示生员，朝廷建立学校选取生员，免其丁粮，厚以廪膳，设学院、学道、学官以教之。各衙门官以礼相待，全取养成贤才，以供朝廷之用。诸生皆当上报国恩，下立人品，并立教条八项，公布实施。

学额，吉林满字号（满蒙八旗），嘉庆五年设童生，每五六名取进一名，廪增额各一名，十年一贡。同治初年，西安将军多隆阿攻克回巢，得银充饷，奏加学额五六取一，外定额三名。六年捐输案内满号，暂广二次，每次额一名。十一年添设廪增额各一名，五年一贡。

合字号，（汉军八旗），嘉庆五年设童生，每五六名取进一名，廪增额各一名，十年一贡。同治六年，捐输案内五六取一，外加定额二名，暂广二次，每次额一名，五年一贡。十三年复准吉林满合二号，自嘉庆五年科试起，至十年岁议，共录取满旗童生三十六名，岁科三届已周例，应酌核廪增额数，副设廪增各二名，仍饩俟食，十年后方准出贡。

吉林府立学之始，年远无考，童生额进四名，廪增额进四名，廪增额各一名，五年一贡。咸丰五年、六年两次捐输，加广定额二名。同治六年，捐输又加定额二名，并增设廪增各二名。

咸丰元年，恩诏加广学额，吉林二名。五年捐输案内，广额一名，六年广额二名。

同治元年，恩诏加广学额，吉林二名。六年因迭次捐输广八次，学额四名，学额二名。

光绪元年，恩诏加广学额，吉林二名。

贡额，拔贡生凡十二年一举，归于吉林、伯都讷、长春三厅，合拔一名。光绪九年，署将军玉亮、学政朱以增，奏请增设各额，寻议准满合号各拔一名，吉林府一名。

武学，满合二号，每五六名取进一名。同治初年，西安将军多隆阿，奏加满字号定额三名。七年捐输案内加合字号定额二名，吉林、长春、伯都讷旧共额四名。咸丰五年九年两次捐输，加定额四名。同治十三年，分设专学，吉林三名。光绪七年，改拔吉林府四名，三年一考。

翻译生员，光绪九年，将军铭安玉亮，奏准添设。十五年，将军常顺、副都统卓凌阿，始举行考试，照例五六取一。因通顺者少，取进三名。十六年取进四名。十八年取进五名，三年两考。

4. 学校。府州县学、书院、官学、义学、义塾、书房、日本语学校

书院。吉林府崇文书院，在朝阳门内试院迤东。同治十三年士绅捐建。肄业有舍，讲论有堂，门厅庖厨规制略备。光绪十三年修葺，并增建从屋十二楹。十七年，因后院设志书局，添建客厅三楹。此院之组织，系公举士绅季裕春、杨敬修、季乃春、张庆祝、沙韫琛、侯莐臣、黄泰、牟英年、沈德涵、赵韫辉十人为值年，每年以二人董其事。以府教授为监院，历聘杨诚一、顾云、周德至、于宗潼、何威凤、王文珊、朱继经，由升堂为山长，主讲课以经史诗文。凡吉林之生童，皆可住院读书。

官学、义学

吉林左翼官学屋八楹，右翼官学屋六楹，在文庙西南半里许。康熙三十二年官兵捐建，乾隆七年修葺。助教官二员，每翼教习四名，由领催拔甲内选用。八旗每佐领学生额四名，习清文骑射。光绪七年，将军铭安奏准添委满文教习各三员。

吉林蒙古官学屋三楹，在文庙西南半里许。教习系蒙古翻译笔帖式兼充，生徒无定额，习蒙古文骑射。

白山书院，屋五楹，在参局街。嘉庆十九年，将军富俊，购民居为之房舍，后建学舍五楹，额如故。光绪七年，将军铭安奏准先后添委教习三名，汉教习一名，教八旗子弟汉文。

吉林府义学一所，在城内东南隅。知州杜薰捐俸建。光绪九年，将军铭安、吉林分巡道顾肇熙，在东关建置学舍，设立五斋。西关北关二斋，俱赁民房奏拨伊通河南围荒纳租地、租银为长年经费。十三年，将军希元，令绅士姚福升凌云，在河南街适中处所，赁地陆续兴修学舍。凡蒙学二十二斋，每斋学生十二名，经学二斋，学生十名，旗民兼收。

考棚，吉林试院，在学宫东偏。同治七年，绅士于凌云等呈请将军富明阿，于九年奏准捐修考棚大堂五楹，龙门一座，东西文场四百余号。外为大门及照壁，门之东有巡捕房，承差房，门厅厨房咸备，堂后有客厅五楹，妙香室五楹。光绪三十四年停科后，全部改设女子师范学校。

学校，城乡各区高初小学校，因事变后，区县款支绌，停办多校。兹将已开及未开各学校，分别表列如下：

县区 立别	区县	区县	区县	区县	区县	区县	区县	区县	区县	计
校数	一	一三九	二一四	八七	三八	八四	三二	八六	二一	一一四
班数 高级	四	四	二二	二	一	三四	一	一一	一	二四
班数 初级	九	三六	二六八	三八	三七	一二九	四三	二〇八	三一	一七五
班数 计	一三	一三〇	二三〇	五八	三八	一五一	三五	一九	六一	一九九
学生数 高级	二三〇	一九五	九〇〇	八四	二〇	八三八	四〇	三四五	三〇	一〇一七
学生数 初级	六七五	五三二一〇	一六六二一	七九四	一四七五	六四五五	一二三〇	五四八二三	二七四五	九八七一
学生数 计	八九五	五三一五	一五七四	八四二一	一五七四	七五〇三	一二七〇	五五二五五	三三〇四五	一〇八八八
职教 员数	一八	二一三	二三一	一六八	三八	一五二	三五	一九	六一	二〇七
全年 经费	一〇、〇二四、〇	六、二四〇、〇	一三、一八三、八	六、七六四、六	一、三五一、二	七、五四七、二	一、二四二、〇	五、四一二、〇	二、七六〇、八	九三、八一二、八
备考										

二、未恢复学校统计表

县区别	校数	班数 高级	班数 初级	班数 计	学生数 高级	学生数 初级	学生数 计	正教员数	全年经费	备考
区县	五		五	五						
区县	三		三	三						
区县	二七		二七	二七						
区县	三		三	三						
区县	七		七	七						
区县										
区县	一二		一二	一二						
区县	七		七	七						
区县	三四		三四	三四						
计	三七		三七	三七						

5. 教育普及程度、识字者之比例、日本语之普及

查本县共分八区。第一区学龄儿童，共为8447名。已就学者共为1444名，未就学者共7003名。第二区学龄儿童共为10454名。已就学者共为5826名，未就学者，共为4628名。第三区学龄学童共为7808名。已就学者共为1718名，未就学者共为6090名。第四区学龄儿童共为5873名。已就学者为1100名，未就学者4773名。第五区学龄儿童，共为10871名。已就学者1527名，未就学者共为9344名。第六区学龄儿童，共为4363名。已就学者共为493名，未就学者共为3869名。第七区学龄儿童，共为10200名。已就学者共为1559名，未就学者，共为8641名。第八区学龄儿童，共为5178名。已就学者共为579名，未就学者共为4599名。统计全县共有学龄儿童62193名。已就学者共为14246名，未就学者共为47947名。系1：3。是全县教育普及程度仅为三分之一耳。委因区县款同为支绌，未能遍设学校之所致也。幸由康德二年度，考取合格塾师四百余名，在各区增设私塾三百余处，就学儿童因之骤增，尚可补救于万一。

日本语一科，各校自初级一年生起，多由本校教员担任教授，亦兼有指派专人，或当地日鲜人担任教授者，而民家习者尚少，因无学习机会故也。

二十、人物

（由辽金至现在用传记体裁叙其事迹）惟自事变迄于现在，凡有功于国家及爱护地方，并倡办公益善举者，尤须特别详记。

1. 有功劳于国家者

本县自辽金各朝以后，有功于国家者，均无史籍可考，难于记载。兹将清代至现在有功于国家者，详列于后。

其一，清及民国时代，有功于国家者。

魁升，字星阶，满洲镶黄旗人，前清附生已作故。生有宿慧，少负大志，忠孝出于天性，家贫赖高姓宿儒免费授学，始得应游泮。初投珲春依诚勇公军，次长军需，整理有序，甚获倚重。嗣经赵次珊委督办奉天全省服务，多有开陈实施收效。程雪楼电邀赴黑龙江督办全省财政善后，兼中俄交涉事宜，

186

创办广信公司，疏通金融，商民称便。复建议垦荒，设十余县，辟地养民，收益殷繁。周少朴抚江，就襄办全省财政职，尤多建树。宋铁梅督江，徐敬宜长民政，委以财政司长，朱子樵督江，委为财政厅长。前后长理财政十余年，均能开源节流，应用无匮。且不受所兼广信公司及官银号薪俸，廉节奉公，罕舆媲美。张巡阅使雨亭，畀以奉天政务厅长，两次代理省长，实行善政，利国福民，均建树殊勋。历经上峰嘉许，并有安静明通之誉。及任吉林省长时，始则整顿金融，继则兴办保甲，复广筹教育专款，增加学校等事，无不苦心规画，第次扩展，忠诚为国，始终不渝。宜乎事业〔兴〕隆，素为当道所推重也。

德英，字润堂，姓何图哩氏，隶蒙古正蓝旗。世居吉林城北永吉县第二区界。补附生，委笔帖式。咸丰三年，征剿粤寇，转战徐州、扬州府境，所向有功。七年三月曾献诱敌计于统帅伊兴额，果获奇捷，破寇无算。同治元年，授拉林协领，又殄奉天昌图厅盗于吉林通沟冈，加副都统衔。四年入觐，命署吉林将军。

金顺，字和甫，姓伊尔根觉罗氏。吉林人，隶满洲镶盖旗。少孤贫，事继母孝。咸丰三年，年二十二岁，征赴山东剿匪授骁骑校。六年，改隶多隆阿军，战败陈玉成等，保协领加副都统衔。同治三年五月，破滇匪蓝顺，平定西安，旋授宁夏将军。十三年帮办新疆军务，光绪二年十月调伊犁将军。十一年八月，上召入觐，道肃州病卒。身后不名一钱，寮寀醵金敛之，赠太子太保，谥忠介予建祠。

马亮宁，字明山。吉林永吉县五区双桥子官庄旗人也。隶鸟枪营汉军正白旗。同治元年从军，初隶多隆阿麾下，后金顺统其军，攻克甘肃宁夏回寨，宁夏沿边悍匪咸伏焉，并招降回寨肃清宁夏，以副都统记名，署理伊犁将军，满汉营务。二十一年署伊犁镇总兵，二十六年迁伊犁将军，三十一年调乌里雅苏台将军，三十四年调镶黄旗汉军都统，出为成都将军，宣统元年九月初五日卒于任，予谥勇僖。

其二，事变迄于现在，有功于国家者。

建国之初，盗贼充斥，闾阎未靖，民生凋敝，百政待举。幸赖本署各职员之勤奋将事、黾勉从公，或冒险讨匪不避危害，或赴乡宣抚不辞劳瘁，并分班讲演建国精神及王道真谛，使一般民众彻底瞭解，心悦诚服。于是四民安居，共庆乐土，而一切新政，亦赖以逐渐推行，遂有今日之现象。除巳呈蒙分饬给奖叙外，兹将各职别姓名分列于左：

县长李科元、总务科长傅纪常、文书股长马言纶、会计股长张恒襄、庶务股长徐梓林、内务局长沈玉和、行政股长何云岫、实业股长许翊清、财务局长杨鸿延、征收股长王万方、理财股长马良弼、教育局长刘家荫、学务股长郑纶、礼教股长范国常、视学杨永傅、医务局长荣文会、警务股长王文芹、保安股长赵玉祥、司法股长杨鸿富，科员门恩、李鹤林、李汝声、崔魁获、徐秉恩、尚文彬、李桂林、吴光新、迟东岱、包文英、王安坤、邱富文、李树坤、李春普、王庆伦、李景春、徐广仁、习文韬、郑文华、曹振权、王延才、关绍文、刘长志、赵德育、关丰缩、吕文锦、刘震、董纯善，乌拉街警察署长刘绍沛、黄旗屯警察署长关星魁、额赫穆警察署长周世英、警佐黄佐尧、警察队长张继学，巡官刘启愚、王德声、关辑五、文占一、黄佐、王秀生、王长龄、徐继春、王文彬、李郁、沈璞、佟铭勋、刘祥、李澍、王珍、张景山、王德库、赵锡五、牟东林。

2. 爱护地方及倡办公益善举者

福春　字申五，年六十四岁，满洲正蓝旗第二佐人。初在兵司，办事勤慎，补本旗四佐领催。嗣因剿匪勋劳，经达将军委充吉林精锐左翼前营管带等职，并历充吉林乌拉旗务处长，省城旗务工厂厂长，自卫团委员长，迭经维持乡镇治安，闾阎赖以平静，既有功于国家，复爱护于地方，事功颇有足录。

第四区额赫穆保长丛梅林，大同元年三月间，率属击退尤家屯股匪。地方赖以治安，其余爱护地方事甚多。

杨仁绪　字惠卿，现年六十一岁。原籍山东蓬莱人，现居岔路河镇。幼年攻读，弱冠习商，于岔路河镇杂货业涌兴合，未一年擢为司账兼司书札，日夕淬厉，益加奋勉。旋即进为经理，自秉柜政，展布经纶，业务大振。学品兼优，资望隆重。遂被选为诚信镇商会特别会董，及副会长等职。民国九年，商会改组委员制，改选为主席。迨九一八事变，溃兵、土匪乘机而起，街防空虚，商民慌恐，当经征求商民同意，筹饷备械，组一商团，亲督防守，地方化险为夷，商民赖以公安。执意翌年夏，匪首殿臣率党羽攻陷岔街，警队潜逃，商团奔走，市面防务空虚，匪徒阑入烧杀抢绑，为所欲为。当斯时也，冒死坚守，不避艰险，出向匪首阻其暴动，烧戮于焉中止，余庐幸免灰烧。然该匪蟠踞月余，嗣民被质重围，势同禁锢其间，含辛茹苦，营救难民，致触匪怒，几遭不测。嗣经重兵击退，闾阎匪匪乱始敉。第商民疲敝，警耗频仍，氏犹筹备街防，整理市面，防务巩固，商业渐复。苦心孤诣，建设方殷，突于大同二年春，数千帮匪卷土重来，硝烟弹雨，蜂拥围攻。氏镇静如常，不为稍动，集合逃余民众输送辎重，筹备给养，请命上峰，传达机宜，居间策励，士气大振，兵匪激战竟日，卒将悍匪击溃，兵民安全无恙。既而复由氏调查管内各市商民状况，分别安抚，筹备商货，商民得以复业，市面因而繁荣者，惟该氏舆有力焉。

徐家桓　字纯熙，永吉县人也。民国二年一中卒业，考得官费赴日留学。民国十五年由日归来（东京帝国大学卒业法学士），即入东北政务处服务。同年九月奉令署昌黎县知事，民十七年卸任。十八年复奉令署本溪县长，迄满洲事变勃然，维持地方治安两月，卸任归吉，参加建国。大同元年八月一日，正式任命为吉林省事务官，担当总务厅总务科长。康德元年十二月，地方制度改革，调充吉林市政筹备处长。康德三年四月，吉林市制实施，正式任命吉林市长，叙荐任三等勋四位。康德四年七月一日，中央行政机构改革，调任国务院总务厅统计处长，升叙简任二等。所在各职，均能勤慎奉公，建树殊勋。长吉林市，于市政尤能计划详明，努力进展，以致交通便利，市面繁荣，功有星录。

倡办公益善举者

孙君实　第二区东团山子屯，金华火柴公司经理，康德三年五月，捐助该屯小学校添班费国币一百元，办理民众阅报室费三十六元。四年三月，复捐助添设高级班经费五百元，成立高级一班，于是初级学业生，均可藉此深造，不至有失学之叹，其热心公益之处，实有足录焉。

梁荫曾　字宗舆，年五十二岁，永吉县人也。留美阿欧瓦大学校毕业，受经济政治硕士学位。历充吉林省公署政治讨论会员，东省铁路公署秘书，哈尔滨省立第六中学校长，吉林省立民众教育馆长，吉林省立法政专门学校校长，吉林教育厅社会教育科长。为人洁身自好，谨慎谦和，勤俭纯朴，忠诚笃信。幼而急公好义，长而乐善好施。自康德元年三月，兼充吉林道口总分会长、将个人所有地三十垧捐助会用，后以产券抵押于总会，借□□□□为会中买房十四间，室人梁王素秋，复捐助会费一千圆，力图振兴会务，以致全省十七县，创立分会七十余处，□□毕业女生数万人，均□□□□宣讲道德，实收化行俗美之效，厥功甚伟。

3. 孝子节妇

其一，孝子。

孝子秦士敏者，永吉县人也。事母至孝，母在病中亲侍寝食，并代除遗秽三十余年，朝夕不倦。母卒丧葬尽礼，乡里均以孝子名。今年五十有八，服务永吉县署，谨慎奉公，未尝稍懈，堪为一般青年法也。

其二，节妇。

毛周氏，吉林省永吉县人也。嫁五年而寡，艰难贫苦，守志不移。今三十九年矣。

索沈氏，永吉县人也。嫁期年而寡，织耕自养，儿长娶妇，益勤于农家以足食，孙入中学授业矣。氏守节六十余年，始居安逸乐，盖亦天佑善人云。

阎赵氏，永吉县人也。于归未久而夫死，孤苦自给四十五年。

曹王氏，永吉县人也。孝事翁姑，严教子读，纺织自甘，维持家计，始终如一，并能以贞操守者四十余年。

其三，贞女。

贞女者，乌拉街民人陈荣之女也。年十九，许字于本街梁姓之子，名文达。未嫁而文达疾病卒，女闻，誓欲为夫守节，父母劝阻之，女志坚决，终不能夺。乃听其往夫家服丧，遂不返。其夫父母皆早逝世，有兄又析居，家仅有屋数椽，女乃以夫兄之子继为嗣，抚养如己出，为娶妇生孙。而继子与妇，均不能尽厥践。继子又中岁卒，妇且尝出为女佣，女抚幼孙在家，孤苦一身，晨夕以针黹自活，生计日艰，而孙又幼多灾疾，女鞠育提携，恩勤备至，时为洗灌缝纫衣履未尝不完，凡亲族有庆吊事，礼未尝阙焉。贞女自二十一岁来夫家守节，至民国五年卒，年七十有五。里党之人，莫不敬慕，曾于清宣统年间为呈请于官，而褒扬之。

论曰，余少时，见贞女垂老，尤辛勤困厄，日食粗粝。尽安贫守分，五十年如一日。而当日于其夫，虽曾许字，实未成婚，祇以女子有从一而终之论，矢志守节，忍贫耐苦，历久不渝，其行可嘉，其志善可嘉矣。世有昂昂七尺躯为丈夫，于其所事，反欲二三其德，朝秦暮楚，其视贞女，能无愧乎。

其四，孀妇养亲。

有郭伦者，永吉县岔路河镇人也。自幼喜读，颇有智慧，曾卒业于高级小学。伊因家境窘迫，故弃学习商于吉省，彼因依嫁异乡，时感堂上爷娘无人侍俸，经媒娶同村李氏者（当年二十一岁）为妻，伊年方十九，婚后在家居住不月，复就商于哈尔滨地方，将年有奇，忽现肺病，假归故里，求医施术，终于罔效，经六日竟弃世长眠矣。遗妻李氏，恨父母半点清福未享，离膝长眠，争先去作古。叹夫妇百年携老没能割爱，永别殁后留遗痕。彼时氏翁（五十三）、姑（四十五）、氏（二十二），其外尚有夫弟二人，中年相继夭折，斯时该李氏家中当值亲老家贫，仰事无依，意欲尾夫同去，又念堂上翁姑乏人恭奉，生死之念交锋于中，后自相慰，竟不以家贫为艰，认命安常，松柏节操于是决矣。遂朝夕缝纫以事翁姑，达十三年。氏翁因病卧床，昼夜不眠，合衣伺伴，衣烹煎调剂，苦不辞劳，不日氏翁病逝归天，氏以生利之余发葬□□，该氏仍缝纫，坚其志倍孝乃姑，风闻遐迩咸知，氏姑现六十七岁，该氏现年已四十四矣。惟有缝纫是赖，以全其婆媳生活。第有余资，则亲临扫祭，若斯妇者，诚可谓节孝双全，堪为后世法矣。

4. 高贤

刘家荫，字樾庵，年六十岁。永吉县人，吉林法政专门别科毕业，前清拔贡生。初充菁华两等小学校校长、长春府中学堂监督，整顿校务，增加班次，办理热心，成绩卓著。继任吉林县劝学所长，提归庙产增设学校，全县教育赖以振兴。调充吉林省小学总汇处总稽查。扩充学额，增加班数，城区学务日见发展。被选任吉林县城议会议长，吉林省议会议员，悉能提议兴革，地方庶政期臻美满效果。至充吉林清丈局科员，省城木税及宾县税捐局长，吉林清理田赋局总务科长，直隶省银行出纳科长，均能谨慎尽职，发展事务。及再任永吉县教育局长，对于全县学务，尤能力加整顿，所有城乡各小学校无不日见扩充，著有优良成绩。现充旗务工厂厂长，到厂以后，力图振兴厂务，并添设袜科，增收艺徒。最近迁移售品处，于适当地点，设法樽节经费，以致营业进展，收益殷繁，为人心怀坦荡。学品兼优，处事勤慎，率属严明，不事刻求，人皆爱戴，故易收功。

曹云祥，字纪武，别号云纪武，系汉军鸟枪营正蓝旗人也。自幼好学，博识宏文，少年英俊，聪颖绝伦。乃父为清季贡生，吉籍之名儒也。然曾经屡试终于不售，故设学于吉林省垣，当代名士多出其门。云祥苦受其父训教，文思精进，德业弥修。年十七应县考入泮，年十九应顺天乡试获仲举人，二十四得进士，殿试钦点二等翰林庶吉士，仕至翰林院侍读，及英武协修，实受江南道。三十一以丁忧回籍，未及起程，值清逊政，民国改元，氏见国势日非遂不复仕，闲居省垣，隐深山以求适，居林泉而养心性。民国九年病卒，落得亲朋痛泪，邻里咸悲。有感其能故传之。

5. 耆旧

程科甲，字宾廷，卒年五十一岁。永吉县人也。吉林高等巡警学堂毕业，历充黑龙江省交涉署提词，吉林省议会副议长，省公署谘议，曾提议整顿吉林省官银钱号，修改章程，救济金融，清理钱法，商民称便。任永衡印书局经理，处置核校，延聘技师，扩充局务，广收利益。经理华寿公司，亦能祛除积弊，张展业务。及任吉林市政筹备处长，以后尤能整顿庶政，维持市面，功业殷繁，造福地方。为人和气，乐善好施，对于创办慈善及社会专业不遗余力，颇为市民所钦仰。

祝华如，字立三，卒年六十有二。吉林法政学校毕业，永吉县人也。历充吉林谘议局议员，民政署参政，省议会议员，警察传习所长，北京参议院议员，财政部监务署参事，吉林田赋局会办等职。为人正直和睦，做事认真。充议员时，曾以关心地方人民之利害，条陈兴革办法，建议军政当局，多被采纳。其所任职务均能计划详明，收效实多，功绩多有可录。

6. 名儒（现仍生存者）

冯成奎，字竹士，永吉县人也。前清附贡生，历充警政学各界荐委任各职。事变后，为地方谋公益、不求闻达，性嗜书画、书工四体，而以草擅长、亦善匾额。画工竹石松梅，而兼及山水花卉，其笔力余韵，别成一家，日本东京书法名鉴社，许为当代名家，伪满洲帝国书画展览会，迭受褒状，寸笺尺幅，人争宝之，时年五十有七，著有《酌雅轩全集》。

沙韫琛，字砚斋，永吉县人也。卒年五十有五。家贫力学，嗜研究程朱派学说。年十八补博士弟子员，专心设馆授徒，造就成名者甚多。受知于铭安将军。四十七考取贡士。晚岁工诗歌，为谢汝钦太守所赞慕。光绪三十一年，以贡士列选宾州厅教谕。在任办事真切，成绩殷繁。著有《味菊山房文集》及《应世》杂志。

赵鸿钧，字秉国，年四十四岁，永吉县人也。沈阳高等师范学校史地科毕业。历充永吉县立中学校校长，教育会长，办学热心。经手办理毕业者，三十余班，达一千余名之多。著有优良成绩，屡经部奖为一县教育名家。近来精心于农产附业，经营花果园艺，以及饲养蜂鸡等法，均得其奥妙。现已大见效果，为农村之模范。其人宽厚贞介，富于孝思，乡人均称道之。

成多禄，字澹堪，永吉县人。年六十六岁而卒。前清拔贡生。文学渊博，善诗赋，专研经世之学，与名儒王桐阶、顾缉庭等相友善，互相研究经术，学艺又进。初入奉天将军依克唐阿之幕友，及再任齐齐哈尔都护程德全幕友时，均以经术饰吏治，颇著成效。当时幕友如魁星阶、郑馥山、宋友梅皆为道义交。及程德全调奉天与江苏各任，一时博硕魁奇之士，如朱古微侍郎、郑小坡中翰、赵尧生侍御、夏剑丞观察。吴昌硕大令等，皆慕与交。所建功业，亦愈殷繁。晚年归田乐道，书法绝佳，诚为当代之名儒也。

二十一、职官之政绩

永吉初设州治，自清代雍正五年始，迄康德四年中间，屡有更改。由知州而同知、知府、知事、县长等名义，不下数次。兹按历任年代，交接日期，略证于后。

1. 前代

杜薰，四川重庆人。雍正五年任知州，乾隆六年卸事。在任对于地方一切行政多所监督计划，颇著劳绩。

魏士敏，直隶沧州人。乾隆六年任知州，十二年卸任。

阿阳阿，满洲正红旗人。乾隆十二年任同知（乾隆十年知州改称理事同知），十九年卸事。在任办理一切新政及旗民屯田招佃等事，颇著功绩，旗民至今称之。

长禄，满洲镶黄旗人。乾隆十九年任同知，二十一年卸事。办理地方团练，以维治安，多所建树，乡民至今称之。

罗庚，满洲正蓝旗人。乾隆二十一年任同知，二十七年卸事。

图善，满洲正白旗人。乾隆二十七年任同知，三十四年卸事。

灶神保，满洲正红旗人。乾隆三十四年任同知，三十五年卸事。

达哈布，满洲镶红旗人。乾隆三十五年任同知，四十年卸事。

那昌阿，满洲镶黄旗人。乾隆四十年任同知，四十四年卸事。

宗室玉柱，满洲正白旗人。乾隆四十四年任同知，五十二年卸事。

常龄，满洲正蓝旗人。乾隆五十二年任同知，五十三年卸事。

瑚唐阿，满洲镶白旗人。乾隆五十三年任同知，五十八年卸事。

富纶，满洲镶黄旗人。乾隆五十八年任同知，嘉庆三年卸事。

硕隆武，满洲正白旗人。嘉庆三年任同知，七年卸事。

舒成，满洲镶红旗人。嘉庆七年任同知，九年卸事。

白瑛，满洲镶红旗人。嘉庆九年任同知，十一年卸事。

富元，蒙古正黄旗人。嘉庆十一年任同知，十九年卸事。

富尔松阿，蒙古镶蓝旗人。嘉庆十九年任同知，二十五年卸事。

觉罗锦珠勒，满洲镶蓝旗人。嘉庆二十五年任同知，道光九年卸事。

达庆，○○○○○旗人。道光九年任同知，十一年卸事。

锦珠勒，满洲镶蓝旗人。道光十一年任同知，十四年卸事。

福广，满洲正蓝旗人。道光十四年任同知，十五年卸事。

觉罗荣泰，满洲正蓝旗人。道光十五年任同知，十七年卸事。

富尼雅杭阿，○○○○○○○○○旗人，道光十七年任同知，卸任未详。

庆年，○○○○○○○○○旗人。到任未详，道光二十年卸事。

常山，满洲镶白旗人。道光二十年任同知，二十三年卸事。

全福，满洲镶蓝旗人。道光二十三年任同知，咸丰元年卸事。

安荣，满洲镶黄旗人。咸丰元年任同知，八年卸事。

那昌阿，满洲正黄旗人。咸丰八年任同知，十年卸事。

福谦，满洲正白旗人。咸丰十年任同知，同治七年卸事。

安恩，满洲镶黄旗人。同治七年任同知，十年卸事。

恩禧，蒙古正蓝旗人。同治十年任同知，卸任未详。

伦叙，满洲正白旗人。到任未详，光绪元年卸事。

恩禧，蒙古正蓝旗人。光绪元年任同知，三年卸事。

善庆，满洲正白旗人。光绪三年任同知，五年卸事。

毓庆，满洲镶白旗人。到任未详，署同知，光绪六年卸事。

善庆，满洲正白旗人。光绪六年任同知，七年卸事，办理地方治安及一切政务，颇著成绩。

陈治，湖南衡山人。光绪七年署同知，卸任未详。

善庆，满洲正白旗人。到任未详，任同知、光绪八年卸事。

李金镛，江苏无锡人。光绪八年任知府（光绪八年理事同知改称知府），九年卸事。监督重修吉林府署，多所计划。

孙堪，直隶清苑人。光绪九年任知府，十一年卸事。

觉罗同勋，满洲正蓝旗人。光绪十年任知府，卸任未详。

孙堪，直隶清苑人。到任未详，任知府，光绪十二年卸事。

觉罗同勋，满洲正蓝旗人。光绪十三年任知府，十三年卸事。

孙堪，直隶清苑人。光绪十三年任知府，十六年卸事。办理地方保甲及积谷事宜，颇著成绩（全县划为十社七十三甲，每甲置乡约一名，管理积谷等事）。

觉罗同勋，满洲正蓝旗人。光绪十六年任知府，卸任未详。

赵宗翰，籍贯未详，任期未详。

王鸣珂，顺天宝坻人。到任未详，任知府，光绪十七年卸事。

觉罗同勋，满洲正蓝旗人。光绪十七年任知府，卸任未详。

王鸣珂，顺天宝坻人，到任未详，任知府，光绪末年卸事。

文韫，籍贯不详。光绪十八年任知府，十九年卸事。

叶联甲，湖北大冶人。光绪十年任知府，卸任未详。

谢汝钦，贵州仁怀人，到任未详，任知府，光绪二十年卸事。

赵宗翰，籍贯不详。光绪二十年任知府，卸任未详。

员启章，陕西华阴人。到任未详，任知府，光绪二十一年卸事。

鄂龄，满洲正黄旗人。光绪二十一年任知府，二十六年卸事。

恒谦，直隶临榆人。光绪二十六年任知府，二十七年卸事。

田葆绥，奉天铁岭人。光绪二十七年任知府，二十八年卸事。

秋桐豫，浙江绍兴人。光绪二十八年任知府，三十年卸事。境内农商民户等恭颂德政匾额，曰勤慎廉明。众商等恭颂德政匾额，曰鉴空衡平。至今遗绩犹存。

朱彩继，湖北人。光绪三十年任知府，三十二年卸事。办理警团，多所建树。

曹廷杰，籍贯不详。光绪三十二年任知府，三十四年卸事。

潘振声，籍贯不详。光绪三十四年任知府，卸任未详。

定朴，籍贯不详，任期未详。

李澍恩，江苏无锡人。到任未详，任知府。宣统元年卸事。

张瀛，籍贯不详，宣统元年任知府，卸任未详。

傅疆，籍贯不详，任期未详。

张鹏，籍贯不详，任期未详。

吴兆豫，籍贯不详，任期未详。

何厚琦，籍贯不详，到任未详，任知府，宣统三年卸事。

吴襄，籍贯不详。宣统三年任知府，民国元年卸事。

熊廷襄，湖北荆州人。民国元年任知府（民国二年二月知府改称县知事），二年五月八日卸事。

魁福，字云程、盛京满洲镶白旗人。民国二年五月八日任县知事，民国三年二月卸事。众商民等恭颂。升任东北路观察使。吉林县知事魁云。（程）〔呈〕德政匾额，曰政治民心。

赵邦彦，籍贯不详，民国三年二月任县知事，三年卸事。

高翔，江苏无锡人。民国三年任县知事，卸任未详。

李廷璐，字葆三，北京人，到任未详，民国四年十一月卸事。改编预备警为保卫团，巩固治安，并办理养给所等事。政绩显著，贫民等恭颂德政匾额，曰惠爱难忘。

于芹，字朗昆，奉天铁岭人。民国四年十一月任县知事，十四年六月一日卸事。在职十年，政声治绩，农工商教等会恭颂德政匾额，曰遗爱在民，境内各商会恭颂德政匾额，曰爱留棠芾，岔路河商会恭颂德政匾额，曰爱日舒长，六区绅商等恭颂善政区额，曰勤政爱民。吉林县全区绅商等敬立：（前）万古流芳，（后）永垂不朽。

吉林县知事铁岭于君去思碑。于君芹作宰兹邑，肇越十祀会乞代去，邦人怀其惠，为立石颂功以属。沈阳穆元植乃系之词曰：

雍正我侯明且清，九农既崇五教宏。神癯躬悴心则忞，十载勿懈厉坚贞。壬申之岁蕤戎兴，晏然填攘销惊霆。曰邑曰鄙肃以宁，居匪赫赫思永馨。谅哉直道播循称，继谨有述斯来征。

中华民国十四年乙丑秋八月吉日。

朗昆县长去思坊，（前）来莫永怀，（后）遗爱无忘。（词曰）：

自来循吏不在一时煊赫之功，必历久观成，政绩乃著，而贤良之誉，尤当信诸人民去后之思。铁岭于公朗昆莅治吉林首邑始民国四年，凡逾十稔。溯其治行之荦荦者，衿如学务、荒政、均徭、清盗诸端，悉经苦心规划，务使实惠及民。地方耆绅居恒延接，衿抱如春，故政无勿举。上官缘是嘉赖之，不令引退。及任得请进者远集，咸感恋不忍相舍。今公去官有日矣，犹皆念公勿忘，爱为之记，寿诸贞珉，俾后之官斯土者有所劝，并以慰吾民之思。武进魏声和撰，固始许成琼书。乙丑年八月六日。

上述碑坊，均建筑于吉林北大山西峰，东面坡麓之间，南北并列。

高汝清，字抱荃，奉天复县人。民国十四年六月一日任县知事，十八年九月十四日卸事。办理警团，维持地方，颇著劳绩。

王惕，字敬生，辽宁锦县人。民国十八年九月十四日任县长（民国十八年县知事改称县长），二十年十一月一日卸事。改吉林县为永吉县政府，系分科设局制，并实行街村制度。办理一切政务，颇著功绩。

2.本朝

关荣森，字荫轩，奉天义县人。民国二十年十一月一日任县长，大同元年十一月二十二日卸事。时值满洲事变，胡匪四起，窜扰县境，对于防击及维持地方治安，殊为出力，县民至今称之。

臧尔寿，字彭祖奉天沈阳人。大同元年十一月二十二日任县长，二年八月六日卸事，办理新政，维持治安，颇著成绩。

李科元，字会一，奉天锦县人。大同二年八月六日任县长，康德二年六月三日卸事。在任编练保甲，整理交通，以及贷款复兴农商，救济灾黎等事，均有显著之成绩。因而各区公民无以为报，恭颂德政匾额，曰廉正慈祥。（词曰）：

公长永吉，德重平章，功昭杜召，绩著龚黄，遽欲引退，情感殊常，永戴棠荫，藉志不忘。各区灾民恭颂德政匾额，曰召父杜母。（词曰）：

我公来守斯邦，甫经二载，关怀新国，轸念灾黎，凡我饥民，感同再造，今拟洁身引退，无计攀留，唯有呢首琴堂，永申华祝。

柏坚，字儒圃，河北宛平县人。康德二年九月三日任县长，三年七月一日转任舒兰县长。

王惕，字敬生，锦州省锦县人。康德三年七月一日任县长，现仍供斯职。旧地重游，驾轻就熟，整顿县政不遗余力。其驭下宽厚，爱民如子，尤为王公之特性，以故人皆爱戴，无不交相称赞也。

查永吉县设治迄今，二百有十年矣。历经州厅府县各官，八十五任，在职年代不一，政绩多无详考，仅就近代记述如前。但政无殊闻，及任期未详者，均付缺如，合并陈明。

历任参事官：永吉县初任参事官三宅秀也，大同元年十一月任事，正值地方不靖，胡匪招扰之时也。三宅参事官英明干练，视民如伤，辅佐县长，剿抚兼施，不避艰险，努力迈进，以致地方牧平，商民安居。至于编练保甲，整饬警团，贷款复兴商工，请赈救济灾黎等事，奔走请命，尤为出力。于康德元年十二月转升热河省公署理事官任务。因而各区公民，无以为报，恭颂匾额一方，文曰："功德在民。"现虽离任数年之久，乡民至今称之，亦足见其对于人民关爱之深也。永吉县参事官安武慎一，于康德元年十二月任事。安武参事官老诚干练，待人宽厚。辅佐县长，整理县务，计划详明，努力进展，以致人皆爱戴，县政发展，功有足录，现仍在职中。

二十二、歌谣

佳人与鹦鹉巧对，天作棋盘星作子，地作琵琶路为弦。天作棋盘无人下，地作琵琶无人弹。你要能摆我就下，你要安弦我就弹。绿毛畜生不能分五路，凡间女子亦不能上天。红嘴绿毛人人爱，红粉佳人可人怜。避鼠的狸猫你怕不怕，丑陋的郎君你嫌不嫌。装到笼里你闷不闷，独坐绣房你准孤单。红嘴绿毛真好看，我瞧见家人更喜欢。

小学生真是忙，怀抱书〔包〕上学堂，上学堂把书念，学会能耐好吃饭。不学能耐竟偷懒，受了穷无人管，饿着肚子干瞪眼。

二十三、名胜古迹天然纪念物

历来奇异获得之古钱古物亦包含在内。

第二区南口钦甲，有龙潭山，系天然纪念物。形势雄壮，气象辉煌。北面老树参天，西南巨石峭壁耸立于山之中间。上有龙潭一方，因以得名。该山壁立松花江东岸，与小白山对峙，为吉林名山之一。由西北入山道半里许，有牌楼一事，上书雨旸时若。其下有土岗，据风传，系清钦天鉴奏称，此岗若龙有王气，遂截断之，名曰断岭。由牌楼上行，北侧为龙王庙，偏北为僧院，再北为客厅，东厢房为观音堂，南正为关帝庙，在僧院西树牌楼一方，上有道光御笔书"邑娄泽洽"四字。左侧有石基，中为水渠曰龙潭，周可三十丈，水色黝碧，深不可测，冬不涸，夏不涨。由庙南行为旱牢及神树。上山口为南天门，登此可望全城，并见松花江若带环绕，历历在目，风景绝佳，四季游人云集，堪称胜迹。

县城东北有玄天岭，由西北诸山蜿蜒而来。上有砖壁，中嵌石像坎卦，名曰避火图。乃清乾隆五十六年理事厅幕友王姓者，鉴于吉林时起火灾，故请建坎卦石于是山以镇之，取水克火之意也。

县城南第二区阿什哈达屯，距城三十里有朱雀山，乃吉林四名山之一。四名山者，即前朱雀、后玄武（玄天岭）、左青龙（龙潭山）、右白虎（小白山）是也。朱雀山土名老母猪嘴碴子，高三十丈，长一里许。山中有大石，形似猪，高约一丈三尺六寸，长约二丈六尺八寸。又有小石猪五随其后，土人言，清乾隆十五年六月，被雷轰殛。山顶后有太平石一，中有凹，深宽均约一尺，相传为猪槽，凹中之水不断。山脉由东老爷岭分此。二区红旗屯甲八里屯、小白山，系由老白山脉蜿蜒而来，山壁峻峭，天然形势，颇为雄壮。其四峰中间有最低平峦一处，上建殿宇三楹，即小白山庙，为望祭老白山而设。每年春秋两季，由吉林省长亲率僚属前往致祭。

二区阿什哈达、江后沿有巨山，山腰峭壁，刻有石碣两座，乃明永乐二年所建。惟碣面字迹，因年久被风雨侵蚀、模糊难辨，殊为可惜。然于半山峭壁间，留此古物亦殊可贵也。

三区四台子屯，据土人传说，先年（即乾隆年间）本屯河水涨发时，夜闻呼救声，齐往河岸，以灯照见红面泥像一尊，遂架船抬入庙中，关帝像置桌上，供奉至今。

第五区岔路河东出四十公里，有土门岭二，曰东西土门岭，隐现起伏，蠕蠕欲动，形类二龙，麓沿河流，名曰绥水二岭，相抱之间，介一孤山，耸然矗立，俗谓珠山，谚云二龙戏珠。传述后经赵某窥破山脉，特将二岭分断三截，辟三通路，迄今视之，经截断处，犹具遗痕。白石严若经路，谓之龙脉。行旅至此，咸以传说离奇，莫不注意及之。

第六区黄榆沟屯，有高约五尺宽二尺余之巨石一块，四面各刻石人一尊，约略似古佛。惟以年久，经风剥雨浸，形状模糊，难辨男女，亦无文字记载，未便稽考。

第七区春登河，有怪形石人。俗传曾于五十年前，约在同治年间，向山下住户索取食物，后被雷击毁，其形非人非物，仍挺立于山上，高度约满六七尺，宽三四尺。

第七区官马山屯南，有清光绪十六年间，御赐唐晓书，即魁省长之母牌坊一座，树于茔地内，土人称为南牌楼。

第一区大口钦屯北，有一山，形孤特如人立，故称石人山。

第一区赵屯甲，有山，中间为珠形，南北二山环抱，形似二龙，古今相传，名为二龙山。山中有石庙数座，周围树木茂盛，清静幽雅可观。

三区三道岭子，东兴店内，由清嘉庆年间开设，将院中之泉制为井一眼，其水澄清而味甘美，凡烧锅赴省城送酒者，均到此井上水，取其能保花不损价值，土人称为第一甘泉。

第三区八家子甲，有猴石山，其山脉东出于老爷岭，蜿蜒三十里，如长蛇昂首。临江处多石砬子，高达五六十丈，南面两石，立于山坡间，高丈余，侧视如猴，面壁而坐者。南里许为额勒登保墓。形势险要，风景亦佳。

二十四、坛庙

祭先农坛。吉林官祀悉遵清典，而满洲家祭，则从先型。官祀首重先农坛（俗呼天坛）。顺治二年，建于吉林省城东莱门外，松花江北岸，高三尺四，阔二丈四尺，正殿三楹，更衣厅亦三楹。岁以仲春或用季春亥日致祭，现在此坛因年久失修，早已倾塌，遗迹无存矣。

一区缸窑北大山，于清道光三十年，创建关岳合祠一座，瓦正殿三间，山门一间，东西廊房各四间。

第一区乌拉镇旧街，于清康熙二十四年，创建关帝庙一座，计瓦正殿三间，后殿九间，东西廊房各十一间，马殿三间，钟鼓楼一座，戏台三间。

又乌拉北门外，于前清康熙四十九年创建圆通楼一座，分上下两层，上层供菩萨三尊即三大士，下层供地藏王。均系铜像。

第二区桃园子甲，于清光绪二十七年，创建蟠桃宫一座，计瓦正客厅五间，正殿三间，东客厅五间，十方堂三间，西讲堂五间，云水堂三间，仓房五间，老人堂五间，厨房七间，门房五间。

第二区江南巴虎屯甲，于清咸丰七年，创建龙王庙一座，计建瓦正殿三间，西廊房三间，前殿三间，客厅五间，厨房二间。

第三区桦皮厂街，于清雍正八年，创建关帝庙一座，计瓦正殿三间，东西配殿各一间。

第三区聂司马屯，于清嘉庆十八年，创建关帝庙一座，计瓦正殿三间，佛殿一间，钟鼓楼二座，马殿三间，廊房二间。

第四区额赫穆街，于清道光十年，创建关帝庙一座，计正殿三间，东西廊房各三间。

第五区老爷岭，于康熙年间，建关帝庙一座，计瓦正殿三间，东西廊房各三间。

第六区双河镇，于清光绪二十一年，创建关帝庙一座，计草正殿三间。

第七区靠山屯，于清乾隆八年，创建关帝庙一座，计草正殿三间。

第八区小石头河子屯，于清光绪五年，创建关帝庙一座，计草正殿三间。

二十五、祠祀

祭昭宗祠。在吉林德胜门外，每岁春秋仲月，守土官主祭。昭宗祠禁本籍阵亡文武官及兵丁等，牲用羊豕，盘荐果实，今已废而不祭矣，祝文曰：

大忠报国，足以揭日月而常明，懋典酬庸，用以著旗常而不泯，惟诸将帅，运筹帷幄，尽瘁戎行，或统率貅貔，惨罹锋镝，几以捐躯战阵，授命疆场，虽经予饰而表彰，抑且推恩而锡类贞珉勒石受袭策增荣。第缅砥柱之奠安，倍溯忠贞之灵爽。兹当仲春秋同陈牲礼，灵其不昧，来格来钦。

长白山望祭。每岁春分秋分两祭，由地方最高长官率同僚属，至城西南温德亨山（小白山）望祭殿望祭，牲用羊牛豕鹿各一，系太牢礼，亦三献，仪颇隆重。

二十六、宗教之沿革及现在之状况

本县宗教，佛、道、回、天主、耶稣各教咸备。佛有天台、真言、净土、华严、临济各宗。道有华山、龙门、蓬莱各派，布教所与布教人数，均以道教为最多，佛教次之。回教又次之。天主及耶稣教比较最少。清康熙年间，崇尚佛道二教，在全国各省府县州厅境内，繁盛市镇，募捐各款，广修庙宇。本县各区重镇，亦所在皆有。所供神佛，不外关帝及九圣神佛，招收道士、和尚及尼姑分任住持，朝夕诵经礼佛，并授徒传教以延宗派。以道光、咸丰、同治、光绪为极盛时代。每庙均有道士或和尚为住持。迨民国初年，将庙产提作学田，各庙因给养不足，多有无住持者，仅由当地会首负看守之责，每年阴历四月十八及二十八日，为拜佛神之会期，香火颇盛。每月初一及十五，为敬香奉佛例日。此外尚有天主耶稣设教于岔路河及双河镇各区，其他各区均无之。回教在一、二、三、四、五、六各区，均设有礼拜堂，以资传教。此本县宗教之沿革及现在之状况也。

二十七、类似宗教之团体

本县各区，所有之类似宗教团体，惟在理教。专以戒烟酒，提倡社会道德，改良风俗，努力慈善为宗旨。第六区双河镇理善分会，其代表者，名李阁亭，内职员四人，会员男六十五人，女九人。第七区吴大人三家子仙缘堂，其代表者名刘长发，职员四人，会员男二十人，女二十五人。三家子屯理教正心堂，其代表者名孙秀峰，职员一人，会员男十一人。大春登河受善堂在理所，其代表者张天禄，职员二人，会〔员〕男六十人，女四十人。第三区桦皮厂铭善堂，其代表者名张库，职员七人，会员男三十人，女二十九人。以上系类似宗教之团体也。

二十八、其他足资观感及堪作研究之特别事项（无）

附　乌拉镇之名胜古迹

按乌拉城北，有古台一座，高数丈，周围有土城三匝，环绕壮阔。近数十年，土城有倾颓处，而存者尚巍然壮观。地方人相传，为百花点将台（谓为百花公主之点将台）。但无书籍考证，不知百花公主系何朝代。而观其基址，形状雄奇，约为数百年前之古迹，当为辽金时代建筑物。而台上，于前清康熙年间，建筑庙宇三楹，俗呼曰娘娘庙。又点将台下，南面建筑圆通楼两层，高七丈，工程颇极古雅壮丽，而楼下，置铜像，法身高阔，为地藏王菩萨，楼上置铜像三尊，面皆有须，而身骑异兽，以无明达者相识，或曰三大士，未审然否。考古碑记，圆通楼，由前清康熙年建筑，至光绪二十三年重修，迄今尚皆完美，凡友邦人士，往来游览者，无不赞扬，为满洲国名胜古迹。

又乌拉城北三里，有关帝庙，殿宇崔巍壮丽，内有自来铜佛四尊，颇极古雅。据土人相传，系前清道光年间，松花江涨水，有木箱随波浪漂泊而来者，地方人见箱启视，内有佛像，并随带佛经若干卷，皆敬谨送于关帝庙置后佛殿供奉，凡百余年矣。迄今乡人呼为自来佛，所有经卷皆明朝及清初木版，堪为珍品古迹焉。

附　碑文

（正面）碑头：**德行可述**。碑文词曰：

吉林县三区孤家子屯王贞女记岁戊辰夏四月。吉林县士绅以王贞女贤孝素著，为具词请准地方长官建坊表扬，行将觅工刊石矣。贞女之兄子玉山君，屡来请序于余。余辞之再，玉山曰：吾姑之德不可泯者，不在其贞，而在其孝与贤，诸绅之请予建坊，意亦有以励世俗也。余曰：然则子盍为我言之。玉山曰：吾家初甚贫，吾祖父生子七人，以度日至艰也，长者令远贾，幼者待铺饲，岁以一身力田自给，吾姑睹其状甚忧之，见其母劳于抚幼，身疲而多疾也，更愁焉不安，遂昼则负耒耜以助父，夜则勤补缀以助母，积十数年未少歇。时有人来议字者，闻之则拒曰：亲罹斯苦，弃而他归，吾不忍也。如是者再，事遂寝久之。其亲年益高，益不克理家政，吾姑益不能释手，凡内外诸事，悉锐为经营，由是家日以裕。盖至吾祖父母相继病逝时，吾姑年已四十余矣。丧葬事毕，遂告家人曰，吾亲死，吾职尽，吾之身即于此终，将从此完所愿而已。爰理佛习静，日夜诵经不辍，迄今年将七十，而康强如素昔。殆亦德所感欤，或神所佑欤，不为之表于世，获戾滋深。余曰奇哉斯女，诚期德之不可没也。方今世道日乖，毁伦蔑常，竞诩文明，显溃堤防，江河日下，识者忧伤。有女如斯，实吾邑光，懿欤休矣。如之何勿彰，爰为述所以用书于石，以闻千古。赞曰：其行畸，其性异，完所天，适厥志，在山泉蕴璞璧，德实寡双，一尘不染，百世可风，永珍此石。

中华民国十七年五月，吉日

（背面）

王君玉山办理本区保卫各事，公勤素著。适其姑母王敬莲以贞孝闻。经众议禀请吉林县高监督汝清公准予立案，建坊表扬，为此敬颂。

抄碑文，此碑碣高七尺五寸石质细石。

（正面）碑头：**旌表建坊**。词曰：

皇清光绪元年十二月七日奉旨吉林蒙古镶黄旗赓新保佐领下，已故七品顶戴披甲萨凌阿原配妻何氏，系蒙古镶白旗德安佐领下，已故领催丰绅保之女。道光二十年间，何氏十六岁，于归萨凌阿为妻，至二十九年，其夫奉派出征江南等省，在徐州病故。该氏孀守，家业清贫，秉节坚贞，甘忍茶蓼，饥寒不改，抚育幼子奇杭阿、奇朗阿，教养成丁，授室绵嗣，当经间族共举题报，奉准部咨，准其建坊旌表，用慰坚贞。钦此

光绪九年四月二十日

（背面）碑头：**思宠节烈**。碑身：**节烈冰霜**。

六品军功前锋、校：奇杭阿

六品顶戴、领催：奇朗阿

等敬立

御赐

朕惟勋高敌忾，干城怀燕颔之臣，典渥褒忠，幽碣颁龙章之宠，功足垂诸不朽，理宜备乎饰终缅想贤劳，式符铭勒。尔原任伊犁将军金顺，谋娴韬略，勇著赳桓。早扬拔职之声，青齐奋绩，遂贰统军之职，丹宸书名。剿贼楚皖、风尘电扫，移军秦陇，露布星驰。洎乎专阃宣威，出关申讨，削平回部，摧坚寨以擒渠，恢复边城，控雄区而坐镇。沙漠之烽烟永靖，塞垣之旌繁频移。三十载身历戎行，忠思报国，十二城任膺疆寄，力尽鞠躬。方召觐之深嘉，胡星茫之遽掩；晋宫衔而锡宠明禋。俾达乎馨香，稽策府以易名。芳誉宜垂之金石，谥为忠介，状厥生平。于戏思大树之英风，丕壮天山之色，表丰碑之伟烈，聿增泉让之光。勿替后人，钦承休命。

大清光绪十二年岁次丙戌七月敬立（系在碑之后面）

金忠介公墓

桓圭豫卜家门瑞

（外）

俎，豆常昭史册光

史笔褒勋播得英名万古

（内）（系碑门）

陇山毓秀传来祝典千秋

碑碣大小"八尺高"外坐三尺，石质极耐

盖闻矢忠报国足以揭日月而长明，懋典酬勋用以著旂常而不泯。恭维我皇清诰封显武将军显考佟佳府君讳春全，字松樵，天性深厚，心志精纯，幼读诗书，长娴骑射。我显妣关太君，诰封二品夫人所生，龄弟兄三人姊一人，常荐升协领未克补缺积劳病故次龄现官副都统衔花翎协领。季祥，前任钦差帮办边务珲春。副都统。姊适蒙古旗人海印，权现副都统衔花翎协领。要皆赖我显妣关太君，抚育成立。维我显考尝自念以满州世族缨笏旧家，当以马革裹尸，不甘老死牖下。因我祖父督兵江南，半生血战，卒致捐躯。诸叔扶榇归籍，我亲呼天抢地，痛不欲生，惟念祖母在堂尤须奉养，乃节哀顺变勉襄大事，更敦睦手足、表率家庭，定省温清，乡里称孝。逮奉命出征，在军营数载大小数百战，战无不捷。及凯旋回籍同我显妣孝养祖母训迪诸儿，融融谊笃天伦。未几祖母驾逝，我显妣关太君亦相继弃养，龄等尽哀卜葬遗憾常存。我显考因事奉朝夕，起居未便，续聘我先妣葛太君为继室，持家严肃，龄等欣趋庭而承鲤训，进菽水以效乌私，信可乐也。不意显考令终，继母见背，抱恨终天，曷其有极。龄伏思幼则秉承严训，今则忝窃显荣悉赖我前人忠正仁慈之余泽所庇荫者远矣。龄敢不洁己奉公，竭忠尽职，以期上慰先祖在天之灵，下启后昆彝训之式也乎。爰是教述遗型，恭书珉碣俾永垂于不朽，昭示来兹。

光绪二十四年四月二十六日

钦加副都统衔花翎协领恩龄
前任帮办边务珲春副都统恩祥 　　率孙庆 山林 敬立

此是七眼龟坐透龙碑。白矾石者，高八尺，宽三尺，镌镂工细。

镇威将军崇府
一品夫人王门太 　　君墓前牌坊

匾额题录如左：

懿旨

篆文

篆文		
慈	皇	御 之
	太	
禧	后	笔 宝

牌坊石柱对联文曰：

其一

缅菽水之留遗绳其祖式
绍箕裘而不坠诒厥孙谋

其二

竹帛载殊勋显亲扬名光俎豆
鼎钟昭伟绩尽忠补过绍箕裘

附记

此牌坊系一高两底三楹，高一丈三尺，宽一丈五尺。匾是白矾石者，镌镂尚有工石柱，均是粗石所制，镌甚拙也。

（正面）松岩延将军去思坊

皇恩诰授光禄大夫建威将军，赐进士出身追赠太子少保衔谥忠恪，前任吉林将军延公遗爱之碑。且夫来者自亲，去者自疏，至于去之又久，则浸且忘之矣。惟非常之人立不朽之业，虽阅百年有如一日，且所谓没世不忘者于传有之，今又于前任吉林将军。

延公见之。公姓杜氏讳延茂，字松岩。内务府汉军正白旗人。卒谥忠恪，朝廷褒忠之典也。先是，光绪丙申，公镇是邦，精意贯庶，务勋名震远迩，妇孺氓隶皆惮公威，而感公仁，缙绅士大夫无论矣。为政持大体，边鄙之区，三年翕然大治，兴革诸事载在文籍，垂之后世，班班可考，不复覼缕。而公以为国为民之殷，心力俱瘁。己亥引疾归去之日，亲老遮道祖帐塞途，颂德之词制为旗伞之属，以送者列数里。沐恩等纂暗说勒诸贞珉，以昭来许。刻凿未竟，会庚子乱作，工中辍，而公以遗老家居，诏屡促之出，率兵巡都城。时以各国联军长驱直入，虽有金汤无能为也。七月京师陷，公合家自焚。吉林之人闻者号泣欲绝，盖念公之恩，痛公之殁，而益重公为非常之人也。公以科甲起家，恂恂然，彬彬然，儒者气象膺服。先民语录，持躬恭俭，出秉节钺，风采若山岳，及至临难捐躯，烈萃一门，灰烬之余，瓦石皆粉碎，而收公尸者，见发肤虽焦，形貌宛然。非由精诚固结，虽死犹生哉。吉林之恩公者愈久愈深，然使当时勒石刻期而就亦惟颂公之德耳。乃因雕琢之工稍稽今，更得概公之生平，此其中若有天然遗事，昭昭生光史册，又不徒功在一方，足以见公为千古完人，而吉林之思者亦非一二人之私言也。兹故并其大节，著之以证当时政绩。

（背面）纬武经文治内安外

从来一代贤良所至之处，往往深人思慕者，皆其功德在民，而沾恩无穷者也。我吉林将军延公讳茂，字松岩，以名进士筮仕仪曹，荐升卿贰，视学东三省，皆卓卓有贤人声，足为士大夫所矜式。龙飞光绪丙申，奉天子命，来镇吾吉。下车伊始，励精图治，百废俱修，举凡兴利除弊诸大政，非仆所能悉数，第就其实惠所为洁而昭然在人耳目者，剿除盗贼，边境以安，疏通钱法，商民称便。他如广仁堂之设，而人无失业，十旗学之兴，而士乏弃才。军政交修，士卒用命。生斯土者，方以蹈德咏仁久讬仁人之宇。待二十五年秋奉召回京，欲留不得，斯亦吾民之不奉也。公之德泽已深，入乎人心，合省绅商，军民静然，思之刻不去怀。兹谨具崖略，勒石树坊，垂之后世以志铭感不忘云尔。

挟纩铭恩

花翎四品衔留吉候补同知朱继经撰文蓝翎遇缺即补主事助教官萌林书丹

田葆没　英　顺

富　德　赵德庆

沐　恩　　　　和吉缙理

　　么培珍

　　　　陆坤山

　　吉尔戛春，荫，林

万姓欢心

三军戴德

结论

本县乡土志既如上述。惟搜集未详，编辑简陋。虽初现规模，仍须改善。尚希儒雅君子多加教正，尤为盼感者焉。

"长白文库"出版书目：

东三省政略校注（全三册）

满洲实录校注

钦定满洲源流考校注

吉林外纪

吉林分巡道造送会典馆清册

鸡塞集

松江修暇集

吉林乡土志

吉林志略

吉林志书

吉林纪事诗

戊午客吉林诗·鸡林杂咏

吉林地志·鸡林旧闻录

长白山江岗志略

长白汇征录

吉林纪略·一　柳边纪略、宁古塔纪略、绝域纪
　　略、吉林舆地说略、吉林地略、吉林形势

吉林纪略·二　吉林汇征

吉林纪略·三　大中华吉林省地理志

吉林纪略·四　吉林地理纪要

韩边外

金碑汇释

吉林三贤集

东疆史略

东北史地考略

东北史地考略续集

雷溪草堂诗集

东北旗地研究

满族说部神话、史诗研究

满族萨满神辞口语用语研究（全两册）

启东录　皇华纪程　边疆叛迹

双城堡屯田纪略　东北屯垦史料

松漠纪闻　扈从东巡日录

成多禄集

蒙荒案卷

珲春副都统衙门档案选编（全三册）

吉林农业经济档案

海西女真史料

打牲乌拉志典全书　打牲乌拉地方乡土志

东夏史料

顾太清诗词

清代吉林盐政

延吉边务报告　延吉厅领土问题之解决